LA GUERRE PEUT-ELLE ÊTRE JUSTE ?

Réflexions sur le *jus post bellum*

Afrique : politiques publiques, sécurité, défense
Collection dirigée par Dominique Bangoura

Cette collection a pour objet de publier des analyses qui portent sur l'ensemble des politiques publiques en Afrique : politiques sociales, sécuritaires, étrangères, de défense etc. ayant vocation à assurer la paix civile, la paix entre les Etats et le développement sur le continent. Elle donne un éclairage nouveau sur les acteurs internes, régionaux, internationaux, non-gouvernementaux et transnationaux intervenant dans ces domaines, sur les rivalités en jeu, les intérêts contradictoires et les menaces, sur les crises politiques et les conflits armés. Enfin, elle identifie les importants défis à relever et les alternatives possibles.

Déjà parus

TOURÉ Alexandre Apalo, *Traite du café et du cacao et criminalité en Côte d'Ivoire*, 2017.
LOUA Zaoro Hyacinthe, *Guinée. La réforme scolaire de 1968. Un grand rêve brisé ?*, 2016.
DIARRA Lassina, *La CEDEAO face au terrorisme transnational. Mécanismes et stratégies de lutte*, 2016.
GALLON Kémonthé Marius-Jonas, *Les migrants environnementaux en Côte d'Ivoire. Quels droits, quelles protections ?* 2016.
YEO Wozanhou Benjamin, *La modernisation de l'administration publique en Côte d'Ivoire. Politiques de réforme de la fonction publique (1957-2015)*, 2016.
OGUI COSSI Gaston, *Cohabitation interculturelle au Bénin, Poids des préjugés ethniques et quête de la paix*, 2014.
Alfred BABO, *L'« étranger » en Côte d'Ivoire, Crises et controverses autour d'une catégorie sociale*, 2013.
Ibrahima BAH, *Les transitions politiques en Guinée de son indépendance à 2010*, 2013.

Germain Philippe ASSALE TINGBO

LA GUERRE PEUT-ELLE ÊTRE JUSTE ?

Réflexions sur le *jus post bellum*

Préface de Dominique Bangoura

Du même auteur
chez le même éditeur

Les dessous de la crise ivoirienne. D'Houphouët à Guéï, 2009.

Reconstruire les forces de défense et de sécurité en Côte d'Ivoire. Contribution citoyenne, 2012

© L'Harmattan, 2018
5-7, rue de l'Ecole-Polytechnique, 75005 Paris

http://www.editions-harmattan.fr

ISBN : 978-2-343-14868-7
EAN : 9782343148687

A ma chère Ewelina Kuhnert-Assale

REMERCIEMENTS

Je souhaite remercier en premier lieu le Professeur Dominique Bangoura pour ses conseils avisés. Je lui suis également reconnaissant pour le temps conséquent qu'elle m'a accordé et surtout de m'avoir fait l'honneur de préfacer le présent ouvrage.

Je voudrais adresser mon infinie reconnaissance à mon épouse qui est la première personne avec qui j'ai discuté de ce travail. Ses remarques, son esprit critique et son soutien affectif sont autant d'éléments qui m'ont permis de mener à bout la rédaction de cet ouvrage.

Je n'oublie pas mes princesses Roxane et Lilian ainsi que mes princes J. Darell et Patrick qui ont accepté que je prenne du temps que je devais passer avec eux pour me livrer à la méditation philosophique.

Je souhaite spécialement remercier M. Luc Grégoire, Directeur-pays du PNUD en Côte d'Ivoire pour nos fructueuses discussions intellectuelles.

Je remercie toutes les personnes qui de près ou de loin m'ont soutenu.

PREFACE DE DOMINIQUE BANGOURA

Dans cet ouvrage, le Docteur Philippe Assalé mène une réflexion approfondie sur la guerre. Il rappelle tout d'abord les différentes conceptions des origines de la guerre. Ensuite, il concentre son propos sur les composantes de la théorie de la « guerre juste » élaborées par plusieurs auteurs au fil du temps : le *jus ad bellum* ou le droit de recourir à la guerre (la justification de la guerre, la cause juste) et le *jus in bello* ou le droit de la conduite de la guerre (la manière de la faire). Il précise qu'il s'agit là d'une approche morale sur les buts et les moyens de la guerre, d'une approche éthique et normative. A titre comparatif, il passe en revue d'autres théories de la guerre, telles que celles des réalistes en relations internationales et celles des pacifistes.

En passant au crible le concept de « guerre juste », il soulève un certain nombre de limites et d'écueils qui selon lui posent problème, notamment, dans le cadre du *jus ad bellum*, le principe de la « responsabilité de protéger » ayant été mis en application non sans controverses dans plusieurs pays d'Europe et d'Afrique au cours des dernières années. Au titre du *jus in bello*, il montre par exemple que malgré l'existence d'une panoplie importante d'instruments juridiques internationaux, le viol de femmes en tant qu'arme de guerre et le recrutement d'enfants-soldats continuent d'être largement répandus dans les conflits.

Ces critiques et interrogations permettent au Docteur Assalé d'affirmer qu'il conviendrait de retenir la notion de « guerre justifiable » plutôt que celle de « guerre juste » car, selon ses propos : *quelle que soit la noblesse de la cause qui motive l'entrée en guerre, aucune guerre ne peut être juste. Toute guerre entraîne nécessairement la mort de victimes innocentes et des dégâts collatéraux…*

Poursuivant son analyse, le Docteur Assalé remarque que de nombreux auteurs ont contribué à enrichir la théorie de la guerre juste depuis des siècles, mais que le même intérêt n'a pas été accordé au *jus post bellum*, c'est-à-dire au droit d'après guerre ou d'après conflit. Il écrit : *l'une des grandes faiblesses de la guerre juste est son incapacité à prendre en compte les situations postconflit*. Or, il importe de savoir traiter les problèmes qui existent lorsque le conflit s'éteint pour ne pas mettre en péril l'avenir.

Pour Philippe Assalé, la théorie de la guerre justifiable doit évoluer et prendre en considération l'environnement sécuritaire postconflit, d'autant plus que les guerres entre Etats se raréfient au profit des conflits internes.

L'enjeu est de sécuriser au mieux (en même temps que les Etats) les populations et les êtres humains à titre individuel, d'où le concept de « sécurité humaine » initié par le Programme des Nations Unies pour le Développement (PNUD) en 1994.

Philippe Assalé s'inspire, tout au long de son ouvrage, des travaux de Michael Walzer mais aussi et surtout, s'agissant de la période postconflit, des écrits du jésuite Michael Schuck qui, en 1994, suscite un débat sur le *jus post bellum* dans un article intitulé « When the Shooting Stops : Missing Elements in Just War Theory » (Quand les tirs cessent : les éléments manquants de la théorie de la guerre juste) publié dans la revue *Christian Century*. Selon ce Père, trois critères sont à respecter en période post-conflit : la repentance, la capitulation honorable et la restauration. Docteur Assalé présente ensuite les propositions d'autres théologiens (Mark J. Allman, Tobias L. Wright, Louis V. Iasiello) et de philosophes (Gary Bass, Stahn, Orend Brian, Richard P. Dimeglio) qui ont contribué à éclairer cette problématique. Bien que partageant quelques-uns de leurs points de vue, il en désapprouve d'autres et relève que ces auteurs sont tous anglo-saxons et véhiculent une vision américano-centrée.

Dès lors, le décor étant campé, Docteur Assalé founit sa propre réflexion concernant le *jus post bellum,* construite au fur et à mesure de son expérience concrète acquise dans le cadre de missions effectuées pour les Nations Unies durant une dizaine d'années dans des situations postconflit en Afrique.

C'est ainsi qu'apparaissent, dans la troisième partie de son ouvrage, les « éléments manquants de la théorie de la guerre justifiable », c'est-à-dire les grands principes du *jus post bellum* ou du droit en période postconflit. Il en identifie et en développe cinq : « le principe de la conclusion juste de la paix ; rendre possible le vivre-ensemble ; la reddition des comptes ; le relèvement politique et la réhabilitation des institutions économiques ». L'auteur propose de « tirer les leçons » de son vécu professionnel et de tenter de les théoriser :

- S'agissant de la conclusion de la guerre, il pense qu'elle doit être juste, sans reddition inconditionnelle, nuancée, mesurée et que les accords de paix doivent être inclusifs et globaux ;
- Concernant le vivre-ensemble, il passe en revue les formes de réconciliation entre Etats, gouvernements et peuples et suggère, pour le promouvoir, de mettre en œuvre des actions permettant le renforcement de la cohésion sociale ainsi que des mécanismes de guérison et de réconciliation ;

- Pour ce qui est de la reddition des comptes, il affirme que les auteurs des violences durant la guerre ou le conflit doivent répondre de leurs actes. Il évoque les cas de justice-rétribution, de justice pénale internationale et de justice restauratrice. La justice transitionnelle et ses différents mécanismes, notamment les commissions vérité et réconciliation, doivent être mis en œuvre en prenant en considération le contexte politique, social et culturel des pays en sortie de crise ;
- Au sujet du relèvement politique, il analyse les conditions de restauration de l'autorité de l'Etat à travers la lutte contre l'insécurité, les processus de désarmement, démobilisation, réinsertion (DDR), la réforme du secteur de la sécurité (RSS), la reconstruction des institutions, la réforme de l'administration et la diplomatie ;
- Quant à la réhabilitation des institutions économiques du pays, elle passe, selon l'auteur, par une politique fiscale et une politique monétaire spécifiques ayant pour finalité d'engager le pays postconflit dans la voie d'un développement durable et d'une lutte ferme contre la pauvreté.

Ce livre de Philippe Assalé apporte une nouvelle pierre à l'édifice en matière de réflexion sur le contenu du *jus post bellum* au XXIème siècle. Tandis que le débat entre chercheurs a resurgi après les interventions au Kosovo (1999), en Irak (2003) puis en Côte d'Ivoire et en Libye (2011), il permet d'éclairer le lecteur sur les aspects de continuité et de rupture présents dans cette notion complexe et polysémique, selon que l'on se place dans une approche historique ou actuelle, philosophique et morale, juridique et normative ou politique. Il souligne par ailleurs l'écart qui existe parfois entre la norme sur le papier et sa mise en œuvre sur le terrain. Enfin, il attire l'attention sur le fait que dans les pays concernés par cette présence militaire extérieure, certains pourront y déceler de nouvelles formes de colonialisme et d'impérialisme.

Abidjan, le 21 avril 2018

Dominique BANGOURA

Docteur d'Etat en Science politique,
Habilitée à diriger les recherches (HDR)

LISTE DES SIGLES ET ABREVIATIONS

CEDEAO : Communauté Economique des Etats d'Afrique de l'Ouest

CEMAC : Communauté Economique et Monétaire d'Afrique Centrale

CNS : Conseil National de Sécurité

CONARIV : Commission Nationale pour la Réconciliation et l'Indemnisation des Victimes

CPI : Cour Pénale Internationale

CVR : Commission Vérité et Réconciliation

DDR : Désarmement, Démobilisation, Réinsertion

FDS : Forces de Défense et de Sécurité

HCR : Haut-Commissariat aux Réfugiés

OIT : Organisation Internationale du Travail

OMD : Objectifs du Millénaire pour le Développement

ONU : Organisation des Nations Unies

OTAN : Organisation du Traité de l'Atlantique Nord

OUA : Organisation de l'Unité Africaine

PME : Petites et Moyennes Entreprises

PNUD : Programme des Nations Unies pour le Développement

RDC : République Démocratique du Congo

RSS : Réforme du Secteur de la Sécurité

SADC : Southern African Development Community

SIS : Société Internationale de Sécurité

SOMMAIRE

REMERCIEMENTS 7

PREFACE DE DOMINIQUE BANGOURA 9

LISTE DES SIGLES ET ABREVIATIONS 13

INTRODUCTION 17

PREMIERE PARTIE : DE LA THEORIE CLASSIQUE DE LA GUERRE JUSTE : LIMITES ET ECUEILS 23

CHAPITRE 1 : La guerre peut-elle être juste ? 25

CHAPITRE 2 : Quelques questions soulevées par le jus ad bellum 39

CHAPITRE 3 : Quelques questions soulevées par le jus in bello 57

DEUXIEME PARTIE : JUS POST BELLUM : ETAT DES LIEUX ... 67

CHAPITRE 4 : L'approche de quelques théologiens 71

CHAPITRE 5 : L'approche de quelques philosophes 77

TROISIEME PARTIE : CONTRIBUTION AU DEVELOPPEMENT DES CONCOURS DU JUS POST BELLUM 85

CHAPITRE 6 : Le principe de la conclusion juste de la paix 89

CHAPITRE 7 : Rendre possible le vivre-ensemble 105

CHAPITRE 8 : Reddition des comptes 115

CHAPITRE 9 : Relèvement politique 155

CHAPITRE 10 : Réhabilitation des institutions économiques ... 229

CONCLUSION 253

TABLE DES MATIERES 261

INTRODUCTION

Les hommes peuvent-ils se passer de la guerre ? Une fouille archéologique de l'histoire nous montre que depuis l'Antiquité, les périodes de paix ne semblent être que des intermèdes permettant aux acteurs de se préparer à la guerre. Bien que depuis la chute du Mur de Berlin et le requiem de la guerre froide, les conflits armés entre Etats connaissent un répit, il serait utopique de proclamer péremptoirement l'avènement de la « paix perpétuelle ». La nature ayant horreur du vide, les conflits intraétatiques ont pris le relais.

Comme le notait Simone Goyard-Fabre, « *malgré toutes les tentatives de mise en place d'organismes juridico-institutionnels, malgré les conférences de paix, les efforts de conciliation multipliés par les Nations Unies, les résolutions du Conseil de Sécurité, les conventions, les promesses, voire les ultimatums et les menaces..., la paix n'a jamais été et risque fort de n'être jamais une paix durable*[1] ».

Cette situation n'est-elle pas due à la nature ambiguë et ambivalente de l'homme rendue par Léonard W. Doob à travers les expressions *homo pacificus* et *homo maleficus* ?

Freud peint la même réalité en montrant que l'*éros* cherche à préserver la vie, alors que *thanatos*, qui est la pulsion de mort, perpétue l'agressivité, la violence ou la guerre.

Louis Beirnaert note dans cette perspective que pour Freud « *notre inconscient tue même pour des détails ; comme l'ancienne législation athénienne de Dracon, il ne connaît pas d'autres châtiments pour les crimes que la mort (...). C'est ainsi qu'à en juger par nos désirs et nos souhaits inconscients, nous ne sommes nous-mêmes qu'une bande d'assassins*[2] ».

Emmanuel Kant avait constaté pour sa part l'existence du penchant au mal et d'une disposition originelle au bien en l'homme. Pour lui, « *la proposition : l'homme est mauvais, ne peut vouloir dire autre chose ... que : il a conscience de la loi morale et il a cependant admis, dans sa maxime, de s'en écarter (à l'occasion). Il est mauvais par nature signifie que cela s'applique à lui, considéré dans son espèce*[3] ». Le penchant au mal peut être rapproché du bellicisme tandis que la disposition originelle au bien va à la paix.

Chez les théoriciens modernes de l'agressivité, la violence est plutôt liée au sentiment de frustration dont la révolte des populations et le désir mimétique en sont des expressions parfaites. René Girard a montré que la rivalité

---

[1] Simone Goyard-Fabre, *La construction de la paix,* Paris, Vrin, 1994, p. 26.
[2] Louis Beirnaert, *Essais et approximations*, « irrésistible violence », p. 548.
[3] Emmanuel Kant, « La Religion dans les limites de la simple raison » cité par Georges Pascal dans *Pour connaître la pensée de Kant*, Paris, Bordas, 1986, p. 182.

mimétique peut déboucher sur une violence mimétique généralisée où tout le monde se bat contre tout le monde pour faire comme tout le monde.

Otto Klineberg, répondant à la question de Zorgbibe : « *peut-on adhérer à une théorie dualiste de l'agressivité, un même potentiel de pulsions pouvant conduire à la guerre mais aussi simplement au combat, à une compétition soumise à des règles physiques ou spirituelles ?*[4] », affirme que la guerre est un phénomène social plutôt que naturel. L'agressivité et la guerre ne sont inscrites ni dans la nature des choses ni dans la nature humaine. En effet, il n'existe pas de guerre entre espèces animales. Konrad Lorenz note à ce propos que « *le profane se laisse facilement tromper par la presse et le film, tous d'eux avides de sensation. Il s'imagine la vie des bêtes féroces dans "l'enfer vert" de la jungle comme une lutte sanglante de chacun contre tous... Je peux affirmer à bon escient que pareille chose n'arrive jamais dans des conditions naturelles. Quel intérêt aurait l'un de ces animaux à détruire l'autre ?*[5] »

Il en veut pour preuve la loi de la jungle. Les animaux se battent non pour se donner la mort mais pour la défense de leur territoire, la possession des femelles, et la mort ne survient que dans des cas rares. Si le plus faible abdique ou bat en retraite, le plus fort lui épargne la vie. Il n'en est pas de même chez les hommes. Nous pouvons déduire de ce qui précède que la guerre dérive de la culture.

Quatre théories dominent les recherches sur l'origine de la guerre : la guerre comme solidarité, la guerre comme jeu, la guerre comme nature humaine et la guerre comme continuation de la politique.

L'anthropologue Marvin Harris[6] a développé une théorie convaincante et séduisante sur les origines de la guerre dans les sociétés non-étatiques et tribales. Il note que l'idéologie dominante dans notre société tend à blâmer l'individu pour la guerre sur la base supposément biologique d'une « violence innée » à la « nature humaine » (le péché originel) ou de « l'instinct de mort ». Ce point de vue évidemment simple et simpliste nous laverait de toute responsabilité envers autrui. Si la guerre était naturelle, il n'y aurait pas besoin de tant d'efforts de propagande pour dresser les uns contre les autres, pour les amener à en découdre.

Par ailleurs, dès sa tendre enfance, l'enfant en famille, à l'école, dans le milieu social est formaté au rejet, au déni de l'autre, à la compétition et à la coopération à travers les jeux et les divertissements apparemment inoffensifs.

Malgré les aspirations de l'homme à la paix, la guerre semble s'imposer comme un fait culturel. L'actualité nationale et internationale nous harcèle à

---

[4] Charles Zorgbibe, *La Paix*, Paris, PUF, coll. « Que sais-je ? », 1984, p. 6.
[5] Konrad Lorenz, *L'agression, une histoire naturelle du mal*, Paris, Flammarion, 1986, p. 32.
[6] Marvin Harris, *Cannibals and Kings. The Origins of Culture*, Vintage, New York, 1977, p. 47-64.

des rythmes vertigineux avec des nouvelles de conflits armés. Il ne se passe pas un jour sans que les médias ne rendent compte des tueries par-ci, des atrocités par-là. Tout se passe comme si les hommes désirent la paix mais ne s'abstiennent pas de la violence.

Afin de réguler celle-ci et limiter sa cruauté, les hommes ont édicté des règles pour encadrer non seulement les raisons qui peuvent motiver légitimement la déclaration de guerre mais aussi les moyens pour la conduire humainement. C'est la fameuse théorie de la guerre juste. Elle comporte deux articulations dont l'une traite de la justification de la guerre (*jus ad bellum*) et la deuxième de la manière dont elle doit être menée (*jus in bello*). Il s'agit donc d'une réflexion morale sur les buts et les moyens de la guerre, agitée par une vision éthique des interactions humaines. Au fil des générations, les contours des principes de cette théorie ont été dessinés.

Mais le même intérêt n'a pas été accordé à la période postconflit. Quand le spectacle sanglant s'achève, que la musique lugubre des engins de la mort s'évanouit et que les lampions s'éteignent sur les scènes horribles de guerre sous la complainte des spectateurs-acteurs pleurant les leurs, il est difficile de faire l'inventaire des dégâts humains et matériels. Une chose est sûre, la facture est élevée.

Quand les colonnades des valeurs humaines les mieux assises s'effondrent sous le séisme des horreurs, entraînant des coûts sociaux inestimables, s'achevant par des milliers de personnes envoyées *ad patres*. Quand le jouet des enfants est remplacé par des kalachnikovs et quand la ligne de front se prolonge jusqu'à leur aire de jeux, quand les crimes inqualifiables, que l'on croyait être enterrés avec Néron et Hitler, ressuscitent. Lorsque le mal est banalisé, tout devient possible, même le mal radical, conséquence achevée de la déshumanisation de l'Etre humain. Ce mal, selon Hannah Arendt est impardonnable parce qu'il sort des catégories habituelles des pires horreurs que l'on peut concevoir. C'est un mal radical qui ne peut ni être châtié, ni être pardonné, alors le pouvoir humain atteint ses limites. Hannah Arendt écrit à ce propos que : « *Les hommes sont incapables de pardonner ce qu'ils ne peuvent punir et incapables de punir ce qui se révèle impardonnable. Ils sont confrontés à l'impossible. Devant ces actions, le potentiel humain est radicalement détruit*[7] ».

La perversion, ou plutôt la progression de la technologie militaire, a rendu les conflits armés plus meurtriers que ceux du début du siècle dernier qui mettaient aux prises des nations. Ce changement de typologie des conflits convie des acteurs asymétriques à s'engager sous l'étendard de divers groupes armés aux ambitions mal définies. Ainsi apparaissent ces tribulations intraétatiques où les « frères » s'entredéchirent sous l'impulsion de dirigeants qui exacerbent la partie la plus vile de leur autorité, de leur humanité.

---

[7] Hannah Arendt, *Condition de l'homme moderne*, Paris, Calmann-Lévy, 1961, p. 307.

L'instinct de survie pousse un nombre incalculable d'hommes, de femmes et d'enfants à se garder de suivre en direct ce western onirique tutoyé par la réalité. Ils empruntent alors le bien long et rocailleux chemin des réfugiés. On estime, par exemple, officiellement que 70% de la population libérienne était déplacée ou réfugiée pendant les quatorze années de guerre civile[8].

L'héritage de la guerre est souvent lourd à gérer. Par exemple, les mines, armes pernicieuses, n'obéissent pas aux traités de paix. Ces « armes sans maître », dont personne ne sait plus ni où elles se cachent ni combien elles sont, menacent la survie de populations de régions entières. Au Cambodge, des milliers d'hectares de terre sont rendus incultivables. Cette situation ne facilite pas le retour des réfugiés. Les mines représentent non seulement une menace constante pour la paix mais aussi un désastre pour l'environnement.

La campagne internationale pour l'interdiction des mines terrestres a recensé, en 2001, 7.987 décès dus aux mines dans 70 pays. Les victimes sont dans leur grande majorité des civils. La Banque mondiale estime que ce chiffre est incomplet et que les données réelles se situent entre 15.000 et 20.000, ce qui représente un net progrès par rapport aux années précédentes où le nombre de morts était estimé à 26.000.

En sus, les conflits sèment les divisions ethniques, renforcent les haines, les vengeances et entament la confiance entre les communautés. Aux coûts humains des conflits s'ajoutent les conséquences économiques. Plus les guerres durent, plus les économies nationales et locales se détériorent. Les conflits armés privent l'Etat central du contrôle de la totalité des ressources du pays.

La peinture sombre qui vient d'être présentée permet de tirer deux enseignements importants : dans un premier temps, jeter l'ancre aux meilleurs endroits pour stabiliser le bateau national en tourmente, sauver ses pensionnaires et administrer des soins adjuvants pour éviter la métastase et dans un deuxième temps, administrer les soins nécessaires pour le remettre à flot.

En d'autres termes, comment gérer le patrimoine parfois indésirable de la guerre pour ne pas hypothéquer l'avenir ? La réponse à cette question nous amènera à visiter dans son berceau le *jus post bellum*, le droit au lendemain des conflits armés.

Pendant longtemps, les Etats qui ont fait la guerre pour la défense d'une cause juste (légitime défense par exemple) et conformément aux principes du *jus in bello* pouvaient proclamer *urbi et orbi* qu'ils ont combattu pour une guerre juste. Comment se réjouir lorsque rien n'a été fait pour juguler les conséquences du conflit et surtout juguler les facteurs qui ont provoqué son irruption ? L'une des plus grandes faiblesses de la tradition de la guerre juste

---

[8] Banque Mondiale, *Briser la spirale des conflits, guerre civile et politique de développement*, Nouveaux horizons / De Boeck, Paris / Bruxelles, 2005, p. 37.

est son incapacité à prendre en compte les situations postconflit. Il suffit d'un regard rétrospectif sur les guerres du siècle dernier en Europe et en Afrique en ce moment pour s'en convaincre. L'histoire nous a appris que les alliés, aveuglés par le désir de vengeance contre l'Allemagne, non disposés à adopter une posture pouvant conduire à une paix durable, ont fait le lit du nazisme et ouvert royalement la voie à la Deuxième Guerre mondiale.

En Afrique, pour ne prendre que cet exemple, l'abandon de la Libye après l'intervention de l'OTAN a entraîné le pays dans des maux et un désordre plus grands que le mal à éliminer.

La situation ci-dessus décrite nous révèle les limites de la théorie de la guerre juste.

Le présent ouvrage a pour objectif de participer à cette joute intellectuelle initiée par des penseurs anglo-saxons sur les principes d'un droit au lendemain de la guerre.

Notre analyse s'articulera en trois parties. La première explorera la théorie classique de la guerre juste, ses limites et écueils. Nous suggérerons qu'au regard des maux qu'elle engendre, il vaut mieux parler de guerre justifiable en lieu et place de guerre juste.

La deuxième articulation rendra compte des tentatives de développement des concours du *jus post bellum*. Dans la troisième partie, nous exposerons nos cinq principes du droit au lendemain des conflits.

PREMIERE PARTIE :
DE LA THEORIE CLASSIQUE
DE LA GUERRE JUSTE :
LIMITES ET ECUEILS

CHAPITRE 1 : LA GUERRE PEUT-ELLE ETRE JUSTE ?

La guerre peut-elle être justifiée ? S'interroger sur la justification de la guerre revient à la présomption qu'il peut y avoir des guerres menées au nom de la justice. Mais cette présomption semble porter sur la fin. Qu'en est-il des moyens et de la période postconflit ? Certaines fins ne justifient-elles pas l'usage de certains moyens dans la mesure où ceux-ci sont les seuls susceptibles d'être efficaces ? La justesse de la cause présume-t-elle celle des moyens et de la problématique de l'après-guerre ? Une guerre peut être menée pour libérer un pays d'un envahisseur ou d'une rébellion. En revanche, les moyens peuvent être disqualifiés s'ils entraînent des violations graves du droit humanitaire. Pour se défaire des fils tissés par la justification de la guerre, d'aucuns condamnent toute guerre et tout recours à la violence. Cette position pacifiste à la limite de la naïveté peut-elle résister à l'analyse ? Nous verrons avec Clausewitz que la guerre est la continuation de la politique par d'autres moyens. Si la guerre est un moyen au service du bien-être de la cité, son importance ne devrait souffrir d'aucune contestation. Pour sa part, Michel Foucault a repris en l'inversant la phrase célèbre du Prussien : *La politique, c'est la guerre continuée par d'autres moyens*[9]. La politique, organisation de la cité, inscrit donc dans son essence un certain rapport de force rendu par les inégalités économiques, le chômage, les luttes pour le pouvoir, etc. Elle devient d'emblée l'espace dans lequel les hommes poursuivent le conflit qu'ils ne peuvent pas mener sur le champ de bataille.

Comme toute guerre, la politique désigne un ennemi dont la défaite symbolique représente une opportunité pour poursuivre des objectifs. Contrairement à la confrontation sur le champ de bataille, l'ennemi en politique incarne la figure de l'adversaire qu'on ne doit pas détruire mais vaincre dans les urnes ou par le biais de stratégies politiques.

La question se pose ici de savoir comment la guerre, qui répond à des besoins stratégiques des États, a-t-elle besoin de se justifier ? Faut-il énoncer des critères de jugement pertinents pour justifier ou condamner des actes de guerre ? La recherche de réponses à ces questions nous amènera à interroger l'expression « guerre juste » pour y déceler des questionnements pertinents. Pouvons-nous parler véritablement de guerre juste ? Autrement dit, la guerre impliquant l'anéantissement, la tuerie, peut-elle s'allier à la notion de justice sans édulcorer le sens de celle-ci ? Ne faut-il pas plutôt parler de guerre justifiable ? Parler de guerre justifiable ne revient-il pas à s'interroger sur la moralité de la guerre ?

---

[9] Michel Foucault, *« Il faut défendre la société »*. Cours au Collège de France, 1976, cité par Yves Charles Zarka, *Figures du pouvoir*, Paris, PUF, 2001, p. 148-149.

Essayons d'abord de clarifier le concept de guerre. La guerre est une notion dont l'emploi métaphorique par l'usage courant pour désigner la gravité de certaines situations a rendu difficile la définition. On parle quelquefois de guerre de mots, de guerre à la prostitution, à la vie chère, etc.

Pour Hedley Bull, « *la guerre est une violence organisée exercée par des unités politiques les unes contre les autres*[10] ». Un conflit armé ne peut donc, dans cette veine, être qualifié de guerre que s'il oppose des entités politiques ou si elle est combattue sous l'entendra d'une unité politique. La distinction entre le meurtre commis sur le champ de bataille et le meurtre ordinaire se dessine clairement ici. Le premier se distingue par son caractère délégué et officiel. L'entité politique est le responsable symbolique de la guerre. Ce n'est pas le soldat qui décide de la guerre, bien que ce soit lui qui tue au combat. S'il se bat dans les limites des dispositions du droit humanitaire, il ne court aucun risque pénal. C'est pour cette raison qu'en cas de capture, il bénéficie du statut de prisonnier de guerre.

Il est gardé en détention, le temps que la guerre se termine, pour éviter, s'il est libéré avant la fin des hostilités, qu'il soit de nouveau actif aux côtés des forces de son pays. En vertu de ce statut, le prisonnier de guerre est traité avec humanité et protégé contre les actes de violence.

Par ailleurs, une violence exercée au nom d'une unité politique ne peut être qualifiée de guerre que si elle est exercée à l'encontre d'une autre unité politique. Par exemple, la violence exercée contre les criminels et la chaise électrique ne sont pas des actes de guerre parce qu'ils sont exercés contre des individus. Pour sa part, Gaston Bouthoul pense que : « *La guerre est une forme de violence qui a pour caractéristique essentielle d'être méthodique et organisée quant aux groupes qui la font et aux manières dont ils la mènent. En outre, elle est limitée dans le temps et dans l'espace et soumise à des règles juridiques particulières, extrêmement variables suivant les lieux et les époques. Sa dernière caractéristique est d'être sanglante, car lorsqu'elle ne comporte pas de destruction de vies humaines, elle n'est qu'un conflit ou un échange de menaces*[11] ».

La guerre est encadrée par des règles strictes. Il n'existe pas de définition partagée et consensuelle de la guerre chez les philosophes. On distingue trois types d'arguments caractéristiques de la philosophie de la guerre. Sur le plan anthropologique, la guerre constitue une réalité faisant partie de la nature humaine. Sur le plan politique, des auteurs soutiennent que toute politique se fonde sur la guerre et se justifie par la guerre. Sur le plan historique, la guerre est considérée comme un facteur créateur de valeurs d'ordre ou de justice.

---

[10] Hedley Bull, *The anarchical society, a study of order in World politics*, London, Mc Millian Press Ltd, 2nd Ed., 1977, p. 17.
[11] Gaston Bouthoul, *La guerre*, Paris, PUF, collection Que sais-je ? n° 557.

Contrairement à Hobbes qui parle de la guerre de tous contre tous, dans l'état de nature, Rousseau pense que la guerre n'est pas une relation d'homme à homme, mais d'État à État. Pour le général prussien Clausewitz, « *La guerre est un acte de violence dont l'objet est de contraindre l'adversaire à se plier à notre volonté*[12] ». La finalité de la guerre est de soumettre l'autre, de réduire sa capacité de nuisance.

Chaque adversaire « *essaie, au moyen de sa force physique, de soumettre l'autre à sa propre volonté ; son dessein immédiat est d'abattre l'adversaire afin de le rendre incapable de toute résistance*[13] ». Dans la pensée de Clausewitz, la politique internationale dispose de deux moyens, la diplomatie et la guerre. Nous pouvons nous demander, comme lui : « *les relations politiques de différents peuples et gouvernements cessent-elles avec les notes diplomatiques ? La guerre n'est-elle pas simplement un autre genre d'écriture et de langue permettant d'exprimer leur pensée ? Elle possède, il est vrai, sa propre grammaire mais non sa propre logique*[14] ».

La diplomatie et la guerre sont donc des moyens au service du politique. L'emploi de l'un ne signifie pas nécessairement l'échec de l'autre. Dans la perspective de la guerre justifiable, les Etats ne doivent faire recours à la guerre qu'en dernière instance, lorsque tous les moyens pour régler pacifiquement le conflit se sont révélés impraticables ou inefficaces.

La guerre et la diplomatie apparaissent comme des éléments d'un tout qui est la politique. A l'instar des notes diplomatiques, la guerre est un moyen de communication avec l'État ennemi. Clausewitz réconcilie le règne de la parole ou du langage avec celui de la violence.

En droit international, il est généralement admis que la guerre est une situation qui se produit, sauf dans de rares cas, seulement entre les États. On élimine *de facto* les guerres civiles, les conflits qui surviennent entre les groupes non-étatiques contre un ou plusieurs États. Dans ce sens, il n'est pas aisé de parler de guerre globale contre le terrorisme étant donné que les terroristes ne représentent pas une entité étatique. Par prudence, la plupart des instruments internationaux utilisent plutôt le terme de « conflit armé » qui semble plus précis que la notion de guerre. En outre, l'article 2.4 de la Charte des Nations Unies utilise le terme « usage de la force », pour qualifier des situations qui ne satisfont pas à toutes les exigences de la caractérisation formelle du terme guerre.

Le droit international humanitaire distingue deux types de conflits armés : le conflit armé international qui oppose deux États ou plus et le conflit armé non international, qui oppose les forces gouvernementales à des groupes armés non-gouvernementaux, ou des groupes armés entre eux. Les traités de droit international humanitaire font également une distinction entre le conflit

---

[12] Carl Von Clausewitz, *De la guerre*, Paris, éditions Perrin, 2006, p. 37.
[13] Clausewitz (Carl Von), (1955), *De la guerre*, Paris, Les éditions de Minuit, p. 51.

armé non international au sens de l'article 3 commun aux Conventions de Genève de 1949 et celui qui relève de la définition figurant à l'article 1 du Protocole additionnel II. Les conflits armés internationaux sont définis à l'article 2 commun aux Conventions de Genève de 1949. Ce dernier précise : en cas de « *guerre déclarée ou de tout autre conflit armé surgissant entre deux ou plusieurs États, même si l'état de guerre n'est pas reconnu par l'une ou l'autre des parties* ». L'emploi des termes *ou de tout autre conflit* sous-entend qu'une déclaration de guerre n'est pas nécessaire pour la qualification d'un conflit en conflit armé international. La qualification de conflit armé international ne se limite pas à la bataille entre Etats. L'article 1§4 du Protocole I l'étend aux situations armées dans lesquelles des peuples, parties au conflit, « *luttent contre la domination coloniale et l'occupation étrangère et contre les régimes racistes dans l'exercice du droit des peuples à disposer d'eux-mêmes* ». Les personnes participant alors à un conflit armé international bénéficient du statut de combattant ou, en cas d'arrestation, de celui de prisonnier de guerre, tels qu'ils sont définis par la troisième Convention de Genève et le Protocole I.

Après l'exploration du terme de guerre, il apparait nécessaire de définir la notion de justice. Celle-ci dérive du latin *justitia* qui signifie droit et, dans son acceptation générale, désigne le respect du droit.

Pour Proudhon, la justice exprime « *le respect, spontanément éprouvé et réciproquement garanti de la dignité humaine, en quelque personne et dans quelque circonstance qu'elle se trouve compromise, et à quelque risque que nous expose sa défense*[15] ».

La justice comme vertu devient équité dans son exercice quand elle applique le droit à des cas particuliers. C'est d'abord l'obligation de respecter la dignité humaine dans la personne d'autrui et aussi le droit d'exiger des autres le respect de la dignité humaine dans sa propre personne. Être juste, c'est respecter rigoureusement les droits de chacun ; c'est le fait d'accorder à chacun son droit. La justice se fonde alors sur le principe d'égalité (traiter tous les hommes de la même manière) et sur le principe d'équité (donner à chacun ce qui lui revient). Ainsi, selon Aristote, « *la justice est une disposition d'après laquelle l'homme juste se définit comme celui qui est apte à accomplir, par choix délibéré, ce qui est juste, celui qui, dans une répartition à effectuer soit entre lui-même et les autres, soit entre deux autres personnes, n'est pas homme à s'attribuer à lui-même, dans le bien désiré, une part trop forte et à son voisin une part trop faible (ou l'inverse, s'il s'agit d'un dommage à partager), mais donne à chacun la part proportionnellement égale qui lui revient, et qui agit de la même façon quand la répartition se fait entre des tiers. L'injustice, en sens opposé, a*

---

[15] Proudhon, *De la justice dans la révolution et dans l'église. Nouveaux principes de philosophie pratique*, Paris 1858, p. 417.

pareillement rapport à ce qui est injuste, et qui consiste dans un excès ou un défaut de ce qui est avantageux ou dommageable[16] ».

A ce stade de notre étude, peut-on évoquer sans risque de contradiction l'expression « guerre juste » ? La guerre et la justice peuvent-elles former un couple légitime ? Cette question nourrit depuis des siècles la réflexion de moralistes et de philosophes.

Il ne fait pas de doute que, quelle que soit la noblesse de la cause qui motive l'entrée en guerre, aucune guerre ne peut être juste. Toute guerre entraîne nécessairement la mort de victimes innocentes, des dégâts collatéraux et la ruine des nations. Ce fut le cas de la France et de l'Allemagne après la Deuxième Guerre mondiale. Elles n'ont pu se relever que grâce au plan Marshall. Toute guerre est injuste, injustifiable et immorale dans son essence. Et même dans l'éventualité d'un conflit où le nombre de victimes est réduit au minimum, il n'en demeure pas moins que cette guerre est injustifiable. Elle fait finalement plus de mal que de bien. Elle ne peut donc être juste, même si on peut tenter de la justifier.

Le conflit armé fait perdre à l'homme, surtout au soldat, sa liberté. A la guerre comme à la guerre ! Les soldats sont appelés à obéir aux ordres pour manifester leur adhésion à la discipline, force principale des armées. La guerre accorde aux soldats un permis de tuer sans pitié, détruisant ainsi leur instinct naturel de compassion et leur capacité à penser et à agir librement. Ils deviennent pour finir de simples outils aux mains des seigneurs de la guerre.

Toutefois, certaines situations extrêmes concourent à la justifier sans toutefois exorciser son caractère maléfique. Celle-ci est un mal qui ne peut, par conséquent, être considéré que si elle représente le moindre mal, lorsque tous les moyens pacifiques tels que la diplomatie, les sanctions économiques, la résistance passive ont été épuisés ou se sont révélés impraticables.

Parfois, il n'y a pas d'alternative au choix entre les maux. Cette situation conduit à choisir le moindre mal dans des circonstances limites telles que la résistance à l'occupant. Nous nous proposons d'analyser les conditions de justification de la guerre à travers les lunettes du réalisme, du pacifisme et de la théorie de la guerre juste.

Les réalistes considèrent que la guerre ne peut pas faire l'objet d'une évaluation morale. Elle est le lieu de la nécessité et de l'intérêt national.

Pour leur part, les pacifistes considèrent que la guerre ne saurait se justifier en aucun cas. Ils sont contre l'usage de la force armée, quelle que soit la noblesse des motivations. A la différence des réalistes et des pacifistes, les théoriciens de la guerre juste, plaident pour la possibilité d'une évaluation morale de la guerre en fonction de principes universellement valables.

---

[16] Aristote, *Éthique à Nicomaque*, Livre V, chapitre 14, 1137a 31-1138a.

I.1 Le réalisme et la justification de la guerre

Du point de vue de la « realpolitik » ou du réalisme politique, les conflits armés sont essentiellement des luttes pour le pouvoir dans lesquelles les normes éthiques n'ont pas droit de cité. Ce qui importe, c'est l'élaboration et la mise en œuvre de la meilleure stratégie pour la victoire et éviter la défaite.

Le contenu de la théorie réaliste varie selon les auteurs, mais toutes les opinions réalistes se rencontrent autour de certains thèmes.

Les réalistes soutiennent que la morale doit parfois se tenir à l'écart de la conduite des affaires de l'Etat.

A propos du *jus ad bellum*, les réalistes soutiennent que l'observance stricte des prescriptions de ce principe, notamment la légitime défense, peut compromettre dans certains cas la sécurité de l'Etat.

Concernant le *jus in bello*, les réalistes ne sont préoccupés que par la fin ; tous les moyens pour y parvenir la justifient. Ils s'abstiennent de justifier la guerre sur le plan moral et légal. Du point de vue réaliste, la morale joue un rôle secondaire dans les affaires internationales. La guerre n'a donc rien à voir avec la morale. Nous sommes dans une situation exceptionnelle dans laquelle la violence et la ruse sont deux vertus cardinales. Tous les coups sont permis. Par exemple, si tuer des non-combattants ou des prisonniers de guerre peut procurer un avantage certain, les réalistes ne s'en abstiendront pas. Toutefois, l'histoire nous offre des cas où un supplément d'âme a poussé les hommes à conspuer des crimes commis au nom de l'intérêt national. Ce fut le cas d'Arthur Harris qui dirigea les opérations de bombardement stratégique anglais qui n'avaient d'autres visées que de terroriser la population civile allemande. Il s'attendait à être couvert de lauriers à la fin à la guerre qui se solda par la victoire des alliés. Mais il n'eut pas la reconnaissance espérée pour ses hauts faits d'armes. La désolidarisation du gouvernement anglais de son « anti-héros » montre à suffisance que même dans des circonstances extrêmes comme la guerre, l'homme conserve toujours une part d'humanité.

Mais à scruter avec attention l'histoire, on se rend compte que la scène internationale n'est pas livrée à un vacuum moral comme le prétendent certains penseurs. Le vocabulaire moral n'a été aussi usuel dans les discours idéologiques des Etats que dans le contexte de la guerre froide où l'URSS était qualifiée « d'empire du mal ». La bombe à neutrons était baptisée « arme cannibale ».

Depuis la fin de la guerre froide, avec l'apparition de nouvelles menaces, la morale semble connaître un regain d'intérêt dans les affaires internationales. Le vocabulaire moral est intarissable dans cette perspective.

La mise sur pied de la Cour pénale internationale pour juger les auteurs de crimes contre l'humanité et de crimes de guerre s'inscrit dans ce registre. La notion de « responsabilité de protéger », les demandes de pardon, etc. témoignent de l'importance accordée à la morale sur la scène internationale.

Montesquieu affirme dans ce sens que « *... les hommes sont fripons en détail, mais ils sont en gros de très honnêtes gens ; ils aiment la morale*[17] ». Toutefois, ce regain d'intérêt pour la morale tranche avec l'intransigeance réaliste qui ne préjuge ni de la justice ni de son injustice.

L'histoire de Mélos et le colloque avec des auteurs comme Hegel et Clausewitz nous éclairent davantage sur la conception réaliste de la moralité de la guerre.

I.1.1 L'histoire de Mélos

« *Je doute qu'on puisse penser sérieusement et avec des convictions profondes à certains des problèmes fondamentaux auxquels nous faisons face en ce moment si on n'a pas à tout le moins réfléchi à la Guerre du Péloponnèse et à la chute d'Athènes* ».

George Marshall,
Secrétaire d'Etat des Etats-Unis, 1947 (durant la guerre froide).

En 431 av. J.-C. éclata la terrible et longue guerre opposant Athènes à Sparte (431-404). Elle se solda par la victoire de cette dernière. L'île de Mélos, ancienne colonie de Sparte, avait fait l'option d'observer la neutralité dans le conflit.

Mais Athènes la contraignit à abandonner sa posture. Elle lui enjoignit de se soumettre et de rejoindre la coalition qu'elle dirigeait, ou subir les conséquences de son insubordination. Selon Thucydide : « *Bien qu'ils fussent des insulaires, les Méliens refusaient de se soumettre à l'autorité d'Athènes et ne voulaient même pas entrer dans son alliance. Les Athéniens avaient donc décidé de les réduire* ».

Thucydide rapporte, sous forme de dialogue, les négociations entre Méliens et Athéniens. L'argumentaire mélien est bâti autour des trois points suivants : (1) le respect de la justice interdisant aux Athéniens d'attaquer une population qui ne leur a rien fait de mal ; (2) la croyance aux dieux, garants de la justice ; (3) l'espérance en la chance et dans l'appui probable des Lacédémoniens étant donné que leur cité a été fondée par des colons originaires de Lacédémone.

Les Athéniens rejetèrent l'offre des Méliens de conclure une entente d'amitié et de coopération. Le refus athénien est motivé par la *realpolitik*. Etant les plus forts, ils imposèrent leur diktat aux Méliens. Ici se révèle toute l'actualité de l'aphorisme du loup à l'encontre de l'agneau dans la fable *Le loup et l'agneau* de La Fontaine : « *la raison du plus fort est toujours la meilleure* ».

Athènes réplique au discours mélien sur la négociation et la résolution pacifique du différend qui les oppose, si différend il y a, en ces termes :

---

[17] Montesquieu, *De l'Esprit des Lois*, XXV, 2.

« Vous savez aussi bien que nous que, dans le monde des hommes, les arguments de droit n'ont de poids que dans la mesure où les adversaires en présence disposent de moyens de contrainte équivalents et que, si tel n'est pas le cas, les plus forts tirent tout le parti possible de leur puissance, tandis que les plus faibles n'ont qu'à s'incliner. Ils soutiennent également qu'on a toujours vu le plus fort placer le plus faible sous sa coupe ».

Dans ce discours réaliste, les Athéniens font clairement savoir à leurs interlocuteurs que la justice ou le droit ne valent qu'entre Etats ayant une puissance proportionnelle. Les Méliens tentent vainement de les convaincre en invoquant des arguments utilitaristes. « *A notre avis - puisque vous nous avez invités à ne considérer que l'utile à l'exclusion du juste - votre intérêt exige que vous ne fassiez pas fi de l'utilité commune ; celui qui est en danger doit pouvoir faire entendre la raison, à défaut de la justice et, n'eût-il à invoquer que des arguments assez faibles, il faut qu'il puisse en tirer parti pour arriver à persuader »*, plaident-ils.

A défaut de faire valoir des arguments de droit comme le prétendent les Athéniens, il serait nécessaire de parler d'utilité commune (*koinonagathon*), dans laquelle chaque protagoniste pourrait trouver son compte. La déraison des Méliens (pour les Athéniens) résiderait dans leur incapacité de voir l'évidence de la vérité. Après l'échec des pourparlers, les Athéniens assiégèrent Mélos, y massacrèrent tous les adultes et réduisirent en esclavage les femmes et les enfants. Le traitement infligé aux Méliens par les vainqueurs provoqua une onde de choc dans le monde grec.

Les Athéniens se sont trouvés dans la même situation que les Méliens à la fin de la guerre du Péloponnèse, alors qu'ils subissaient la défaite contre les Lacédémoniens. Cette histoire montre clairement que les utilitaristes répudient les principes moraux ordinaires et le droit dans leur approche des relations internationales.

I.1.2 Hegel et la guerre

Les détracteurs d'Hegel l'accusent de faire l'apologie de la guerre. Pour le philosophe allemand, la guerre fait partie de la vie politique. Andrew Fiala[18] distingue trois éléments dans la philosophie hégelienne de la guerre, notamment une description réaliste des affaires internationales, une critique des approches déontologiques de l'évaluation morale de la guerre et un compte rendu idéaliste des conflits internationaux.

Hegel pense que la morale est, à proprement parler, du domaine privé ; elle ne concerne que les individus et porte sur les biens limités de la vie privée. Il n'en est pas de même pour la guerre qui fait appel à des structures ou institutions plus larges que la simple individualité. Comme le relevait Jean-

---

[18] Andrew Fiala, "The Vanity of Temporal Things: Hegel and the Ethics of War", *Studies in the History of Ethics*, 2/2006, p. 5.

Jacques Rousseau : « *La guerre n'est donc point une relation d'homme à homme, mais une relation d'État à État, dans laquelle les particuliers ne sont ennemis qu'accidentellement, non point comme hommes, ni même comme citoyens, mais comme soldats[19]* ».

La guerre est une question de vie et de mort. Elle engage ce à quoi l'homme est le plus attaché : la vie. Le philosophe allemand encense les soldats pour leur attachement aux valeurs et à la défense de la liberté. Hegel nous apprend dans ce sens que la guerre est une lutte pour la reconnaissance. « *C'est seulement par le risque de sa vie qu'on conserve la liberté, qu'on prouve que l'essence de la conscience de soi n'est pas l'être, n'est pas le mode immédiat dans lequel la conscience de soi surgit d'abord, n'est pas son enfoncement dans l'expansion de la vie [...]. L'individu qui n'a pas mis sa vie en jeu peut bien être reconnu comme personne ; mais il n'a pas atteint la vérité de cette reconnaissance d'une conscience de soi indépendante[20]* ». Il ajoute : « *Pareillement, chaque individu doit tendre à la mort de l'autre quand il risque sa propre vie ; car l'autre ne vaut pas plus pour lui que lui-même[21]* ».

Il faut lutter pour être reconnu, pour exister autrement que comme une chose. Ceux qui ont peur de mourir ne risquent pas leur vie pour la liberté, ne peuvent pas espérer une existence plus haute que la simple vie animale.

Mais Hegel montre bien par la suite que le vaincu finit par prendre le dessus sur le vainqueur. Il note à ce propos que « *cette suprême preuve par le moyen de la mort supprime précisément la vérité qui devait en sortir et supprime en même temps la certitude de soi-même en général[22]* ».

La guerre est essentielle à la santé de l'Etat moderne parce qu'elle encourage le patriotisme et préserve les nations contre la complaisance et la stagnation qu'engendre la paix. Il affirme qu'elle « *conserve aussi bien la santé éthique des peuples en son indifférence vis-à-vis des déterminations finies [...] que le mouvement des vents préserve les mers de la putridité dans laquelle un calme durable les plongerait, comme le ferait pour les peuples une paix durable ou a fortiori une paix perpétuelle[23]* ».

Hegel rejette explicitement l'aspiration à la paix perpétuelle de Kant. En effet, comme nous l'avons déjà montré précédemment, la nécessité de réaliser les grands desseins de l'histoire rend inévitable le conflit. Le conflit est constamment présent dans les rapports entre les Etats, véritables acteurs de l'histoire universelle. Hegel se moque donc justement du projet kantien de paix perpétuelle. « *Il n'y a pas de préteur,* affirme Hegel, *il y a tout au plus des arbitres ou des médiateurs entre les Etats et de plus, les arbitres et les*

---

[19] Jean-Jacques Rousseau, *Du contrat social*, I, IV, Œuvres complètes, vol. III, Paris, Pléiade, Gallimard, p. 357.
[20] Hegel, *Phénoménologie de l'esprit*. Traduction de Jean Hippolyte, Aubier Montaigne, p. 159.
[21] Idem.
[22] Idem, p. 160.
[23] G.W.F. Hegel, *Principes de la philosophie du droit* (1821), § 324, Paris, PUF, 2003, p. 420.

médiateurs sont contingents, dépendants de leurs volontés particulières. La conception kantienne d'une paix éternelle par une ligue des Etats qui règlerait tout conflit et écarterait toute difficulté comme pouvoir reconnu par chaque Etat, et rendrait impossible la solution par la guerre, suppose l'adhésion des Etats, laquelle reposerait sur des motifs moraux subjectifs ou religieux, mais toujours sur leur volonté souveraine particulière et resterait donc entachée de contingence[24] ».

Hegel reproche au projet de paix perpétuelle le fait qu'il n'offre aucune garantie quant au respect des termes du contrat de confiance censé s'établir entre les Etats. En effet, dans la mesure où la bonne foi sur laquelle repose ce projet n'impose aucune obligation aux Etats sur la scène internationale, ils ne sont pas tous tenus de respecter leurs engagements. Mais ce rêve kantien est tellement fort qu'il connaîtra une esquisse de réalisation à travers la création de l'Organisation des Nations Unies dont la mission première est d'assurer la paix et la sécurité internationales.

Hegel pense que la guerre est essentielle à la santé morale de l'Etat moderne parce qu'elle suscite le patriotisme et protège les nations contre la complaisance et la stagnation dont sont porteuses les périodes de paix.

La paix résulte donc de la guerre contre les ennemis externes. Le projet de Kant devient un idéal vers lequel l'humanité doit tendre. Dans la conjecture sur les débuts de l'histoire humaine, Kant relève curieusement la même idée ; il indique que bien que la guerre soit horrible, elle est un moyen indispensable pour le progrès spirituel. Paradoxalement à l'idée de paix perpétuelle, reprise dans la métaphysique des mœurs, Kant note que la nature utilise la guerre comme voie de progrès humain.

Pour Hegel, les Etats se battent pour la reconnaissance mutuelle comme dans la dialectique du maître et de l'esclave. L'arène politique se caractérise par l'absence de structure de reconnaissance mutuelle durable pour résoudre les différends entre les entités politiques. Hegel soutient qu'il y a une limite à la guerre conformément aux coutumes et codes formels en la matière. La guerre n'oppose pas des individus mais des Etats. Il rejette également l'aphorisme selon lequel la fin justifie les moyens.

Toutefois, il affirme que les soldats n'ont pas seulement le droit mais aussi le devoir de tuer, d'ôter la vie au cours des campagnes militaires.

Hegel pense que les soldats ne sont pas des ennemis personnels. Bras armés de l'Etat, ils combattent au nom du peuple. Pour ce faire, leur comportement sur le champ de bataille doit être dénué de tout sentiment de haine. Ils n'y accomplissent que leur devoir d'Etat.

Pour Hegel, le service militaire démontre l'instabilité voire le paradoxe de la vie politique. Il est d'une part nécessaire à la formation de l'identité politique mais d'autre part, il empiète sur les libertés individuelles.

---

[24] G. W. F Hegel, *Principes de la philosophie du droit*, traduit par André Kaan, préfacé par Jean Hyppolite, Paris, Gallimard, 1940 pp. 329-330.

I.1.3 La guerre comme continuation de la politique par d'autres moyens

Cette réflexion s'assigne pour objectif d'explorer la possibilité de justifier la guerre à travers l'argument selon lequel elle est la continuation de la politique par d'autres moyens. En d'autres termes, elle représente un moyen politique au même titre que la diplomatie, l'économie, etc. Pour Machiavel, la guerre n'est qu'un moyen politique parmi d'autres. Elle se justifie par la défense de l'intérêt national et par la conservation de l'Etat. La politique ne relève pas de la morale, du moins la morale ordinaire. Le prince doit se préparer à la guerre pour éviter la surprise stratégique dont les conséquences pourraient lui être catastrophiques.

Il affirme que « *la guerre, les institutions et les règles qui la concernent sont le seul objet auquel un prince doive donner ses pensées et son application et dont il lui convienne de faire son métier : c'est là la vraie profession de quiconque gouverne ; et par elle, non seulement ceux qui sont nés princes peuvent se maintenir, mais encore ceux qui sont nés simples particuliers peuvent souvent devenir princes*[25] ».

Finalement, c'est l'efficacité que recherche l'action politique. C'est pour cette raison qu'il affirme qu'un « *prince n'a donc qu'à maintenir son État, tous les moyens dont il se sera servi seront toujours trouvés honnêtes et chacun l'en louera. Car le vulgaire ne se prend qu'aux apparences et ne juge que par les évènements. Et il n'y a presque dans le monde que le vulgaire ; le petit nombre n'a lieu que lorsque la multitude ne sait à quoi se déterminer*[26] ».

Pour le penseur italien, l'aune à laquelle se mesure la justice de la guerre, est la nécessité. En effet, « *à partir du moment où une guerre répond aux exigences de l'intérêt national, écrit-il, elle n'a plus à s'encombrer de scrupules. Toute guerre qui est nécessaire est juste et les armes, qui se prennent pour la défense d'un peuple qui n'a point d'autre ressource, sont miséricordieuses*[27] ».

Machiavel reconnait que les hommes ont la loi, contrairement aux animaux qui n'ont que la force pour se défendre. Toutefois, les circonstances contraignent quelquefois l'homme à recourir à la force face aux limites de la loi. Il souligne : « *Il y a deux manières de combattre : l'une avec les lois ; l'autre avec la force. La première est celle des hommes ; la seconde celle des bêtes. Mais comme très souvent la première ne suffit pas, il est besoin de recourir à la seconde*[28] ».

---

[25] Nicolas Machiavel, *Le Prince*, (trad. J. V. Périès), Paris, éd. 10/18, 2000, chap. XIV, p. 48.
[26] Nicolas Machiavel, *Le Prince*, (trad. Abraham-Nicolas Amelot de la Houssaie), éd. H. Wettstein, 1683, chap. XVIII, p. 149-150.
[27] Nicolas Machiavel, *Le Prince*, (trad. Abraham-Nicolas Amelot de la Houssaie), éd. H. Wettstein, 1683, chap. XXVI, p. 223.
[28] Nicolas Machiavel, Le *Prince*, (trad. Abraham-Nicolas Amelot de la Houssaie), éd. H. Wettstein, 1683, chap. XVIII, p. 144.

Dans la même veine, le général prussien Clausewitz subordonne la guerre à la politique. Il en fait un moyen pour atteindre un objectif politique. Faire la guerre, c'est donc faire de la politique pour contraindre l'adversaire à exécuter une volonté, celle de celui qui attaque. Les accords de paix, imposant des contraintes à l'adversaire vaincu, ne sont que l'expression de cette volonté. La guerre ne doit pas être déclarée en l'absence d'objectif politique.

Peter Paret affirme que la violence doit servir un objectif politique dans une perspective utilitariste. Elle ne devrait ni se substituer à l'objectif politique, ni l'effacer[29].

Au sens clausewitzien, la guerre est un moyen pour parvenir à un but politique. Elle ne doit jamais être considérée isolément.

En somme, les guerres sont des actes politiques. Hannah Arendt écrit dans ce sens que : « *la guerre qui est nécessaire est juste et bénies soient les armes là où il n'est plus de recours que par elles*[30] ».

I.2 Le pacifisme et la condamnation de la guerre

Il n'y a pas de parole aussi forte pour débuter ce paragraphe que l'aphorisme d'Erasme énoncé à l'époque de la Renaissance où les valeurs humanistes répudiaient toute tentative de justification de la guerre. Erasme (1469-1536) écrit : « *Il n'y a pas de paix, même injuste, qui ne soit préférable à la plus juste des guerres* ».

On voit ainsi naître un courant de protestation contre la guerre pour des raisons morales : le pacifisme. Cet esprit caractérise le XVIIIème siècle qui voit fleurir de nombreux ouvrages consacrés à des projets de paix en Europe et au-delà. Le pacifisme et la tradition de la guerre juste se rejoignent sur des points essentiels. « *Le pacifisme est le groupement des hommes et des femmes de toutes nationalités qui recherchent les moyens de supprimer la guerre, d'établir l'ère sans violence et de résoudre par le droit les différends internationaux*[31] ». Les pacifistes condamnent la guerre par principe en soutenant qu'il « *n'y a pas de juste cause, ni de juste façon de faire la guerre*[32] ». On distingue plusieurs visages du pacifisme notamment : le pacifisme intégral ou radical et le pacifisme conditionnel. Le premier refuse par principe toute guerre et préfère la servitude. L'argumentaire des tenants de cette approche, prônant l'objection de conscience généralisée, porte sur la sacralité de la vie humaine. Rien ne justifierait la mort d'un être humain.

---

[29] Paret, Peter, *Makers of Modern Strategy*. Ed. Gordon A. Craig and Felix Gilbert. Princeton University Press, 1986, p. 200.
[30] Hannah Arendt, *Essai sur la révolution*, Paris, Ed. Gallimard, Coll. Les Essais, 1967, p. 12.
[31] Sophie Lorrain, *Des pacifistes français et allemands, pionniers de l'entente franco-allemande (1871-1925)*, Paris, L'Harmattan, 1999, p. 15.
[32] Monique Canto-Sperber, « La guerre juste, une notion impertinente? », *Esprit*, n° 2, février 2005, p. 206.

Quant au pacifisme conditionnel, il reconnait le caractère irrationnel et inhumain de la guerre sans exclure qu'elle est parfois nécessaire. La guerre et la violence sont inacceptables mais il y a des circonstances extrêmes dans lesquelles elles se justifient. Il embouche la trompette de l'utilitarisme.

Pour le pacifisme de conviction, la paix est une fin en soi. Il faut donc la promouvoir. La posture face à la guerre n'est pas uniforme. Tandis que certains refusent de se battre ou de prendre part à des activités susceptibles de soutenir la guerre, d'autres s'appliquent à réduire les méfaits de la guerre en conduisant par exemple des ambulances.

L'histoire foisonne d'exemples de pacifistes qui ont préféré, par conviction, être exécutés ou dans le meilleur des cas la prison plutôt que la guerre. Mais de nos jours, la plupart des pays démocratiques reconnaissent le droit à l'objection de conscience.

Les pacifistes contestent aussi l'utilité de la guerre en arguant qu'elle aboutit toujours à une escalade de la violence et aux pires atrocités.

Ils relèvent que tous les individus prenant part à la guerre ne le font pas de leur propre gré. Ils s'y engagent parfois par contrainte financière, sociale ou par devoir citoyen (la conscription). Cette réalité est explicitée par une longue tradition littéraire, illustrée par le poète français Grand Corps Malade dans *Le blues de l'instituteur* :

Comme aux pires heures de l'histoire des hommes se font la guerre,
Des soldats s'entretuent sans même savoir pourquoi.
S'ils s'étaient mieux connus, ils pourraient être frères,
Mais leurs présidents se sentaient les plus forts, c'est comme ça[33].

La guerre est immorale et injuste en ce sens qu'elle entraîne toujours des dégâts collatéraux.

Le pacifisme défend une cause noble mais qui est insoutenable dans des cas extrêmes. Certaines circonstances contraignent le pacifiste à se radicaliser et à sombrer dans l'idéologie ; d'autres le poussent à réviser ses convictions. Quelle devrait être l'attitude d'un homme d'État quand son pays est victime d'agression et que l'envahisseur refuse de négocier ou de se conformer aux règles internationales ? Peut-on moralement justifier la non-intervention ou la non-résistance dans de telles conditions ? L'intuition morale penche plutôt pour l'usage de la force. C'est en réponse à de telles problématiques que la doctrine de la guerre justifiable s'avère utile.

Ne pas se défendre en cas de crime d'agression lorsque tous les moyens pacifiques se sont révélés impraticables et inefficaces, exposerait sa population à la folie meurtrière de l'adversaire. Ce qui violerait le caractère sacré de la vie humaine que défendent les pacifistes. C'est justement pour cette raison que de nombreux pacifistes admettent l'usage de la force en cas d'extrême urgence.

---

[33] Grand Corps Malade, « Le blues de l'instituteur », *Enfant de la ville* (CD album), 2008.

En conclusion, au vu de ce qui précède, nous préférons le terme de guerre justifiable à celui de guerre juste. Ce, parce que, quelles que soient les raisons évoquées, la guerre ne saurait se justifier. Toutefois, certaines circonstances telles que la légitime défense, la lutte contre le génocide peuvent la justifier sans la rendre juste. Elle est un mal nécessaire et représente le moindre mal lorsque tous les moyens pacifiques tels que la diplomatie, les sanctions économiques, la résistance passive ont été épuisés.

La justifiabilité de la guerre, loin d'être une ode à la violence, milite au contraire pour qu'elle soit encadrée par des règles strictes. Par exemple, « *ce n'est pas parce que la guerre est malheureusement engagée que tout devient par le fait même licite entre les parties adverses*[34] ». Les prisonniers et les non-combattants doivent être traités avec humanité.

---

[34] Gaudium et spes, 79, & 4.

CHAPITRE 2 :
QUELQUES QUESTIONS SOULEVEES
PAR LE JUS AD BELLUM

Dans ce chapitre, nous allons approfondir quelques-unes des questions soulevées par le jus ad bellum.

2.1 De la responsabilité de protéger

Après les atrocités du XXème siècle, le monde est saisi d'une fièvre morale. La paix ne semble plus être la valeur à laquelle il faut subordonner la justice. La justesse de la cause n'est plus limitée à la revendication de la légitime défense, corollaire de l'agression. Désormais, la justesse de la cause peut légitimer la guerre. Sur ce plan, la doctrine classique de la guerre juste connait une évolution.

Cette évolution est due à plusieurs facteurs dont l'humanisation du concept de sécurité et la mondialisation de l'insécurité. L'approche des questions sécuritaires s'est déplacée de la centralisation excessive sur les menaces militaires extérieures vers une nouvelle approche plus intégrée : la sécurité humaine. Ce tournant est plus moral que stratégique ou encore moins juridique. Il a le mérite de prendre en compte la complexité et la corrélation des menaces tant anciennes que nouvelles. Il ne fait plus de doute désormais que l'extrême pauvreté est source de plusieurs conflits sanglants en Afrique.

Les questions environnementales, la traite humaine, le terrorisme international, le nantissement économique soudain ont des répercussions internationales. Ces menaces risqueraient de troubler l'ordre international si elles n'étaient pas jugulées.

Une des conséquences directes de cette approche est que les gouvernants ne peuvent plus se réfugier derrière le bouclier de la souveraineté de leur Etat pour maltraiter impunément leur peuple.

Depuis le traité de Westphalie de 1648, qui mit fin à trente ans de guerre et de conflit religieux en Europe, l'égalité et la souveraineté de tous les Etats (qu'ils soient petits ou grands) sont consacrées par le droit international. Cette disposition a été entérinée par l'article 2 de la Charte des Nations Unies qui stipule : « *L'Organisation est fondée sur le principe de l'égalité souveraine de tous ses Membres* ».

La coutume et le droit international font de la souveraineté de l'Etat un principe sacrosaint. Il est le seul dépositaire de cette souveraineté et ce pour la préservation de l'ordre international.

Mohammed Ayoob définit la souveraineté comme l'autorité de régner sur un territoire donné et la population en son sein[35]. La souveraineté implique donc une reconnaissance des pairs qui lui permet de jouir du droit de gérer ses affaires intérieures sans interférence d'un tiers Etat. C'est dans ce sens que Manfred Halpern note qu'aucun Etat n'a le droit d'intervenir dans les affaires internes d'un autre Etat. S'arroger une telle prérogative met en péril le système international et la liberté des nations. Le non-respect de la souveraineté d'un Etat ne peut pas être considéré comme une simple violation du droit international mais comme une menace à l'ordre international[36].

Pendant longtemps, l'agression fut considérée comme le *casus belli* par excellence. C'est d'ailleurs le crime le plus grave dans les relations entre Etats et ce pour plusieurs raisons. Elle s'attaque non seulement à l'existence même du pays victime mais trouble l'ordre international ; elle viole les coutumes en la matière et le droit international, notamment le Pacte de la Société des Nations, le Pacte de Paris (ou Pacte Briand-Kellog) et la Charte des Nations Unies.

Tous ces textes prohibent le recours à la guerre pour le règlement des différends internationaux et appellent les contractants à y renoncer en tant qu'instrument de politique nationale. Toutefois, les seules exceptions admises dans la Charte des Nations Unies sont l'action coercitive collective au terme du Chapitre VII et le droit de légitime défense individuelle ou collective prévu par l'article 51. Toutefois, les évènements douloureux qui ont meurtri la conscience humaine au XXème et au début du XXIème siècle (notamment l'holocauste, les tueries massives au Cambodge, celles des forêts de Srebrenica, le génocide rwandais de 1994 et d'autres violences massives d'une partie de la population contre une autre çà et là dans le monde) ont poussé la communauté internationale à nuancer le strict respect de la souveraineté.

Ces évènements ont entraîné une extension de la définition de la souveraineté par l'adjonction du terme de responsabilité à celui d'autorité. Dans ce sens, le respect des droits de l'homme devient un attribut essentiel de la souveraineté.

Les nations ont la responsabilité première de protéger leurs citoyens du génocide, des crimes de guerre, des crimes contre l'humanité, du nettoyage ethnique. Mais lorsqu'un Etat n'y parvient pas, la communauté internationale se donne le devoir d'intervenir pour exercer sa responsabilité morale de protéger. Ce concept a été consacré par les Nations Unies en 2005. Il s'appuie sur le principe que certains abus graves des droits de l'homme

---

[35] M. Ayoob (2002): "Humanitarian Intervention and State Sovereignty", *The International Journal of Human Rights*, 6:1, 81-102.
[36] Manfred Halpern, "The Morality and Politics of Intervention", in Falk, *The Vietnam War*, 39, 65–66.

choquent la conscience humaine et appellent l'intervention de la communauté internationale pour y mettre un terme.

Une intervention est dite humanitaire lorsque des militaires étrangers interviennent dans un Etat souverain pour prévenir des violations systématiques et graves des droits de l'homme, comme ce fut le cas avec l'intervention de la Tanzanie en Ouganda en 1979. En fait, au mois de janvier 1979, les troupes tanzaniennes pénètrent sur le territoire ougandais pour renverser le régime d'Amin Dada, qualifié de « voyou » par le très vénérable président tanzanien Nyerere. Ce régime était responsable de presque un demi-million de morts. Même si cette intervention avait permis au peuple ougandais de se débarrasser de ce bourreau, la Tanzanie l'avait justifiée par la légitime défense.

Rappelons que, quelques semaines avant l'intervention tanzanienne, les troupes ougandaises avaient pénétré et occupé une partie du territoire tanzanien. Dar-es-Salam avait officiellement protesté avant de riposter. Son intervention fut applaudie par le peuple ougandais et plusieurs Etats. Toutefois, elle laisse transparaître la difficulté de justifier une intervention armée par des considérations humanitaires. Dans le même cadre, rappelons l'intervention indienne dans la partie du Pakistan qui deviendra le Bangladesh en 1971. Elle avait été présentée comme une intervention destinée à mettre fin aux massacres de la population bengalie par les forces pakistanaises. Mais ici encore, l'Inde avait officiellement allégué la légitime défense[37] avant de se rétracter pour invoquer des considérations humanitaires afin de convaincre la communauté internationale.

Comme noté plus haut, la justification juridique de la responsabilité de protéger conduit toujours à une impasse. Il convient donc de sortir du cadre juridique pour entrer sur le terrain moral. Il est moralement justifié qu'un Etat avec une bonne intention vienne au secours d'un peuple martyrisé par son gouvernement.

La vie humaine est sacrée alors que la souveraineté ne l'est pas. Depuis des siècles, les Etats se sont faits et défaits à travers la guerre. Ce fut le cas en 2011 du Soudan qui a été divisé en deux Etats : le Soudan et le Soudan du Sud. Toutefois, les peuples de ces Etats recomposés n'ont jamais aliéné leurs droits fondamentaux.

Les défenseurs de l'intervention humanitaire invoquent vainement le chapitre VII de la Charte des Nations Unies pour illustrer leur position. Les circonstances dans lesquelles ont souvent lieu ces interventions ne sont pas encadrées par les dispositions dudit chapitre qui ne couvre que les menaces contre la paix et la sécurité internationales. Les violences énoncées par la doctrine de la responsabilité de protéger sont internes (génocide, nettoyage ethnique, etc.) même si elles ont des effets transfrontaliers tels que l'afflux

---

[37] New Delhi accusa le Pakistan d'avoir bombardé auparavant des villages sur le territoire indien.

des réfugiés. Mais elles ne sont pas des actes d'agression ou des conflits entre Etats. Le chapitre VII n'est donc pas le mécanisme approprié pour soutenir juridiquement l'intervention humanitaire.

Ni la Charte des Nations Unies, ni la Déclaration universelle des droits de l'homme et encore moins la Convention internationale des droits de l'homme et les traités multilatéraux ne peuvent servir de base légale aux interventions dites humanitaires. Il est difficile de construire une argumentation convaincante pour légitimer l'usage de la force pour des objectifs humanitaires dans le cadre actuel des lois internationales classiques. L'argumentation morale nous offre une porte de sortie. L'intervention humanitaire suscite beaucoup de controverses. Comment concilier la souveraineté des Etats et l'intuition morale invitant à faire quelque chose pour protéger les victimes de crimes contre l'humanité, de génocide, etc. ? L'intervention met en jeu la dignité humaine, l'assistance à personne en danger et le droit fondamental des Etats à l'autonomie.

Pendant que l'intervention est perçue par certains penseurs comme une nécessité pour protéger des personnes à risque, d'autres sont moins optimistes et soutiennent qu'elle n'est qu'une forme de néocolonialisme déguisé ou de néoimpérialisme.

La responsabilité de protéger est un concept plus digeste. Mais malheureusement, elle a été frappée dès son berceau par un mal congénital dont elle aura des difficultés à se débarrasser : son dévoiement en Libye par la France et ses alliés.

La tâche la plus difficile est l'identification de la personne sur qui repose cette responsabilité morale ? Pour respecter un minimum de légalité, les interventions doivent être autorisées par le Conseil de Sécurité.

Les intérêts des Etats n'ont jamais été absents de leur décision d'intervenir ou de s'en abstenir. L'intervention militaire sous le chapitre VII a toujours été une tractation et un deal entre les cinq membres permanents du Conseil de Sécurité. En juin 1994, les intérêts contradictoires des Etats n'ont pas permis à la France d'intervenir au Rwanda, ni aux Américains en Haïti. Dans le cas où la décision d'intervenir est arrachée aux forceps dans le cadre des Nations Unies, les grandes nations ne se sont jamais départies de leurs intérêts économiques et politiques. L'intervention par exemple de la France dans ses anciennes colonies ne s'en est jamais départie. L'intervention devient plus suspecte lorsqu'elle ne bénéficie pas de l'autorisation formelle du Conseil de Sécurité.

Ce fut le cas de l'intervention de l'OTAN contre les forces serbes au Kosovo. Craignant le veto éventuel de la Russie ou de la Chine, l'OTAN prit unilatéralement la décision d'intervenir en mars 1999. Javier Solana, le Secrétaire général de l'OTAN d'alors, répondit à la valse de critiques (qu'avait provoquées cette décision de son organisation) que l'OTAN est une organisation sérieuse composée de gouvernements démocratiques qui ont pris la décision par consensus, ce fait même seul conférant la légitimité suffisante à l'action en question[38].

Concédons à l'OTAN qu'elle soit intervenue au Kosovo pour des raisons purement humanitaires. Toutefois, son silence assourdissant face à la crise syrienne suscite des questions. La multiplication de ce type d'intervention en dehors du cadre des Nations Unies risque de discréditer la notion même d'intervention humanitaire. La responsabilité de protéger pourrait servir de prétexte aux nations les plus puissantes pour s'imposer aux plus faibles. Cette attitude fera le lit d'un retour de l'Etat de nature, selon le mot de Hobbes.

Ce type d'intervention sans le sceau de l'ONU remet en cause le principe de souveraineté qui a instauré une certaine justice entre nations depuis plus de quatre siècles.

La souveraineté ne peut pas servir d'alibi pour contempler en spectateur des tyrans massacrant leur peuple.

Ce changement de vocabulaire aura-t-il une influence sur la pratique ? *Wait and see*, comme disent les Anglais.

La responsabilité de protéger se focalise sur la violence politique et ethnique. Ce qui limite son rayonnement et nourrit les critiques de ses adversaires. Elle devrait s'articuler sur la notion de sécurité humaine pour prendre en compte les questions liées à la pauvreté, aux maladies et à l'environnement. La sécurité humaine n'est pas seulement mise en péril par la violence et le conflit mais aussi par des politiques et facteurs structurels qui empêchent le développement intégral des peuples, selon le mot de Paul VI. Il importe de prendre en compte des questions fondamentales comme la promotion du développement durable et la réduction des instruments de violence. Au lieu de dépenser des millions de dollars pour financer l'intervention, ne vaudrait-il pas mieux prévenir en agissant sur les causes ? Le vieil adage médical : « mieux vaut prévenir que guérir » n'est-il pas d'actualité ?

La responsabilité de protéger comporte des abus qu'il ne faut pas négliger mais les dérives exceptionnelles n'édulcorent pas la règle.

2.2 L'objection de conscience sélective

La plupart des constitutions et autres lois adoptées après la Deuxième Guerre mondiale reconnaissent la liberté de pensée et de conscience, par conséquent l'objection de conscience. Cattelin pense qu'« *il y a objection de conscience lorsqu'un groupe ou un individu choisit délibérément de violer un règlement adopté par la majorité des citoyens, ou imposé par un*

---

[38] Ivo H. Daalder « Nato, the UN and the use of force », papier préparé pour UNA-USA, mars 1999.

gouvernement et ce, au nom d'une existence suprême, qu'il perçoit dans sa conscience[39] ».

L'objection de conscience est le refus absolu, fixe et sincère pour des raisons religieuses, morales, de croyance personnelle ou philosophique (pacifisme) d'effectuer son service militaire ou d'aller à la guerre sous quelque forme que ce soit. Il existe une catégorie d'objecteurs qui s'engage dans l'armée mais refuse toute fonction combattante.

Cette liberté est reconnue par la plupart des pays démocratiques. C'est dans ce sens que l'article 4 (3) de la Constitution allemande dispose que : « *nul ne peut être forcé à accomplir contre sa conscience un service militaire armé ; les détails sont réglés par une loi fédérale* ».

Selon John Rawls, l'objection absolue ne défie pas plus l'autorité de l'Etat que le célibat des prêtres ne défie la sainteté du mariage[40]. Mais ce consensus se distend lorsque des militaires en fonction choisissent les guerres auxquelles ils veulent participer. Ce type d'objection est appelé objection de conscience sélective.

Contrairement à l'objecteur de conscience absolutiste, l'objecteur sélectif accepte de porter les armes mais refuse de participer à certaines campagnes.

L'Assemblée générale de l'ONU avait reconnu en 1978 le droit des citoyens de refuser de servir une armée ou une police mettant en œuvre une politique d'apartheid.

Bien que cette disposition ne soit pas une approbation générale de l'objection de conscience sélective, la résolution témoigne du soutien international à certaines catégories d'objection sélective. Pour sa part, le Haut-commissariat des Nations Unies pour les réfugiés reconnaît le droit de tout individu de réclamer le statut de réfugié s'il craint la persécution pour son objection à une action militaire particulière, condamnée par la communauté internationale et contraire aux règles de base de la conduite humaine[41].

Ce fut le cas de plus de trois mille Serbes qui avaient refusé de prendre part à la guerre du Kosovo. Plusieurs d'entre eux avaient été emprisonnés ou fui le pays[42].

Des centaines d'Israéliens ont refusé le service militaire dans les territoires occupés. Des douzaines ont été jugés et emprisonnés pour leur refus.

La justification de l'objection de conscience sélective est un casse-tête chinois. Les théories de la guerre justifiable et le droit international ne condamnent pas la participation d'un soldat à une guerre, même pour une

---

[39] J.P. Cattelain, *L'objection de conscience*, Paris, PUF, *Que sais-je ?* n°1517, p. 5.
[40] Rawls, J., *A Theory of Justice*, Oxford University Press, Oxford, 1971, p. 335.
[41] Office of the United Nations. High Commissioner for Refugees, *Handbook on Procedures and Criteria for Determining Refugee Status under the 1951 Convention and the 1967 Protocol relating to the Status of Refugees,* HCR/IP/4/Eng/REV.1, 1979, para. 171.
[42] Amnesty International Report, *The forgotten resisters: the plight of conscientious objectors to military service after the conflict in Kosovo,* AI-index: EUR70/111/1999.

cause injuste. Ce, parce que le *jus ad bellum* ne dépend pas de lui mais du politicien. Le soldat est seulement jugé sur la conduite de la guerre (*jus in bello*). Si chaque soldat devait juger de la justice de toutes les décisions prises par le gouvernement, il n'aurait pas assez de temps à consacrer à l'entraînement.

Les théories de la guerre juste sont en porte-à-faux avec la position pacifiste qui récuse toute guerre même celle d'autodéfense. Dès la déclaration de la guerre par l'autorité compétente, le soldat n'a d'autre alternative que de s'y engager pour atteindre les objectifs qui ont été fixés dans les limites du *jus in bello*. Si chaque soldat devait choisir les conflits dans lesquels s'engager, ce serait l'anarchie.

Le soldat, selon le mot d'Augustin, est l'épée dans la main du souverain ; il n'est pas responsable de la guerre qu'il n'a pas provoquée[43].

L'objection de conscience sélective pourrait entraîner une grande incertitude pour la capacité de défense de l'Etat dans une guerre d'autodéfense. Certains soldats peuvent croire de bonne foi qu'une guerre est juste alors qu'elle est injuste, pendant que d'autres profiteront de l'objection de conscience sélective pour ne pas accomplir pour des raisons non morales leur devoir de combattre[44].

La question de l'objection de conscience met en jeu la liberté personnelle et la solidarité nationale. Dans cette même veine, le procureur, dans l'affaire Lieutenant Malcolm Kendall-Smith de l'armée de l'air britannique, souligna que l'obéissance aux ordres est la caractéristique de toute force disciplinée... L'indiscipline, ou le refus d'obéir aux ordres, transforme cette force en une horde désorganisée.

Il conclut que ceux qui portent l'uniforme de la reine ne doivent pas choisir l'ordre auquel ils doivent obéir[45]. Dans le même tempo, Davidson note que l'obéissance aux ordres du supérieur militaire et au leadership civil est un précepte de base des forces armées américaines[46].

Dans le même sens, un éthicien militaire, James H. Toner souligne qu'il n'y a pas de principe plus fort de la relation civilo-militaire que la soumission des militaires professionnels aux autorités élues aux plus hautes fonctions de la République. Il conclut que c'est un principe sacrosaint[47].

---

[43] Augustine, *The City of God*, translated by Marcus Dods (New York: Modern Library, 1950), Book I, chapter 21, p. 27.

[44] Jeff McMahan, Préface de l'ouvrage *Selective Conscientious Objection*, édité par Andrea Ellner, Paul Robinson, and David Whetham.

[45] Gulam, H. & O'Connor, M. (2006), 'Selective Conscientious Objection: The Court Martial of Flight Lieutenant Malcolm Kendall-Smith, RAF', *ADF Health*, vol. 7, October, pp. 68-72, p. 69.

[46] Davidson, M.J. (2005), 'War and the Doubtful Soldier', *Notre Dame Journal of Law, Ethics & Public Policy*, vol. 19, pp. 91-161, p. 146.

[47] James H. Toner, cité par Davidson, M.J. (2005), 'War and the Doubtful Soldier', *Notre Dame Journal of Law, Ethics & Public Policy*, vol. 19, pp. 91-161, p. 146.

Un éditorialiste du magazine *America* exprime la même conviction en faveur de l'objection de conscience sélective. « *Nous croyons qu'un jeune homme qui sent qu'il ne peut en conscience tuer ceux que son gouvernement désigne comme ennemis, ne doit pas être contraint à tuer. Autant il ne doit être exempté d'un service humanitaire alternatif, même d'un travail qui peut lui coûter la vie. Des minorités anti-guerre ne craignent ni de travailler ni le danger. Ils ont montré leur courage dans les mouvements civils. Cette nation n'a rien à perdre en les écoutant, au contraire elle a beaucoup à gagner en reconnaissant leur droit naturel de dissension*[48] ».

L'objection de conscience est une posture morale valide. Mais son dérivé, l'objection de conscience sélective, relève de la tradition de la guerre justifiable. Elle n'a pas encore de statut légal même dans des pays démocratiques comme les Etats-Unis d'Amérique. Mais un dialogue entre législateurs, juristes, éthiciens et autres leaders religieux facilitera la traduction de cette disposition morale en langage légal.

2.3 De l'usage préemptif ou préventif de la force dans les relations internationales

Pendant longtemps, la légitime défense a été présentée comme la cause juste par excellence motivant l'entrée en guerre. Mais l'environnement sécuritaire actuel a poussé certains Etats à revoir leur doctrine pour faire appel à certaines notions comme la guerre préemptive, l'attaque préemptive et la guerre préventive. Nous allons analyser les implications morales et juridiques de tous ces concepts stratégiques.

La préemption survient en réponse à une attaque militaire imminente. Stephen Van Evera explique qu'une frappe préemptive anticipe une attaque du camp adverse, tandis qu'une frappe préventive anticipe un changement de l'équilibre des forces[49].

Pour Lawrence Freedman, « la prévention s'attaque aux facteurs susceptibles de contribuer au développement d'une menace, tandis qu'une guerre préemptive se produit lorsqu'une attaque de l'adversaire est perçue comme imminente. Elle vise à détruire ses capacités les plus dangereuses pour qu'il ne puisse pas les utiliser aussitôt[50] ».

Pour sa part, le général Beaufre souligne que « *pour concilier... la conception de cette action préventive avec celle, toute politique, d'une renonciation à l'agression, cette action préventive a reçu le nom particulier de « préemptive » en soulignant qu'elle ne serait déclenchée que si et quand*

---

[48] Editorial, *The Selective Conscientious Objector*, 117 AMEMCA, July 22, 1967 at 73.
[49] Stephen Van Evera, *Causes of War – Power and the roots of conflict*, Ithaca, Cornell University Press, 1999.
[50] Nicole Vilboux avec la collaboration de Sammy Kachlef, « Frappes préemptives et préventives : concepts, précédents, faisabilité », in *MARCHE* n°2003/37.

des indices sûrs permettraient de prévoir l'imminence d'une attaque ennemie[51] ».

Pour faire face aux exigences de l'environnement sécuritaire qui prévalait en son temps, surtout marqué par l'attaque du 11 septembre, la stratégie nationale de sécurité de l'administration Bush affirme que les Etats-Unis « *ne peuvent plus compter uniquement sur une stratégie réactive, comme par le passé... En lieu et place, les Etats-Unis s'efforceront d'adapter le concept de menace imminente aux moyens et aux objectifs des adversaires d'aujourd'hui ; afin de parer à ou d'empêcher de tels actes hostiles de nos adversaires, les Etats-Unis agiront, si cela est nécessaire, de manière préemptive*[52] ».

Cette position est pernicieuse et ouvre la porte à toutes les dérives. La foi d'un simple soupçon qu'un autre Etat s'apprête à développer des forces pour attaquer les intérêts américains, suffirait pour entrer en guerre.

Le pays de l'Oncle Sam doit anticiper les hostilités pour se mettre à l'abri de toute surprise stratégique afin de prendre un avantage déterminant sur l'issue du conflit.

L'exemple classique de la frappe préemptive est l'attaque de l'Etat d'Israël en 1967 contre les forces aériennes égyptiennes. L'Etat hébreux avait la conviction que son voisin se préparait à l'attaquer dans un avenir très proche. Cette action fut décisive. Tel-Aviv obtint une victoire extrêmement rapide.

On peut déduire de l'analyse de cas historiques que l'attaque préemptive se légitime dans les circonstances suivantes : lorsque la tension est vive, que les moyens diplomatiques se sont révélés impraticables, que l'on découvre qu'un adversaire prépare une attaque imminente, que l'affrontement est inévitable et qu'il existe un intérêt militaire à agir en premier.

Dans une missive adressée à Ashburton par Webster, celui-ci affirme que si l'Etat peut démontrer la nécessité qu'un ennemi s'apprête à l'attaquer de manière imminente et qu'il agit de manière proportionnelle, l'autodéfense préemptive pourrait être légale[53].

John Locke considère pour sa part qu'il est possible de tuer son agresseur qui use « *d'une violence qui menace ma vie ; je ne puis avoir le temps d'appeler aux lois pour la mettre en sûreté et quand la vie m'aurait été ôtée, il serait*

---

[51] André Beaufre, « Introduction à la stratégie », cité in Gérard Chaliand, *Anthologie mondiale de la stratégie*, p. 1466-1467.
[52] *The National Security Strategy of the United States of America*, The White House, Washington D.C., Sept. 2002: « [The United States] can no longer solely rely on a reactive strategy as we have in the past »; « [The United States will] adapt the concept of imminent threat to the capabilities and objectives of today's adversaries »; « to forestall or prevent such hostile acts by our adversaries, the United States will, if necessary act pre-emptively ».
[53] Letter from Mr. Webster to Lord Ashburton, August 6, 1842, cited in Lori F. Damrosch and al., *International Law: Cases and Materials* (2001), p. 923.

trop tard pour recourir aux lois, lesquelles ne sauraient me rendre ce que j'aurais perdu et ranimer mon cadavre[54] ».

Au début du XIXème siècle, le Canada était encore sous le joug de la Grande-Bretagne. Des soldats britanniques partis du Canada, entrèrent aux Etats-Unis pour détruire un navire battant pavillon américain qui venait de ravitailler les insurgés du nord du Canada. Au moins un Américain perdit la vie dans cette opération. Les Britanniques invoquèrent la légitime défense pour justifier leur acte en arguant que le bateau aurait continué de ravitailler les insurgés. Acceptant l'excuse du Canada, le secrétaire d'Etat d'alors, Daniel Webster, écrivit qu'il faut donc démontrer que « *la légitime défense est une nécessité [...] immédiate et impérative qui ne laisse ni le choix des moyens ni le loisir de délibérer*[55] ».

Il nota un peu plus loin que l'usage de la force ne devrait pas être irraisonnable ou excessif à partir du moment où l'acte justifiant la nécessité de l'autodéfense doit y être limité. La légitime défense par anticipation, selon les dispositions du droit coutumier, doit répondre aux exigences de la nécessité et de la proportionnalité.

La Charte des Nations Unies, en son article 51, dispose « *qu'aucune disposition de la présente Charte ne porte atteinte au droit naturel de légitime défense, individuelle ou collective, dans le cas où un membre des Nations Unies est l'objet d'une agression armée, jusqu'à ce que le Conseil de Sécurité ait pris les mesures nécessaires pour maintenir la paix et la sécurité internationales* ». Le texte de la disposition susmentionnée est clair sur ce point : l'Etat victime ne pourra exercer son droit naturel à la légitime défense individuelle ou collective que si une agression armée survient. La légitime défense s'exerce légitimement lorsqu'une attaque intervient. Cette proposition a été soutenue par la Cour internationale de Justice en 1986 dans l'affaire *Nicaragua c. Etats-Unis d'Amérique*. La cour note que l'exercice de ce droit est dévolu à la victime d'une attaque armée [56].

Pour faire justice aux critiques suscitées par le droit à la légitime défense, le Secrétaire général des Nations Unies, Kofi Annan, établit le Groupe de personnalités de haut niveau sur les menaces, les défis et le changement en 2003.

Dans les conclusions de ses travaux, ce groupe avait relevé que l'exercice proportionné de la légitime défense en réponse à une attaque imminente ne laissant pas d'autre moyen d'action est établi depuis longtemps dans le droit international coutumier.

Mais ni l'usage préemptif de la force, ni l'usage préventif ne peuvent se justifier au regard de l'article 51 de la Charte des Nations Unies.

---

[54] John Locke, *Traité du gouvernement civil*, Paris, Garnier-Flammarion, 1984, XVIII, p. 207.
[55] D.W. Bowett, *Self-defense in international law*, New York, p. 59.
[56] International Court of Justice. 1986. *Military and Paramilitary Activities in and Against Nicaragua*. ICJ Reports.

L'action préemptive doit être soutenue par des arguments et autres preuves convaincants, sinon c'est un acte d'agression.

L'action préemptive ou l'usage anticipatoire de la force peut être admis dans des cas exceptionnels où il y a un danger clair, grave et imminent. L'action de l'administration Bush en Irak ne satisfait pas à ce critère. L'Irak ne représentait pas une menace imminente pour les Etats-Unis. Bush a évoqué la préemption pour exorciser la malignité de son action qui ne se justifiait que dans un cadre strictement réaliste.

2.4 L'égalité morale des combattants

La question principale est celle de savoir si la jouissance des privilèges du droit de la guerre et les obligations morales qui s'y attachent sont inhérentes à la justesse de la cause défendue. En d'autres termes, les combattants d'une guerre injuste et ceux qui défendent une cause juste ont-ils les mêmes droits et les mêmes obligations morales ?

Postuler l'égalité morale des combattants suppose de prime abord la compréhension du concept de combattant. Au regard des conventions de Genève, sont « *membres des forces armées régulières* » les individus « *portant un signe distinctif, fixe et reconnaissable à distance*[57] ».

Le droit humanitaire exige la distinction entre les civils et les combattants. L'article 48 du Protocole additionnel du 8 juin 1977 aux conventions de Genève de 1949 avance à ce propos la règle fondamentale suivante : « *les Parties au conflit doivent en tout temps faire la distinction entre la population civile et les combattants ainsi qu'entre les biens de caractère civil et les objectifs militaires et, par conséquent, ne diriger leurs opérations que contre des objectifs militaires* ».

Ce Protocole reconnaît également les difficultés liées à l'application de cette disposition aux guerres de résistance, de libération ou asymétriques. Il note qu'il existe des « *situations dans les conflits armés où, en raison de la nature des hostilités, un combattant armé ne peut se distinguer de la population civile*[58] ».

Cette difficulté n'occulte pas la nécessaire discrimination entre combattant et non-combattant.

Le Protocole exige que les combattants de guerres irrégulières portent de manière visible leurs armes au cours de leur engagement afin de « se distinguer de la population civile » pour faciliter ainsi la discrimination entre combattants et non-combattants. Toute action contraire relève de la perfidie consistant à « faire appel, avec l'intention de le tromper, à la bonne foi de l'adversaire ». Elle inclut la tromperie qui consiste à « feindre d'avoir le

---

[57] *Convention (III) de Genève relative au traitement des prisonniers de guerre*, 12 août 1949, art. 4 (1).
[58] Protocole additionnel (1977) aux conventions de Genève.

statut de civil ou de non-combattant » par l'absence volontaire d'uniforme. En somme, le droit humanitaire impose aux combattants un impératif signalétique dont le port de l'uniforme est l'expression idéale.

Cette distinction constitue un fardeau en même temps qu'un privilège pour le soldat. Un fardeau parce que les combattants ennemis peuvent légitimement attenter à votre vie, indépendamment de la justesse de leur cause. Un privilège, parce qu'elle vous accorde une immunité contre les sanctions pénales attachées dans la vie civile à l'homicide. Il reconnait au soldat le statut de prisonnier de guerre en cas de capture par les combattants adverses. Revenons à la question de l'égalité morale des soldats en nous appuyant sur la pièce *Henri V* de Shakespeare. Elle nous offre un début de réponse à la passivité des militaires par rapport au *jus in bellum*. En effet, le roi Henri s'était déguisé en fantassin pour sonder le moral de ses troupes. Au cours d'une conversation avec des soldats, il avança qu'il ne désirait mourir à aucun autre endroit qu'en compagnie du roi surtout que sa cause est juste et son combat honorable. Le soldat Bates lui répondit : « *nous ne devrions chercher à pénétrer ; car tout ce que nous avons besoin de savoir, c'est que nous sommes sujets du roi. Si sa cause est injuste, l'obéissance que nous lui devons efface pour nous le crime et nous en absout* ».

Pour ce soldat, il n'est pas du ressort des militaires de juger de la justesse d'une guerre dans laquelle est engagée leur patrie. Ils doivent plutôt s'en remettre à la décision du souverain. Cette soumission leur octroie l'immunité par rapport à la violation du *jus ad bellum*. Le soldat ne rend compte que du *jus in bello*. Les tenants et les aboutissants du *jus ad bellum* ne le concernent pas. Toutefois, il est soumis à l'observance stricte des dispositions du *jus in bello,* même si l'adversaire les bafoue.

Jeff McMahan[59] réfute cette position en arguant qu'il y a des guerres qui sont visiblement injustes. Il illustre ses propos par l'exemple de l'invasion de la Pologne, la Belgique, la France et le Sudetenland par l'Allemagne nazie. Il soutient que tous les Allemands savaient que le gouvernement s'était engagé dans une guerre injuste. On peut également citer l'invasion de l'Irak par Bush sous le fallacieux prétexte que Saddam Hussein aurait développé des armes nucléaires. McMahan reproche aux Américains de ne s'être pas rendu compte que leurs gouvernants les induisaient en erreur et les entraînaient dans une guerre injuste dont ils pouvaient faire l'économie. Il n'était pas aussi évident, tel que McMahan semble le soutenir, que tous les citoyens américains savaient avant l'invasion de l'Irak que Saddam Hussein ne possédait pas d'armes de destruction massive. Lui-même citoyen américain, il aurait pu démontrer avec des preuves à l'administration américaine qu'il était en train de s'engager dans un conflit injuste et inutile. Il aurait préservé

---

[59] Jeff McMahan, *Ethics*, July 2004, en ligne, consulté le 31 juillet 2016 : https://www.law.upenn.edu/institutes/cerl/conferences/targetedkilling/papers/McMahanEthicsofKillinginWar.pdf

le monde du capharnaüm qui suivit et de nombreuses pertes en vies humaines.

Selon le tribunal international pour l'ex-Yougoslavie, « *après la Première Guerre mondiale, l'application du droit de la guerre s'est écartée du concept de réciprocité entre les belligérants, ce qui fait qu'en général les règles ont de plus en plus été appliquées par chacun d'entre eux indépendamment de l'éventualité que l'ennemi ne les respecte pas. Ce changement de perspective vient de ce que les États ont pris conscience que les normes du droit international humanitaire avaient avant tout pour vocation, non de protéger leurs intérêts, mais ceux des personnes en leur qualité d'êtres humains*[60] ». Les obligations du droit humanitaire sont des impératifs catégoriques et relèvent du *jus cogens*.

Les soldats n'ont souvent pas besoin de cours particuliers pour se convaincre de l'égalité morale entre les combattants du camp adverse et eux. L'expérience des champs de bataille leur en donne des preuves suffisantes. En effet, quel que soit l'étendard sous lequel ils combattent, les soldats préfèreraient être avec leurs familles qu'au front. Ils partagent également les mêmes valeurs militaires, notamment le courage, l'honneur, la loyauté, la discipline et l'obéissance. Les soldats du camp adverse ne sont pas leurs ennemis personnels ou des monstres qu'il faudrait extirper par tous les moyens du genre humain, mais plutôt des êtres humains comme eux.

De nombreux récits de guerre rendent compte de la compassion que les soldats ressentent en écoutant les cris des combattants ennemis blessés ou en danger appelant leurs proches. Des militaires racontent qu'ils avaient été bouleversés par la vue de soldats ennemis tués serrant des photos de leurs épouses et de leurs enfants.

L'aumônier militaire américain Leroy Ness, pour qui honorer l'ennemi mort est un impératif moral et religieux, décrit une expérience qu'il avait vécue au front. Il avait ordonné que la dépouille d'un soldat vietnamien tombé sur le champ d'honneur soit retournée à la base pour le culte religieux. Il avait dit au commandant du bataillon qu'il voudrait avoir un service religieux en l'honneur des deux ennemis tués, avant l'arrivée de l'hélicoptère qui viendrait enlever leur corps pour besoin de renseignement ...

Il rappela aux soldats que ces Vietnamiens avaient de la famille qui sera certainement affligée par leur mort. Il leur recommanda d'aimer l'ennemi car Dieu les aime. Il les exhorta à traiter les prisonniers et les morts avec dignité et respect[61].

Le philosophe américain Michael Walzer abonde dans le même sens en plaidant pour que nous fassions abstraction « *de toute considération sur la*

---

[60] TPIY, « Le Procureur c. Zoran Kupreškić et consorts, Affaire N° IT-95-16-T », *Jugement*, 14 janvier 2000, para. 518.
[61] Gaylord T. Gunhus, in the monthly newsletter from the Office of the Army Chief of Chaplains, March 2002.

justice de la cause, parce que le statut moral des soldats est quasiment le même de chaque côté : ils sont amenés à se battre par loyauté pour leur propre Etat et par obéissance à la loi [...]. Ils se font face comme des égaux, moralement parlant[62] ».

Il soutient l'égalité morale des soldats lorsqu'ils combattent conformément aux dispositions du *jus in bello* auxquelles ils sont tous astreints.

Brian Orend pense également qu'en temps de guerre, toute personne ou toute chose engagée dans l'infliction d'un dommage devient une cible légitime[63]. Les soldats ne tuent pas leurs homologues du camp adverse par malice mais pour atteindre les objectifs de la guerre. C'est parce qu'ils obstruent la voie de la victoire qu'ils constituent une menace directe et immédiate que leurs frères d'armes sont obligés de les mettre hors d'état de nuire.

Les combattants sont moins préoccupés à semer la mort ou la désolation dans le camp de l'adversaire que de le soumettre. Evoquer la légitime défense dans le cadre du *jus in bello* est difficilement soutenable.

Il en résulte que nous pouvons employer une force défensive contre un agresseur "psychotique" momentanément privé de responsabilité par une crise de démence comme l'écrivait le théoricien du droit George P. Fletcher[64]. La légitime défense, autrement dit, autorise à tuer des soldats du camp adverse, même des innocents.

Les soldats sont égaux non seulement parce qu'ils partagent la même humanité mais aussi, ils bénéficient tous de la levée de l'interdiction de tuer et constituent par la même des cibles légitimes de l'adversaire. Au total, tous les combattants, quel que soit leur "camp" et quelle que soit la justice ou l'injustice de leur cause, ont le même statut moral et sont soumis aux mêmes droits.

Certains auteurs comme Larry May[65], Jeff McMahan[66], Lionel McPherson[67] et David Rodin[68] n'adhèrent pas à ce principe. Ils affirment que les soldats combattant sous le drapeau du camp défendant de manière plausible une cause injuste ne sont pas autorisés à tuer ceux du camp adverse qui combattent pour une cause juste. Ils ne sont pas non plus autorisés à invoquer la légitime défense. Rien ne justifie donc l'emploi de la force

---

[62] Michael Walzer, *Guerres justes et injustes* (1991), trad. de l'anglais par S. Chambon & A. Wicke, Paris, Belin, 1999, p. 187.

[63] Briand Orend, *The morality of war*, Irchard Oark, NY., Broadview, 2006, p. 107.

[64] Georges P. Fletcher et J. O. Ohlin, *Defending humanity, When force is justifies and why*, Oxford University Press, 2008.

[65] May Larry, *War Crimes and Just War*, Cambridge University Press, Grande-Bretagne, p. 356.

[66] Jeff McMahan, *Killing in war*, Oxford, Oxford University Press, 2009.

[67] Louis McPherson, "Innocence and responsibility in War", *Canadian journal of philosophy*, vol. 34:4, 2004, p. 485-506.

[68] David Rodin and Shue Henru ed., *Just and unjust warriors. The moral and legal status of soldiers*, Oxford, Oxford University Press, 2002.

contre les soldats du camp défendant la cause juste puisqu'ils n'ont commis aucun crime d'agression contrairement aux autres qui se font complices de crime d'agression.

J. McMahan soutient, dans la même perspective, que les combattants de l'Etat agresseur ne bénéficient de la protection du droit humanitaire et ne jouissent pas par conséquent du droit de tuer accordé à tout soldat sur le front conformément aux prévisions du *jus in bello*. Il en déduit que l'agression étant le crime international par excellence, les lois et les coutumes de la guerre ne s'appliquent pas à l'agresseur. L'illicéité de sa cause le prive de tous les droits conférés par le *jus in bello*. En revanche, il reste soumis à toutes les obligations qui en découlent. Cet auteur soutient donc la dépendance du *jus in bello* au *jus ad bellum*.

On pourrait invoquer ici le principe juridique *ex injuria jus non oritur* aux termes duquel le droit ne naît pas d'un fait illicite. Cela revient à dire qu'un Etat agresseur ne saurait être titulaire de droits qui auraient leur source dans un acte illicite.

McMahan affirme que les soldats d'une cause injuste ne peuvent pas satisfaire aux exigences de la proportionnalité du *jus in bello* de la même manière que ceux du camp adverse combattant pour une cause juste[69].

Le philosophe américain utilise deux analogies déjà présentes chez son compatriote Walzer pour étayer ses propos. Il compare la scène de guerre à l'échange de tirs entre un policier et un gangster. Bien que le policier armé menace la vie du hors-la-loi, celui-ci n'a pas le droit de riposter aux tirs du policier qui n'a posé aucun acte pour perdre son immunité de ne pas être tué. Il en est de même de la guerre où les soldats du mauvais côté n'ont pas le droit de tuer ceux du camp adverse qui jouissent de la légitimité du *jus ad bellum*. McMahan fait une confusion du genre dans l'exemple qu'il a convoqué pour soutenir ses propos. Le gangster est un hors la loi qui a commis un acte délictueux et qui doit répondre de ses actes. Malgré son statut avéré de délinquant, le policier n'a pas le droit de le tuer s'il se rend. Dans la guerre, les soldats du camp supposé injuste n'ont rien fait pour perdre leur droit à la légitime défense. Ils n'ont pas participé à la décision de faire la guerre. Ils ne sont que des exécutants. Ils ne sont donc pas responsables de la guerre. Nous ne sommes responsables que des actes qui nous sont imputables. Le gangster est coupable mais le soldat du mauvais côté ne l'est pas. Ce sont les leaders de son pays qui le sont.

McMahan fait appel au concept d'innocence. Pour lui, les combattants comme des gangsters perdent leur droit de ne pas être tués par qu'ils ne sont pas innocents. Dans le langage courant, un innocent est une personne qui est incapable de faire du mal, voire irréprochable. Mais la doctrine de la guerre juste n'a pas retenu ce sens. Elle valorise plutôt l'étymologie du terme.

---

[69] Jeff McMahan, "The Ethics of Killing in War," *Ethics* 114 (2004), p. 693-733, p. 717.

Innocent dérive du terme latin *nocens* qui signifie coupable, qui a commis une faute, un délit, un crime.

L'innocent est celui qui n'est pas *nocens*, c'est-à-dire qui ne fait pas de mal, ne nuit pas, qui est irréprochable et inoffensif.

Selon le dictionnaire Larousse, le mot innocence revêt trois significations notamment la qualité de quelqu'un qui ignore le mal (par exemple l'innocence d'un jeune enfant), l'état de quelqu'un qui n'est pas coupable d'une faute déterminée et le caractère de ce qui est exempt de malignité, de quelqu'un qui est d'une ingénuité et d'une naïveté souvent excessives.

McMahan semble privilégier le deuxième sens en opposant les termes innocence et culpabilité. On peut déduire que les soldats de la cause injuste n'ont pas le droit de se défendre parce qu'ils sont coupables. La culpabilité n'implique-t-elle pas une responsabilité individuelle ? Comment pouvons-nous tenir responsables des soldats qui n'ont commis aucune faute ?

Demander aux soldats de ne pas se défendre sous prétexte que leur cause est injuste ne les offrirait-il pas en sacrifice comme des moutons de sacrifice à leurs adversaires ?

Certains penseurs comparent les combattants des deux camps à des boxeurs sur le ring qui perdent l'un et l'autre leur droit de ne pas être attaqués.

McMahan réfute cet argument en recourant à l'exemple de l'armée polonaise qui était entrée en guerre pour se protéger contre les Allemands. Cette situation n'autorisait pas les nazis à violer le droit à la vie, à la sécurité et à la propriété des Polonais. Les Allemands devaient-ils laisser les soldats polonais pilonner leur position sans réagir en raison de l'illicéité de leur cause ? McMahan répond que l'argument selon lequel les combattants des deux camps sont comme des gladiateurs du Coliseum romain ayant renoncé à leur droit d'être tués, ne peut être valable que dans le cas des enfants-soldats recrutés sous la contrainte. Il affirme que de nos jours, en dehors des enfants-soldats, aucun combattant n'est pris en captivité et forcé à se battre.

Cette position montre que McMahan ne connait pas les réalités des guerres irrégulières. L'Armée de résistance du Seigneur en Ouganda et les parties qui étaient en conflit au Liberia comme en Sierra Leone procédaient à des recrutements forcés d'adultes et d'enfants.

Dans une démocratie, il incombe aux citoyens de choisir les élus à qui ils aliènent leur pouvoir de se gouverner eux-mêmes. Investis de ce devoir, les dirigeants définissent les intérêts nationaux de la nation. Dans les Etats démocratiques, ce n'est pas le chef de l'Etat et son cabinet qui déclarent la guerre mais les représentants du peuple. Le soldat, bras armé du politicien ne peut s'abstenir d'accomplir son devoir d'Etat. McMahan répond que le devoir de ne pas tuer des innocents l'emporte sur ce type de devoir.

En outre, cette obligation n'est valable que pour les militaires de l'Etat agressé. Il propose l'objection de conscience sélective comme solution. Si les soldats refusaient de suivre les décisions injustes de leurs dirigeants, il n'y aurait plus de guerre.

Il montre que l'octroi du droit de refuser de participer à une guerre injuste aux soldats israéliens n'a pas détruit l'armée de Tel-Aviv ou la démocratie israélienne. Dans les Etats où l'objection de conscience sélective n'est pas autorisée, les objecteurs n'ont d'autre choix que le chemin de l'exil au risque de subir les foudres de la justice.

Joseph Betz soutient à la suite de McMahan que les philosophes devraient encourager l'objection de conscience en focalisant leur sensibilisation sur les gouvernants qui ne doivent pas transformer les soldats en instruments pour une cause ou une politique immorale. On enseigne aux soldats le refus de certains ordres ou attitudes relatifs au *jus in bello*. Pourquoi ne pas leur enseigner la même chose concernant le *jus ad bellum* ? Il soutient que la désobéissance au *jus ad bellum* pourrait éviter la guerre. Si les militaires choisissaient de ne pas participer aux guerres qu'ils jugent contraires au *jus ad bellum*, il n'y aurait pas de guerre d'agression.

    McMahan examine trois types d'excuse en relation avec la participation des soldats se trouvant du mauvais côté. Il évoque d'abord la contrainte. Il existe une contrainte générale, sociale poussant les jeunes gens à s'engager dans l'armée pour satisfaire leurs besoins, la contrainte de ne pas faire honte à leur famille et à leur communauté. A cette contrainte s'ajoute celle de s'exposer à la prison ou aux autres punitions. McMahan souligne que la dureté de la punition infligée aux soldats déjà en service qui font valoir l'objection de conscience sélective est la preuve que les dirigeants sont conscients de l'injustice de leur cause.

    La deuxième excuse est la limitation épistémique. L'obéissance stricte en cours dans les armées génère un certain degré de limitation épistémique. Il affirme que les officiers souffrent moins de ce type de limitation que les soldats du rang qui peuvent de bonne foi ignorer les tenants et les aboutissants du *jus ad bellum*. Mais cette ignorance selon lui est coupable. Il est heureux que McMahan ait reconnu que certains chefs d'Etat mentent à leur peuple pour les amener à se battre pour une cause injuste. Il illustre ces propos par les mensonges d'Etat organisés par Reagan et Georges W. Bush.

    La responsabilité limitée représente la troisième excuse. Cette excuse n'est valable que pour les mineurs. Toutefois, la culture militaire ne promeut que l'obéissance inconditionnelle. McMahan conclut que l'évocation de ces trois sources d'excuse ne fait pas bénéficier au soldat, sous la bannière de la cause illicite, de circonstances atténuantes lui accordant l'immunité de tuer les combattants du camp adverse.

Pour conclure, il nous apparaît nécessaire d'affirmer l'indépendance du *jus ad bellum* par rapport au *jus in bello*. Le premier principe relève des prérogatives des gouvernants et le deuxième incombe aux soldats. Les dispositions du droit international humanitaire, ayant pour but principal de limiter les souffrances causées par la guerre en assurant autant que possible la protection, l'assistance aux victimes et le respect de leurs droits fondamentaux, quelle que soit leur appartenance, s'appliquent à l'ensemble des parties au conflit, indépendamment des motifs du conflit et de la justesse de la cause défendue par l'une ou l'autre partie.

L'application du droit humanitaire n'est donc pas liée à la désignation du coupable. Cette situation déboucherait immanquablement sur une controverse qui paralyserait sa mise en œuvre, chacun des adversaires camperait sur sa position pour montrer la justesse de sa cause. C'est la raison pour laquelle le *jus in bello* doit rester indépendant du *jus ad bellum*.

Le CICR soutient à ce propos que « *le droit international humanitaire traite de la réalité d'un conflit sans considération des motifs ou de la légalité d'un recours à la force. Ses dispositions s'appliquent également à l'ensemble des parties au conflit, indépendamment des motifs du conflit et de la justesse de la cause défendue par l'une ou l'autre partie. [L]e système du droit humanitaire ne lie pas son application à la désignation du coupable, car on déboucherait immanquablement sur une controverse qui paralyserait sa mise en œuvre, chacun des adversaires se déclarant victime d'une agression. En outre, le droit humanitaire vise à assurer la protection des victimes de la guerre et de leurs droits fondamentaux, à quelque partie qu'elles appartiennent. C'est pourquoi le jus in bello doit rester indépendant du jus ad bellum ou jus contra bellum, droit de faire la guerre ou droit de prévention de la guerre*[70] ».

---

[70] C.I.C.R., *Jus ad bellum, Jus in bello : quid ?* Extrait de la publication du C.I.C.R. « Droit international humanitaire : réponses à vos questions » : http://www.icrc.org/web/fre/sitefre0.nsf/htmlall/ 5qkjuq?opendocument

CHAPITRE 3 :
QUELQUES QUESTIONS SOULEVEES PAR LE JUS IN BELLO

Ce chapitre se penchera sur quelques questions soulevées par le *jus in bello*, notamment celle de l'indépendance du *jus ad bellum* par rapport au *jus in bello*, l'égalité des combattants, les conditions de la levée de l'interdit de tuer, l'immunité des combattants, etc.

3.1 Suspension de l'interdit de tuer et immunité des non-combattants

La guerre suspend l'interdit de tuer mais sous certaines conditions. Elle n'est pas un blanc-seing au carnage et autres atrocités. L'adage populaire « à la guerre comme à la guerre » recommandant l'emploi de tous moyens pour atteindre ses objectifs est inacceptable moralement. Tous les coups ne sont pas permis. Il y a des coups qui sont autorisés et d'autres qui ne le sont pas. Une armée ne peut pas lâcher des bombes sur la population civile sans s'exposer à des poursuites judiciaires en vertu du statut de Rome. Les conditions de la levée de l'interdiction de tuer ne font pas l'unanimité parmi les penseurs. Quels sont les fondements théoriques de l'immunité des non-combattants ? L'immunité des non-combattants est une pierre angulaire du droit humanitaire.

Dès l'aube de sa conception, la théorie de la guerre justifiable considère la discrimination comme faisant partie intégrante du *jus in bello*.

Le droit international humanitaire interdit le meurtre des non-combattants perçus comme des personnes qui ne prennent pas activement part aux hostilités. Les membres des forces armées qui ont déposé les armes et ceux placés hors d'état de combat par la maladie, les blessures, la détention ou d'autres causes sont également considérés comme des non-combattants aux termes de la quatrième convention de Genève relative à la protection des personnes civiles en temps de guerre.

Le personnel médical en uniforme des forces armés (médecins, infirmiers, aides-soignants, ambulanciers), les ministres du culte et leurs assistants, les personnels civils des bureaux et de service (plombiers, électriciens, etc.), les familles des militaires qui vivent avec eux dans les camps sont également considérés dans cette perspective comme des non-combattants. En revanche, des personnes se réclamant comme combattants ou supportant directement les combattants notamment ceux qui chargent les armes sur les avions de combat, les mécaniciens d'avions de combat, de chars, etc. sont considérés comme des combattants[71].

---

[71] Nicholas Fotion, "Combattant et non-combattant: distinction" in *Encyclopedia of war and ethics*, ed. Donald Wells, West point, CO: Greenwood press, 1996, p. 94-95.

Pour Clausewitz, « *il n'existe qu'un seul moyen [pour faire la guerre] : le combat. [...] Aussi, la destruction des forces armées de l'ennemi est-elle toujours le moyen d'atteindre le but de l'engagement*[72] ». Celui qui participe activement au combat bénéficie de l'immunité de tuer dans le cadre strict du *jus in bello*. Il perd en retour son immunité de ne pas être tué.

Pour Elisabeth Anscombe, l'innocence dans ce contexte ne se réfère pas à la responsabilité personnelle mais plutôt à celui qui ne fait pas de mal. Mais les combattants représentent une menace pour le camp adverse ; ils peuvent par conséquent être attaqués. Thomas Nagel note pour sa part qu'un « innocent » est un être inoffensif. Ce terme n'est pas opposé à coupable mais plutôt à malfaisance. Il pense également que dans la guerre, l'innocence est assimilée à l'état de non-combattant[73]. La personne qui représente une menace immédiate pour le camp adverse est considérée comme un combattant tandis que celle qui est inoffensive ne l'est pas.

L'armement des militaires destiné à la poursuite d'objectifs stratégiques et politiques leur fait perdre leur innocence[74].

Les civils qui apportent un soutien logistique à l'armée nationale perdent également l'immunité de non-combattant. Toutefois, les personnes contribuant au bien-être des soldats notamment en nourriture et en soins de santé sont considérées comme des non-combattants. La nourriture fait partie des besoins primaires de l'homme.

Un médecin militaire par exemple qui soigne les blessés de guerre de part et d'autre de la ligne de front ne peut pas être considéré comme un combattant, de même que l'aumônier militaire.

L'immunité de ces derniers, comme l'explique la philosophe britannique G. M. Anscombe, se justifie parce qu'ils « *ne font pas la guerre et ne sont pas engagés dans le travail qui consiste à fournir à ceux qui la font des moyens de la faire*[75] ». Ils peuvent donc être considérés comme des innocents. Les cibler ou les attaquer est un acte criminel même si on peut en tirer un avantage stratégique. « *Car*, écrit-elle, *le meurtre est le fait de tuer délibérément des innocents* » soit par plaisir, soit comme un moyen pour parvenir à une fin[76].

Nous pouvons déduire que le bombardement d'une usine de fabrication de munitions ou autres matériels militaires est légitime tandis que celui d'une conserverie n'est pas justifiable.

---

[72] Clausewitz, *De la guerre*, Livre I, chapitre 2.
[73] Thomas Nagel, *"War and Massacre"* in: *War and Moral Responsibility: A Philosophy and Public Reader*, eds. Marshall Cohen, Thomas Nagel, and Thomas Scanlon, Princeton, Princeton University Press, 1979, p. 19.
[74] Nagel, idem, p. 20.
[75] G. M. Anscombe, "War and murder", in: *Collected philosophical papers*, Minneapolis, University of Minnesota Press, 1981.
[76] G. M. Anscombe, op.cit.

Cette distinction entre combattant et non-combattant se complexifie quand il s'agit des navires de guerre qui transportent non seulement des militaires mais aussi des civils. Les médecins et le personnel de bord ne sont pas nécessairement des militaires. Il est difficile dans ce cas de distinguer les combattants et ceux qui ne le sont pas. Le navire représente une menace pour l'adversaire puisqu'il est armé. Pour sortir de ce dilemme, une des solutions serait l'interdiction d'embarquer des civils sur les navires de guerre ; une autre serait d'appliquer, malgré ses conséquences, la doctrine du double effet[77].

Walzer assimile les non-combattants à des combattants qui ne sont pas en situation de combat. Il illustre sa position par plusieurs exemples notamment la théorie du soldat nu (un soldat qui se baigne nu, sans arme) ; un autre qui court devant vous en tenant son pantalon avec ses deux mains, un autre ne portant pas d'arme en train de se promener comme un somnambule pour profiter de la fraîcheur matinale, un autre en train de boire tranquillement son café en fumant une cigarette. Ces soldats se découvrant par hasard devant le fusil de l'ennemi ne doivent pas être abattus. Leur mort dans ces conditions équivaudrait à l'assassinat d'innocentes personnes. Ici, la différence entre tuer et assassiner devient pertinente. Walzer note à cet effet que « *Faire la guerre est une chose, tuer un homme en est une autre. Et tuer de cette façon, c'est assassiner*[78] ».

Dans les scenarii évoqués plus haut, Walzer souligne que les soldats en question ne sont pas menaçants. Leurs activités ont une saveur de paix et de camaraderie. Leur personne est aussi précieuse que la mienne … ; il est drôle, nu et ainsi de suite, mon ennemi s'est transformé en un être humain[79] ! Tuer des civils pendant la guerre est un acte barbare et inhumain. La guerre ne nous déchoit pas de notre droit d'être traité toujours comme une fin et comme un moyen. Attaquer des civils ou autres innocents revient à enfreindre les dispositions de ce principe cher à Kant. Le droit à la vie représente un des droits fondamentaux reconnus à tous les hommes. L'interdit du meurtre est une loi universelle qui n'est levée que dans des circonstances exceptionnelles comme la guerre. Mais même dans ce cas, il est encadré.

---

[77] La doctrine du double effet est une thèse de philosophie morale attribuée habituellement à Thomas d'Aquin. Elle détermine les circonstances dans lesquelles il est permis de commettre une action ayant à la fois de bonnes et de mauvaises conséquences (c'est-à-dire un double effet). Les conditions ci-dessous doivent nécessairement être remplies pour qu'une action puisse être moralement justifiée alors même qu'elle comporte de mauvais effets :
- L'action elle-même doit être bonne ou moralement neutre ;
- Le bon effet doit résulter de l'acte et non du mauvais effet ;
- Le mauvais effet ne doit pas être directement voulu, mais doit être prévu et toléré ;
- Le bon effet doit être plus fort que le mauvais effet ou bien les deux doivent être égaux.

[78] Michael Walzer, *Just and unjust war*, Pelican Books, 1980, p. 138-142.
[79] M. Walzer, ibid. p. 142.

3.2 Le viol comme arme de guerre : violation grave du jus in bello

La guerre a ses réalités et son cortège de souffrances parfois inimaginables. Mais utiliser le viol comme arme de guerre au même titre que les armes létales est une aberration doublée de scandale contre l'intuition morale ordinaire. Malheureusement, cette arme semble être de plus en plus prisée par les stratégies des guerres modernes. Son usage massif dans les guerres du XXème siècle et celles de cette dernière décennie le prouve à souhait.

Les violences sexuelles sont utilisées dans de nombreux conflits comme une arme de guerre contre les civils. Les femmes sont particulièrement touchées. Le viol est une arme humiliante qui atteint le corps, l'âme et l'esprit de la victime. Il est également une tactique de guerre puisqu'il vise des objectifs politiques et militaires.

Dans son rapport intitulé « Violence sexuelle et réforme militaire en RDC », Human Rights Watch note que le viol est une pratique délibérée de toutes les parties au conflit pour terroriser les civils, exercer sur eux un contrôle, les punir pour leur collaboration perçue avec l'ennemi.

Les auteurs de viol sont conscients de la représentation physique et symbolique du corps de la femme pour sa communauté, pour l'Etat comme pour la nation.

Elle est la gardienne du savoir ancestral et de la culture. Le viol systématique des femmes d'une communauté répond à une tactique de guerre visant à détruire les liens sociaux et familiaux ou à chasser la population pour prendre possession de ses terres. Le viol comme tactique de guerre est différent du crime de droit commun ordinaire. Ici, c'est toute la communauté qui est visée.

Il s'agit de l'utilisation systématique et massive du viol sur la population civile. Il n'est pas question de la satisfaction de la libido d'un groupe de soldats mais d'une véritable tactique de guerre contre l'ennemi.

Cet acte criminel peut également avoir pour objectif d'empêcher la culture d'une communauté donnée de se perpétuer à travers la reproduction sexuelle. On parle de cas de viol génocidaire consistant à annihiler consciemment ou non un peuple et sa culture[80]. Pour Carlsen, le « viol génocidaire est un assaut contre la victime ayant pour but de détruire le sens de la sécurité et de la cohésion sociale au sein de la communauté[81] ».

Cet acte inhumain précède souvent la mort. Les criminels laissent quelquefois en vie leur victime pour que sa présence marque de manière indélébile leur passage.

La situation devient plus tragique lorsqu'une grossesse intervient à la suite de cet acte ignoble. Le viol rappelle toujours l'ennemi à travers l'enfant qui

---

[80] Gottschall J. *Explaining wartime rape*. J Sex Res, 2004; 41:129-36.
[81] Carlsen E. "Rape and war in the Democratic Republic of Congo". *Peace Review* 2009, 21 : 4, 474-83.

naît de cet acte odieux. Celui-ci et sa mère sont frappés d'ostracisme par la communauté. Le viol tue physiquement, moralement et socialement les victimes. Celles-ci se donnent souvent la mort pour éviter de supporter la honte. Certaines victimes choisissent de quitter les leurs pour les mêmes raisons. Les jeunes filles violées perdent leur virginité et ne sont plus mariables dans certaines sociétés.

Le viol affecte non seulement la victime mais aussi la communauté tout entière. C'est un acte consistant à déshumaniser l'ennemi.

Cet acte humilie la masculinité des hommes et leur incapacité de protéger les femmes leur est jetée à la figure. A travers cet acte, les combattants explosent l'atome familial composant toute société. Les hommes aussi sont quelquefois victimes de viol du même type. Dans certaines localités, des combattants ennemis violent les hommes ou les contraignent à se violer entre eux. Dans des sociétés où l'homosexualité n'est pas encore acceptée, violer des hommes en présence des leurs est un sacrilège qui laissera certainement des stigmates dans l'esprit de la communauté.

La réponse à apporter au viol comme arme de guerre se décline en plusieurs axes. La première consiste à rendre effectifs tous les instruments juridiques internationaux qui condamnent le viol comme une arme de guerre. Il en existe une panoplie dont la résolution 1325 (2000) sur les femmes, la paix et la sécurité qui prône la protection des femmes et encourage leur implication dans la résolution de conflits. Cette résolution n'a pas été assez dissuasive pour mettre fin aux violences sexuelles en période de conflit ; elles se sont accrues dans des proportions vertigineuses ces dernières années. Le Conseil de sécurité a adopté en 2008 la résolution 1820 (2008) sur les violences sexuelles dans les conflits armés qui marque une nouvelle étape dans la lutte contre ces violences. Elle appelle à une lutte accrue contre le phénomène en mettant l'accent sur la reddition de comptes des responsables de violences sexuelles en période de guerre. Elle qualifie les violences sexuelles de tactiques de guerre et les élève au rang de menace contre la sécurité internationale. Cette résolution prévoit la possibilité de sanctions ciblées contre les responsables de tels crimes.

Deuxièmement, il est nécessaire de faciliter l'accès des victimes à la prise en charge médicale et psychologique, notamment les femmes souffrant de fistules, d'incontinence et du VIH-SIDA à la suite de viols liés à la guerre.

Troisièmement, il faut envisager des lieux d'accompagnement et d'écoute pour permettre aux victimes de raconter leur souffrance. Pour plus d'efficacité, il doit y avoir un savant mélange entre les techniques de prise en charge psychologique occidentales et les mécanismes locaux de détraumatisation.

Quatrièmement, il est nécessaire de mener une campagne intensive de sensibilisation pour amener les communautés à accepter les victimes de viol. Dans la même veine, il serait intéressant de mettre en place des espaces de discussion sur la culpabilité. Cinquièmement, il importe de soutenir des programmes de réintégration économique pour fournir les moyens matériels aux victimes ostracisées par leur famille et leur communauté.

3.3 Le phénomène des enfants associés aux forces et groupes armés : violation grave du jus in bello

La violence contre les femmes et les enfants dans les conflits armés se poursuit sans relâche dans de nombreuses régions du monde.
Les conflits affectent durablement les enfants. La communauté internationale en a pris conscience. Elle a mis en place à travers le Conseil de sécurité plusieurs mécanismes pour les protéger, surtout pendant les conflits. La résolution 1612 de 2005 en est un exemple. Elle identifie six catégories de crimes contre les enfants dans des situations de conflit armé à savoir : les meurtres ou mutilations d'enfants, l'enlèvement, le recrutement ou l'utilisation d'enfants dans les forces et groupes armés ; le viol d'enfants et autres actes graves de violence sexuelle, les attaques contre les écoles et les hôpitaux et le refus d'autoriser l'accès des organismes humanitaires aux enfants.
Plusieurs instruments internationaux condamnent l'enrôlement et l'utilisation des enfants par les forces et groupes armés. Le statut de Rome s'intéresse plus particulièrement à la participation active des enfants aux conflits armés. Ban Ki-Moon, le Secrétaire général de l'ONU, souligne vigoureusement que « *les enfants n'ont pas leur place dans les conflits armés. Nous vivons encore dans un monde où ils sont utilisés comme combattants, espions ou boucliers humains. Trop souvent, ils se retrouvent en première ligne ou deviennent des victimes collatérales d'opérations militaires*[82] ».
Certains chefs de guerre prennent pour cibles les infrastructures scolaires, les élèves et les enseignants. Il y a eu des situations où des écoles entières ont été pillées à des fins de recrutement. La peur d'être enlevées prive les filles d'éducation.
Pour répondre à la crise que connaît l'éducation dans les situations de conflit et autres situations d'urgence, l'Assemblée générale de l'ONU a adopté, en juillet 2010, la résolution A/64/L.58 intitulée « Le droit à l'éducation dans les situations d'urgence ». L'Assemblée générale y déclare que les attaques contre des établissements d'enseignement sont des crimes de guerre et un obstacle important à la réalisation des objectifs du millénaire pour le développement (OMD), notamment en ce qui concerne « l'éducation pour tous ». Le refus des parties au conflit de faciliter l'accès des organismes humanitaires aux enfants pour leur offrir l'appui nécessaire constitue également un crime.

---

[82] Ban Ki-Moon, Secrétaire général de l'ONU, Communiqué accompagnant la publication de son Rapport sur *Les enfants dans les conflits armés*, le 21mai 2010.

Dans certains pays, les parties au conflit s'adonnent à des enlèvements systématiques d'enfants dans les communautés, les écoles et les camps de réfugiés à des fins de travail forcé, d'esclavage sexuel et de recrutement dans l'armée. Dans le Rapport 2009 des Nations Unies intitulé : *Enfants et conflits dans un monde en mutation*, Graça Machel a estimé qu'au cours du conflit en Sierra Leone, plus de 10.000 enfants ont été enlevés pour servir comme enfants-soldats. Dans le nord de l'Ouganda, l'Armée de résistance du Seigneur aurait recruté, par la force, plus de 60.000 enfants.

Des milliers d'autres enfants sont victimes de toutes sortes d'abus, notamment la prostitution forcée, le viol collectif, la mutilation et l'exploitation économique[83].

Les conflits sont des terreaux propices à la perpétration de crimes sexuels contre les enfants et les femmes. Plusieurs raisons existent : l'absence d'état de droit, l'exacerbation de la culture d'immunité et l'utilisation du viol comme arme de guerre contre les populations pour les exterminer ou les forcer à l'exil. Ces violences peuvent prendre différentes formes, notamment l'esclavage sexuel, la prostitution forcée, le mariage imposé ou les mutilations sexuelles. Elles ont des conséquences physiques et mentales catastrophiques sur les enfants.

La notion de protection de l'enfant renvoie à l'idée de lui assurer des conditions de vie conformes à ses droits fondamentaux, contenues dans les différents instruments juridiques nationaux et internationaux.

Le Secrétaire général de l'ONU note que « *la protection des enfants touchés par les conflits armés est une véritable mise à l'épreuve pour l'Organisation des Nations Unies et ses États membres. Il s'agit d'une obligation morale qui doit être placée au-dessus des considérations politiques et exige de toutes les parties prenantes une action à la fois créative et courageuse*[84] ».

Le rapport de l'UNICEF paru en 2009 et intitulé « *Progrès pour les enfants : un bilan de la protection de l'enfant* » s'est également penché sur la protection des enfants pendant les conflits.

Selon Anne Veneman, « *une société ne peut prospérer si ses membres les plus jeunes sont obligés de se marier à un âge trop jeune, s'ils sont victimes de mauvais traitements après avoir été forcés de travailler dans l'industrie du sexe, si leurs droits de base ne sont pas respectés*[85] ».

Des progrès considérables ont été réalisés dans la protection des enfants et des femmes dans les conflits armés surtout dans le domaine des instruments juridiques internationaux et autres résolutions des Nations Unies fournissant

---

[83] Examen stratégique décennal de l'Étude Machel : *Enfants et conflits dans un monde en mutation*, Nations Unies, New York, avril 2009.
[84] Propos du Secrétaire général de l'ONU lors du débat public du Conseil de sécurité sur les enfants et les conflits armés, le 17 juillet 2008.
[85] Extrait du discours d'Anne Veneman, Directrice générale de l'UNICEF tenu à Tokyo en octobre 2009 au cours de la cérémonie de présentation publique du rapport : *Progrès pour les enfants : un bilan de la protection de l'enfant.*

des mécanismes de prévention et de lutte. Malgré ces avancées, beaucoup d'efforts restent à faire pour réduire la violation des droits des enfants et des femmes dans les conflits armés.

Il est de ce fait opportun de privilégier la prévention en identifiant les causes de la vulnérabilité des femmes et des enfants pour atténuer les risques. Pour sa part, l'Union Africaine propose « *d'assurer l'obligation de rendre compte et de faire cesser l'impunité en poursuivant les auteurs de violence contre les femmes et les enfants aux niveaux national et régional*[86] ».

La résolution 1612 (2005) a mis en place un Groupe de travail sur les enfants et les conflits armés et un mécanisme de surveillance et de partage d'informations sur les enfants et les conflits armés.

Ce groupe est chargé de suivre, consigner et signaler les violations des droits des enfants. Il est désormais exigé du Secrétaire général de l'ONU d'inclure dans son rapport annuel au Conseil de sécurité une liste des parties à un conflit qui recrutent ou utilisent des enfants.

La résolution 1882 (2009) demande également un renforcement des communications entre le groupe de travail sur les enfants dans les conflits armés et les comités de sanctions concernés du Conseil de sécurité en vue de prendre des mesures ciblées contre les auteurs de ces crimes.

La résolution 1612 (2005) sur les enfants et les conflits armés représente une résolution phare dans la protection des enfants dans les conflits armés grâce au mécanisme de surveillance des parties aux conflits que pilote la représentante spéciale du Secrétaire général sur la question et grâce au Groupe de travail du Conseil de sécurité.

3.4 L'attaque délibérée contre les journalistes en période de conflit armé et le jus in bello

Ces dernières années, les journalistes sont directement visés dans les conflits. L'assassinat sauvage, entre autres, de Gislaine Dupont et de son collègue par des islamistes maliens en 2014 représente un exemple éloquent. Le meurtre, dans l'exercice de leurs fonctions, d'hommes et de femmes de médias est une atteinte non seulement au droit à la vie mais aussi au droit à l'information et au principe de discrimination du *jus in bello*. Il est vrai que la presse est considérée comme un quatrième pouvoir mais ce pouvoir n'est exercé qu'avec des moyens pacifiques, notamment la verve du verbe, les stylos et les caméras. Les journalistes ne représentent aucune menace directe pour les combattants.

---

[86] Réduire la vulnérabilité des femmes et des enfants dans les conflits armés. Initiatives du CPS et du Groupe des Sages.
http://www.africa_union.org/root/au/organs/223%20Rapport%20%20Women%20and%20_C hildren_final%20_French_.pdf

Ces actes lâches représentent une violation grave des conventions de Genève du 12 août 1949, en particulier la troisième relative au traitement des prisonniers de guerre et les protocoles additionnels du 8 juin 1977, en particulier l'article 79 du protocole additionnel I relatif à la protection des journalistes en mission professionnelle périlleuse dans les zones de conflit armé.

A l'initiative de la France et de la Grèce, le Conseil de sécurité a adopté la résolution 1738 en 2006 sur la nécessité de protéger les journalistes dans les périodes de conflit. Celle-ci condamne les attaques délibérément perpétrées contre des journalistes, des professionnels des médias et le personnel associé visé en période de conflit armé. Elle demande par ailleurs à toutes les parties de mettre fin à ces pratiques.

Le Conseil de sécurité « *rappelle à cet égard que les journalistes, les professionnels des médias et le personnel associé qui accomplissent des missions professionnelles périlleuses dans des zones de conflit armé doivent être considérés comme des personnes civiles et doivent être respectés et protégés en tant que tels, à la condition qu'ils n'entreprennent aucune action qui porte atteinte à leur statut de personnes civiles*[87] ».

Il « rappelle également que le matériel et les installations des médias sont des biens de caractère civil et, en tant que tels, ne doivent être l'objet ni d'attaques ni de représailles, tant qu'ils ne constituent pas des objectifs militaires ».

Le Conseil de sécurité a condamné les incitations à la violence contre des civils en période de conflit armé. Il réaffirme aussi que tous ceux qui incitent à la violence doivent être traduits en justice, conformément au droit international applicable. Les journalistes se livrant à de telles pratiques en répondront devant les tribunaux.

L'attaque délibérée contre les médias et les journalistes en période de conflit est également une violation grave du jus in bello.

---

[87] Résolution 1738 (2006) adoptée par le Conseil de Sécurité à sa 5613ème séance, le 23 décembre 2006.

**DEUXIEME PARTIE :
JUS POST BELLUM, ETAT DES LIEUX**

La tradition de la guerre juste comporte depuis des siècles deux branches : le *jus ad bellum* et le *jus in bello*. C'est-à-dire qu'un pays qui entre en guerre pour se défendre d'une agression en observant les lois et coutumes de la guerre pendant les hostilités peut prétendre avoir combattu une guerre juste. Mais l'expérience a montré les limites de cette approche qui ne prend pas en compte les défis et autres droits d'après-guerre. D'où la nécessité du *jus post bellum* initié par le Père jésuite M. Shuck.

On peut trouver les vestiges du *jus post bellum* dans les écrits des anciens. Déjà certaines religions anciennes prohibaient l'empoisonnement des puits, la salinisation des champs, la destruction des fruits et des oliviers parce que ces actions étendent les effets de la guerre au-delà des périodes actives de combat.

Platon exhortait les Grecs à se battre sans mettre en péril l'éventualité d'une réconciliation. Il déconseillait par ailleurs la construction de monuments en l'honneur des vainqueurs pour ne pas raviver des sentiments négatifs.

Pour sa part, Cicéron avait appelé à la magnanimité des Romains envers les peuples vaincus. « *Non seulement nous devons montrer de la considération pour ceux que nous avons conquis par la force des armes,* écrivait-il*, mais nous devons aussi assurer la protection de ceux qui déposent les armes et se confient à la miséricorde de nos généraux*[88] ».

La théorie de la guerre justifiable doit évoluer pour prendre en compte les dynamiques actuelles de l'environnement sécuritaire. Les guerres entre Etats ont diminué comme une peau de chagrin. De nos jours, la plupart des conflits armés opposent l'Etat et des insurgés ou des unités à l'intérieur de l'Etat avec quelquefois des ramifications sous-régionales. Cette situation rend difficile l'application de la théorie de la guerre juste dans sa forme traditionnelle. Cette théorie ne couvrait que la guerre entre Etats, ce qui limite sa pertinence pour traiter toutes les questions suscitées par les nouveaux conflits. Il apparait nécessaire de repenser cette théorie en y intégrant le *jus post bellum*.

Cette deuxième articulation de notre ouvrage a pour objectif de faire l'état des lieux des esquisses de contours du droit d'après-guerre à la suite du Père Shuck. Nous analyserons la contribution de certains théologiens et philosophes qui se sont intéressés à la problématique.

---

[88] Cicero, *De officiis* (Walter Miller, transl.; Loeb Classical Edition; Latin/English parallel text), Harvard University Press, 1913.

CHAPITRE 4.
L'APPROCHE DE QUELQUES THEOLOGIENS

4.1 Michael Schuck

Le jésuite Michael Schuck est l'initiateur du débat actuel sur le *jus post bellum*. Il l'a fait à travers un article de deux pages intitulé « *When the shooting stops : Missing elements in just war theory* » (Quand les tirs cessent. Les éléments manquants de la théorie de la guerre juste) publié par la revue *Christian Century* en 1994.

Il énonce trois critères : la repentance, la capitulation honorable et la restauration. Le principe de repentance exige que le vainqueur fasse pénitence pour les morts et les souffrances infligées à l'ennemi, même pour une cause juste. La vie humaine est sacrée et quelle que soit la noblesse des raisons motivant la commission d'un meurtre, tout chrétien doit s'en repentir.

Le principe de capitulation honorable protège les droits de la partie vaincue et prône le respect des combattants adverses vaincus. Quant au principe de restauration, il recommande que le vainqueur retourne sur le lieu du combat pour y détruire tous les instruments de la guerre tels que les mines antipersonnel. Une lecture généreuse de ce principe implique l'appui du vainqueur à la reconstruction des infrastructures socioéconomiques détruites, en somme au relèvement postconflit du pays.

Des théologiens, des philosophes et autres penseurs lui ont emboîté le pas pour approfondir la réflexion qu'il a initiée.

4.2 Mark J. Allman et Tobias L. Winright

Les théologiens Mark J. Allman et Tobias L. Winright ont, à la suite du Révérend Shuck, été intéressés par l'affinement de la théorie de la guerre justifiable. Ils ont énoncé quatre critères à savoir : la cause juste, la réconciliation, la punition et la restauration. Nous exposerons les éléments clefs de ces critères avant d'en relever les limites.

4.2.1 Les composantes du jus post bellum selon Mark J. Allman et Tobias L. Winright

La cause juste

Une guerre justifiable vise avant tout à réaliser les objectifs de la cause juste du *jus ad bellum* qui l'ont motivée. Dans le cadre du *jus post bellum*, la cause juste a pour but d'établir des conditions sociales, politiques et économiques plus stables, justes et moins enclines au chaos qui préexistaient au combat. Mark J. Allman et Tobias L. Winright ont assigné trois objectifs théoriques à ce principe : 1) la partie agressée doit réaliser les objectifs de la cause juste qui ont motivé son entrée en guerre (par exemple sécuriser sa population après la guerre de légitime défense) ; 2) empêcher les parties à rechercher des gains additionnels ; 3) la souveraineté de l'ennemi doit être respectée dès que les objectifs de la guerre sont atteints.

La réconciliation

Le premier objectif de la guerre est la paix juste et durable. Mais il ne peut pas y avoir de paix sans réconciliation. La réconciliation vise à transformer les relations d'animosité, de peur et de haine en tolérance, en respect, mieux, à transformer les ennemis en amis, apporter la guérison émotionnelle aux victimes de la guerre. Mark J. Allman et Tobias L. Winright relèvent que la réconciliation ne recherche pas la grâce facile rendue par l'expression « pardonne et oublie ». Elle est un processus intégrant la vérité sur ce qui s'est passé, l'admission de la responsabilité des auteurs, la punition, le pardon et peut-être l'amnistie. Le but de la réconciliation est en un mot la justice tempérée par la miséricorde. Ils identifient six éléments à prendre en compte afin d'obtenir une bonne réconciliation.
Mark J. Allman et Tobias L. Winright font les suggestions suivantes :

(i) La réconciliation doit commencer au lendemain des conflits où le cessez-le-feu est encore fragile ; les gestes symboliques et la restriction dans les célébrations sont de mise.
(ii) La réconciliation est la connaissance destinée à recouvrer la vérité, compléter les données publiques sur le passé.
(iii) La réconciliation implique également le pardon individuel ou collectif soutenu le plus souvent par la connaissance du passé.
(iv) Elle inclut également la punition des crimes commis par les parties au conflit.
(v) La réconciliation fait appel au pardon.
(vi) L'étape finale du processus de réconciliation est l'amnistie.

La phase de punition

Sous ce titre, Mark J. Allman et Tobias L. Winright abordent la poursuite des crimes de guerre, la restitution postconflit, la compensation et les réparations. La poursuite doit s'étendre aux crimes contre le *jus ad bellum* (généralement les décideurs) et contre le *jus in bello* (les soldats).

La restauration

Les auteurs soulignent que le retour au *statu quo ante* n'est pas le but de la guerre. L'objectif est la recherche d'une société minimalement juste dans laquelle les droits de l'homme sont observés et les autorités perçues comme légitimes. La perspective de la guerre justifiable n'est pas la simple cessation de la violence mais la création de conditions économiques, sociales, politiques et écologiques permettant aux citoyens de s'épanouir. Cela suppose un certain nombre d'actions incluant la provision de sécurité, les réformes politiques, administratives et économiques.

4.2.2 Critique de Mark J. Allman et Tobias L. Winright

Les deux prélats notent l'importance de la réconciliation entre anciens ennemis dans le processus de reconstruction. Aussi, prônent-ils une justice tempérée par la miséricorde. Ils soulignent également l'essentialité du pardon mutuel et la poursuite des crimes de guerre. Ils arguent que les victimes méritent la réhabilitation, la compensation et qu'on leur demande pardon. Ils concluent que la responsabilité morale ne cesse pas avec les combats. Les deux auteurs sont dans leur rôle de prêtres. Ils brodent sur les déclarations des évêques américains sur la paix et la justice dans la droite ligne des acquis du *Gaudium et Spes* du Concile Vatican II. Leur approche est empreinte d'idéalisme mais la réalité est plus laborieuse. Ils ont mentionné avec intérêt le Plan Marshall et l'aide économique des Américains au Japon après les calamités de la Deuxième Guerre mondiale.

4.3 L'approche du contre-amiral Louis V. Iasiello, aumônier militaire

Le contre-amiral Louis V. Iasiello est aumônier de la marine américaine.

La capitulation honorable

L'histoire américaine nous offre un exemple de capitulation honorable empreinte d'humilité. En effet, sous le commandement du général Ulysses S. Grant, commandant de l'armée de l'Union, les soldats confédérés ont exprimé toute la courtoisie et le respect militaire nécessaires aux rebelles de l'armée de Virginie du Nord sous le commandement du général Robert Lee. Au cours de la cérémonie, le général Grant tint le discours suivant à ses hommes :
« Messieurs, la guerre est finie, les rebelles sont à nouveau nos compatriotes ».
Dans la procédure finale de capitulation au palais de justice d'Appomattox, les officiers des deux camps ont fait montre d'un équilibre, d'une perspicacité et d'une grâce qui sont devenus légendaires.

Le 12 avril 1865, jour du dépôt officiel des armes des ex-rebelles, deux brigades de l'Union avaient formé une haie sur chaque côté de la route près de la Cour de justice. A droite, se tenait le major général Joshua L. Chamberlain, ancien colonel du 20e Maine, choisi par Grant à ce poste honorable pour ses prouesses militaires pendant la dernière campagne. A la tête de la colonne des soldats de l'armée de Virginie du Nord vaincue, se trouvait John B. Gordon, l'un des anciens capitaines de Jackson. A l'approche de la colonne, un clairon retentit. Le général Chamberlain donna l'ordre à ses hommes de présenter les armes.

Le général Gordon leva les yeux, salua Chamberlain et commanda à ses troupes de présenter à leur tour les armes. En silence et complètement, la colonne des confédérés salua avec émotion. Puis, dans un ordre parfait, ils déposèrent leurs armes et descendirent leur drapeau.

Après cette cérémonie symbolique, beaucoup d'ex-rebelles sortirent des rangs et embrassèrent avec émotion les couleurs américaines. Le général Gordon, les yeux humides, demanda aux cavaliers de se retirer en paix, d'obéir aux lois et de se mettre au service de la nation unifiée.

Juste restauration

La juste restauration comprend trois phases : la protection, le partenariat et l'appropriation.

La protection exige que le vainqueur assure la sécurité des forces d'occupation comme celle des vaincues. Une attention spéciale doit être accordée aux groupes les plus vulnérables tels que les enfants, les personnes âgées, les déplacés et les infirmes.

Le partenariat est une phase dans laquelle tous les acteurs sont invités à travailler ensemble pour reconstruire la société défaite. Les forces d'occupation doivent établir des relations de confiance et de bonne volonté avec des partenaires locaux. Tous doivent travailler ensemble pour restaurer les services tels que la police, les hôpitaux, les écoles, les centres civiques et les lieux de culte.

L'appropriation représente la dernière phase de la restauration juste de la nation. Elle rend compte du retour du pays à la souveraineté et dans la communauté des nations. Tous les aspects de la vie de la nation notamment politique, économique et sociale doivent être rétrocédés à la population locale. Cela suppose le transfert du pouvoir des autorités de transition aux gouvernants légitimes issus des urnes.

Protéger l'innocent

Les guerres continuent de tuer, même après la fin des hostilités à travers les armes chimiques et les mines. Il importe donc de mettre en place des programmes appropriés pour traiter ces problématiques.

Respecter l'environnement

L'auteur invite toutes les parties à respecter et protéger l'environnement pendant le conflit. Elles doivent rendre compte de toute tentative de destruction de l'environnement. L'aumônier relève que selon les spécialistes, la réparation des dommages subis par l'environnement en Afghanistan prendra des générations.

Justice post bellum

Il n'y a pas de doute que la réconciliation est essentielle à la paix juste. Toutefois, faut-il pour cette raison la justice en accordant l'amnistie ou l'immunité aux auteurs de violations graves des droits de l'homme ? Il penche pour le jugement de tous les suspects de crimes de guerre. Il pense même que la justice contribuera à la guérison. Par ailleurs, si la justice est l'horizon de la guerre, il est essentiel de faire justice à tous ceux qui ont subi des préjudices. Pour éviter la justice des vainqueurs, il propose que les suspects soient jugés par un tribunal pénal international.

La transition du guerrier

Il relève la nécessité de mettre place un programme proactif pour réhabiliter physiquement et accompagner émotionnellement et spirituellement les combattants en vue de leur permettre d'assumer leur responsabilité de citoyen.

Les leçons de la guerre

La capitalisation des leçons apprises permet aux nations de prévenir les conflits et de bâtir une culture de paix. Les combattants doivent bénéficier de l'expérience des autres. L'étude des actions et décisions des autres face à l'inhumanité de la guerre peut les aider à adopter une posture morale et humaine lorsqu'ils sont appelés sous le drapeau.

Critique de l'approche de Louis V. Iasiello

Le Père Iasiello a le mérite d'énoncer des principes pertinents mais dont les contenus sont quelquefois pauvres. Nous nous posons la question de savoir en quoi les leçons apprises peuvent constituer un droit après la guerre. Quel préjudice légal ou moral un Etat commettrait-il s'il ne respectait pas ce principe ? La transition des guerriers est un mécanisme interne aux armées. Comment tenir un Etat responsable pour n'avoir pas assuré la transition de ses soldats de la guerre à une vie normale ?

Nous adhérons en partie au contenu de son principe de justice post bellum. Toutefois, sa proposition de faire juger les criminels par un tribunal international ne prend pas en compte les Etats qui ne font pas partie du tribunal pénal international comme les Etats-Unis. Cela justifie certainement en partie l'impunité dont jouissent ses compatriotes américains après les forfaits commis en Irak et en Afghanistan.

Etait-il utile d'ériger le respect de l'environnement en principe, étant donné que l'utilisation des mines et des armes chimiques est interdite par la coutume de la guerre ? Il a mentionné les dégâts que ces armes mortelles auraient causés à des générations d'Afghans. Sachant que ces armes sont le fait de ses compatriotes, il aurait pu demander qu'ils en rendent compte.

CHAPITRE 5 :
L'APPROCHE DE QUELQUES PHILOSOPHES

A la suite des théologiens, des philosophes et juristes continuent de réfléchir sur le développement des contours du *jus post bellum*. Toutefois, nous choisirons arbitrairement de nous intéresser aux travaux d'Orend Brian, Gary Bass, Stahn et Dimeglio, William et Cadwell.

5.1 L'approche de Gary Bass

Restreindre la conquête

Gary Bass prône le respect de la souveraineté de l'Etat vaincu. Une fois que les armes se sont tues, l'ennemi doit être perçu autrement. Il convoque trois arguments principaux pour défendre la restriction de la conquête. Premièrement, l'Etat victorieux ne doit pas reconstruire la vie politique de l'Etat vaincu pour servir ses intérêts politiques, militaires et économiques. Cela revient à dire qu'il ne doit pas imposer par exemple un régime fantoche. Deuxièmement, la restriction de la conquête est liée aux exigences de proportionnalité du *jus in bello* requérant l'usage d'un minimum de violence nécessaire pour atteindre les objectifs de la cause juste. Troisièmement, le vainqueur n'a ni l'obligation ni le droit de reconstruire culturellement l'Etat vaincu.

Reconstruction politique

D'abord, le *jus post bellum* doit permettre aux étrangers de s'ingérer raisonnablement dans un premier temps dans les affaires intérieures du pays vaincu pour l'empêcher de lancer une nouvelle offensive. Si les Américains n'avaient pas soutenu suffisamment les nouvelles autorités afghanes, Al Qaïda aurait profité de la situation pour se regrouper et lancer de nouvelles attaques terroristes. Tous les efforts déployés contre les talibans auraient été inutiles et la guerre perdrait de sa justification.
Une fois vaincue, l'Allemagne nazie n'avait pas été abandonnée à son sort par les alliés.
Il aurait été ridicule de mettre fin à la Seconde Guerre mondiale par la restauration de l'indépendance de la Pologne et de laisser les nazis au pouvoir en leur enjoignant de mieux se comporter.
La menace du nazisme et du militarisme allemand était bien enracinée dans les institutions nationales allemandes. Les vainqueurs avaient remodelé l'Allemagne de sorte qu'elle soit incapable d'initier une troisième guerre

mondiale. Il était inimaginable de laisser le régime génocidaire nazi au pouvoir après la guerre.
La question des crimes de guerre est un élément central du *jus post bellum*. Celui-ci doit prendre au sérieux les exigences de *jus ad bellum* et du *jus in bello*. Des comptes doivent être demandés à ceux qui les ont violés.

Reconstruction économique

La reconstruction économique impose des devoirs aux vainqueurs et aux vaincus.

Les devoirs du vainqueur : la restauration
Il note que le vainqueur doit supporter plus de coûts pour la reconstruction que s'il avait mené une guerre d'autodéfense. Il illustre ses propos par le cas irakien où les Etats-Unis ont supporté une partie importante des coûts de la reconstruction.

Le devoir des vaincus : la réparation
Quand un Etat engage une guerre injuste, il risque d'assumer le coût de la reconstruction économique s'il en sort vaincu.

5.2 L'approche de Stahn

Pour sa part, Stahn évoque six principes, à savoir : l'équité et l'inclusivité des accords de paix ; le rejet du concept de punition pour agression ; l'humanisation des réparations et sanctions ; de la responsabilité collective à la responsabilité individuelle ; la combinaison de la justice et de la réconciliation ; la gouvernance centrée sur la personne.

L'équité et l'inclusivité des accords de paix

L'établissement d'une paix durable requiert un processus consensuel, incluant la prise en compte des intérêts de toutes les parties au conflit et autres acteurs à la table de négociation. Le traité de Versailles est un mauvais exemple de négociation de paix. C'était un arrangement entre alliés. Les intérêts des Allemands n'avaient pas été pris en compte. Cette posture des vainqueurs contredit les normes présidant les négociations de paix. Par exemple, l'article 34 de la convention de Vienne sur les lois et traités stipule qu'un traité de paix ne s'impose pas aux Etats qui n'y ont pas consenti. En un mot, aucun Etat ou groupe d'Etats n'a le droit d'imposer unilatéralement à un tiers Etat des engagements.
Si le vaincu n'est pas présent autour de la table des négociations de paix, ses intérêts doivent être déterminés par un forum collectif avec l'appui d'une tierce partie. La pratique des processus de pacification des années 1990

montre qu'un processus de négociation neutre est un paramètre central pour l'avènement d'une paix durable. Dans les cas de l'Irak (résolution 687 du Conseil de sécurité) et du Kosovo (résolution 1244 du Conseil de sécurité), les différentes coalitions internationales ont participé aux négociations de paix.

Rejet du concept de punition pour agression

La pratique internationale depuis 1945 semble abandonner la notion de punition territoriale pour dissuader les agresseurs en faveur d'approches plus modérées, notamment le désarmement. Le droit international est devenu hostile à l'idée de « punir » un agresseur par l'imputation de périmètres de son territoire. Les mutilations territoriales ou les transferts obligatoires de population à l'image de qui s'était passé à la fin de la Seconde Guerre mondiale sont inacceptables conformément à la Charte des Nations Unies et aux conventions de Genève de 1949. Les vainqueurs sont tenus de respecter l'intégrité territoriale de l'Etat vaincu et les droits de sa population.

Humanisation des réparations et sanctions

Les demandes de réparation excessives ou de sanctions ressemblent à des punitions collectives. De lourdes sanctions financières contraignent les peuples vaincus à supporter les conséquences du comportement irresponsable de leurs dirigeants. Une des leçons tirées de la pratique des traités de paix est que les demandes de réparation et de compensation doivent être évaluées à la lumière du potentiel économique de l'Etat fautif et des conséquences pour la population.

De la responsabilité collective à la responsabilité individuelle

La responsabilité collective a été substituée à la responsabilité individuelle. Ce principe interdit la punition collective. Si c'était le cas, des personnes seraient punies non pas pour ce qu'elles ont fait mais pour les crimes des autres. Ainsi, conformément à l'article 50 du règlement de La Haye : « *Aucune peine collective, pécuniaire ou autre, ne pourra être édictée contre les populations à raison de faits individuels dont elles ne pourraient être considérées comme solidairement responsables* ».
La responsabilité étant personnelle, il ne sera désormais plus possible d'infliger des peines à des personnes qui n'ont pas elles-mêmes perpétré les actes incriminés. Cette différenciation empêche de tenir une population responsable pour les crimes de ses dirigeants et de l'exposer à la culpabilité collective.

Combinaison de la justice et de la réconciliation

Il y a une tendance à concilier la responsabilité postconflit et les besoins de la paix dans le domaine de la responsabilité pénale.
La pratique internationale moderne, en particulier dans le contexte de la consolidation de la paix des Nations Unies, semble privilégier la responsabilisation ciblée dans les processus de paix. Celle-ci permet l'amnistie pour les crimes moins graves en combinant la justice pénale et les mécanismes de justice transitionnelle.

Gouvernance centrée sur la personne

Les mécanismes de l'organisation de la puissance publique doivent être centrés sur le peuple. Le rétablissement de la paix est lié à la liquidation des régimes autocratiques et oppressifs, au profit de la « souveraineté populaire ». Une base juridique procédurale de cette allégation peut être trouvée dans l'article 21 de la Déclaration universelle des droits de l'homme et de l'article 25 du Pacte international relatif aux droits civils et politiques. Ces normes poussent les détenteurs nationaux ou internationaux de l'autorité publique dans les situations de transition à mettre en place des structures politiques qui incarnent des mécanismes de reddition de comptes vis-à-vis de la population et des échéanciers pour transférer progressivement la puissance politique aux représentants élus.

5.3 L'approche de Orend Brian

Dans son ouvrage *War and International Justice : A Kantian Perspective*, le professeur Orend souligne que la conclusion juste d'une guerre inclut les objectifs suivants : 1) repousser l'agression et rétablir l'intégrité territoriale de l'agresseur ; 2) punir l'agresseur et 3) dissuader toute agression future de l'agresseur mais peut-être aussi, dans une certaine mesure, toute velléité de potentiels agresseurs.
Il énonce pour ce faire les critères de *jus post bellum* suivants : cause juste pour la conclusion ; intention droite ; déclaration publique, l'autorité légitime et la protection des droits nationaux ; la discrimination et la proportionnalité.

La cause juste pour la conclusion

Le professeur Orend estime qu'une nation en guerre doit cesser le combat une fois la justice rétablie, c'est-à-dire enrayer l'agression ou tout autre facteur ayant entraîné le recours à la guerre. Pour lui, aller au-delà de cette limite équivaudrait à une agression. Un Etat peut se prévaloir de la cause juste pour la conclusion s'il y a un rétablissement raisonnable de ses droits dont la violation a entraîné le recours à la guerre, si la totalité ou une partie importante des gains injustes de l'agression ont été recouvrées et si les droits des victimes ont été raisonnablement restaurés. L'agresseur doit accepter les termes de la reddition. Ceux-ci comprennent non seulement la cessation des hostilités et le renoncement aux gains résultant de l'agression, mais aussi la soumission de l'agresseur à des peines raisonnables, incluant la compensation, la reddition des comptes pour les crimes contre le *jus ad bellum* et *le jus in bello*.

La réhabilitation fait également partie du critère de la cause juste pour la conclusion. La réhabilitation, selon le professeur Orend, peut exiger la démilitarisation et la réhabilitation politique de l'agresseur, selon la nature et la gravité de l'agression qu'il a commise et la menace qu'il constituerait en l'absence de ces mesures.

L'intention droite

L'intention droite est le deuxième critère avancé par Orend. Il propose que le processus de cessation de la guerre soit initié en respect des autres principes du *jus post bellum*. La vengeance ne doit en aucun cas être envisagée comme voie de recours. Ce critère a peu à voir avec celui du *jus ad bellum* du même nom. Il axe son argumentation sur les tribunaux de crimes de guerre. Il partage l'avis du professeur Walzer selon lequel il faut soupeser les avantages de mettre en place un tribunal de guerre et l'éventualité d'une résurgence de la violence.

La déclaration publique, l'autorité légitime, la protection des droits nationaux

Ici, Orend note que les conditions de la paix doivent être proclamées publiquement par une autorité légitime et que les droits nationaux et internationaux doivent être respectés. Il propose dans la même veine une présentation publique des paramètres de la paix aux victimes de la guerre. Orend n'exige pas nécessairement l'approbation de l'accord de paix par la population, mais il insiste qu'il soit proclamé publiquement par une autorité légitime.

La discrimination

Le lexique traditionnel de la guerre juste utilise le terme de discrimination dans la composante *jus in bello* pour marquer la différence entre combattants et non-combattants. Le professeur Orend utilise ce même terme dans son analyse du *jus post bellum* pour faire la différence entre la culpabilité morale des leaders politiques et militaires et l'innocence de la population civile. Il souligne qu'en fixant les termes de la paix, l'Etat juste et victorieux doit faire la différence entre les dirigeants politiques et militaires, les soldats et la population civile de l'Etat agresseur. Une contrainte excessive et injuste ne doit pas peser sur la population civile. Les mesures punitives ne doivent viser que les plus grands responsables de l'agression.

La proportionnalité

Le professeur Orend utilise à nouveau un autre terme de la tradition de la guerre juste. Il propose que les conditions de la paix soient proportionnelles au rétablissement raisonnable des droits violés. Il rejette les punitions draconiennes pour agression. La proportionnalité dans la démarche d'une paix juste, selon le professeur Orend, permet rarement à une nation de chercher la capitulation inconditionnelle de l'adversaire. Une telle politique discriminatoire de capitulation peut être défendable dans les cas extrêmes de régimes odieux, mais elle est généralement inadmissible. Le professeur Orend s'inquiète qu'une telle inflexibilité conduise à la poursuite de la guerre au-delà de ce qui est nécessaire pour rétablir les droits violés.

5.4 L'approche de Richard P. Dimeglio

Le commandant Richard P. Dimeglio adhère à la proposition de Michael Schuck, de M. Walzer et de Brian Orend. Il en déduit les trois critères suivants : rechercher une paix durable, amener les coupables à rendre compte, réparer les torts.

Rechercher une paix durable (politique de restructuration)

Comment la nation vengeresse peut-elle satisfaire ce critère ? Les conditions qui existaient *ante bellum* et qui ont conduit à des actions injustifiées doivent être modifiées. Les guerres ne sont ni provoquées par les Etats ni par la population mais initiées par les gouvernants.
La recherche de la paix durable peut exiger le remplacement des tenants du pouvoir et la restructuration politique de la nation qui a initié la guerre. Il affirme que l'expérience a prouvé que les pays qui respectent l'Etat de droit et les droits fondamentaux de leur peuple ont une forme représentative de gouvernement qui les empêche de s'engager dans les grandes guerres internationales. Ainsi, dans la mesure où le gouvernement précédent dans le pays agresseur a foulé aux pieds l'Etat de droit, il n'est plus représentatif de son peuple. La recherche d'une paix durable requiert dans ce cas une certaine forme de restructuration politique.
Il prône avec le professeur Orend que la restructuration doit être proportionnelle au degré de dépravation inhérente à la structure politique de l'Etat agresseur. Il existe une crainte légitime que le processus de restructuration prolonge le conflit et augmente les coûts humains et économiques.

L'histoire nous offre l'exemple récent de l'Afghanistan. Les talibans avaient été vaincus par les troupes soviétiques. Mais après le retrait de ceux-ci, avec l'appui d'anciens moudjahidines, ils avaient profité du vide laissé par les troupes soviétiques en 1979 pour étendre leur emprise sur le pays à partir des années 1990. Ils maltraitèrent la population, dénièrent tout droit à l'éducation aux femmes. Ce régime n'était officiellement reconnu avant le 11 septembre 2001 que par trois pays : le Pakistan, l'Arabie Saoudite et les Émirats Arabes Unis. Le reste du monde a refusé de le reconnaître à cause des violations massives des droits de l'homme, la participation à la production et au commerce de la drogue et le recel de terroristes.

Le 7 décembre 2004, après l'éviction des talibans et une occupation de trois ans par une coalition internationale dirigée par les États-Unis, Hamid Karzaï a prêté serment comme président de l'Afghanistan, devenant le premier dirigeant démocratiquement élu de l'histoire de cette nation.

Après la Seconde Guerre mondiale, les alliés ont restructuré la vie politique en Allemagne et au Japon. En Allemagne, une directive du département d'État américain datant d'avril 1945 au Commandant suprême des alliés, le général Dwight D. Eisenhower, a présenté les objectifs de base de l'occupation militaire de l'Allemagne d'après-guerre. Pour lui, le principal objectif des alliés est d'empêcher l'Allemagne de constituer à nouveau une menace pour la paix dans le monde. Il fallait pour ce faire procéder à l'élimination du nazisme et du militarisme sous toutes leurs formes, l'appréhension immédiate des criminels de guerre en vue de leur demander des comptes, le désarmement et la démilitarisation industrielle de l'Allemagne. Il fallait surtout appuyer Berlin à mettre en place un système de gouvernement démocratique.

La responsabilité de la recherche de la paix durable incombe à plusieurs acteurs notamment les forces armées de l'Etat vainqueur si elles deviennent une force d'occupation, les chefs de communautés locales, les organismes privés, les organisations non-gouvernementales (ONG) et peut-être une coalition réunie sous la bannière des Nations Unies. La capacité de ces différentes entités à travailler ensemble déterminera le succès ou l'échec du processus de restructuration. Quels que soient le procédé et les parties impliquées dans la restructuration, le gouvernement qui en résulte doit être légitimé par la population à travers des élections justes et jouir de la reconnaissance internationale.

Faire rendre compte aux auteurs de crimes

La justice doit se faire et se voir faire. La poursuite des auteurs présumés devant les tribunaux est nécessaire pour deux raisons principales. Tout d'abord, ils doivent rendre compte de leur responsabilité dans les évènements.

Si la guerre juste est entreprise pour redresser des torts, l'abstention de juger les principaux responsables de crimes de guerre et crimes contre l'humanité peut être assimilée à un joueur de jeu d'échecs qui déclare "échec et mat" et refuse ensuite de prendre le roi de l'adversaire. Cette attitude ressemble à une symphonie inachevée puisque le but pour lequel la guerre a été entreprise ne sera jamais atteint.

Deuxièmement, les tribunaux possèdent un effet dissuasif à la fois pour ceux qui veulent engager une guerre injustifiée et pour ceux qui chercheraient à se venger. Les tribunaux peuvent également générer la confiance du public dans les institutions gouvernementales et dans la justice pour dissuader les victimes de se faire justice elles-mêmes.

Exiger des réparations

L'auteur américain pense que les responsables de la guerre doivent payer le prix de la réparation. Toutefois, il importe d'appliquer, comme le recommande le professeur Orend, la proportionnalité des préjudices subis pour déterminer la capacité de l'agresseur à payer des réparations. Un compromis raisonnable permet de s'assurer que les réparations ne sont ni simplement vindicatives, ni défavorables à la mise en place d'un gouvernement légitime. L'expérience des Nations Unies dans des cas historiques similaires peut servir d'exemple. En effet, la résolution 687 du Conseil de sécurité adoptée le 3 avril 1991, a établi un système de réparations après la guerre du Golfe de 1991 à travers un processus d'arbitrage. Ce système a confirmé la responsabilité de l'Irak en vertu du droit international pour l'invasion illégale et l'occupation du Koweït et a établi l'indemnisation des victimes par la création d'un fonds financé par les exportations de pétrole irakien.

En mai 2004, le fonds administré par la Commission d'indemnisation des Nations Unies avait répondu à plus de 2,6 millions de demandes de plus de quatre-vingts pays et accordé une indemnisation de plus de 48 millions de dollars américains.

Pour juguler les effets de l'intervention de la coalition dirigée par les Américains en Irak et en Afghanistan après les évènements du 11 Septembre, un programme d'aide humanitaire et de reconstruction avait été mis en place. Il était financé à l'origine par les fonds baasistes irakiens dégelés puis par les ristournes générées par la vente du pétrole. Le trésor américain prit plus tard le relais.

TROISIEME PARTIE :
CONTRIBUTION AU DEVELOPPEMENT
DES CONCOURS DU JUS POST BELLUM

Les propositions que nous venons de parcourir proviennent d'intellectuels anglo-saxons. Ceux-ci sont convaincus de l'hyperpuissance de leur pays et par conséquent de sa victoire dans les campagnes dans lesquelles il s'engagera. Leurs propositions sont américano-centrées.

Ils ont tous le mérite de démontrer la nécessité d'une révision de la théorie classique de la guerre juste pour prendre en compte l'héritage des conflits armés.

Les limites de leurs propositions nous ont amené à suggérer d'autres principes. Une grande partie des nôtres se recoupent avec les leurs. Toutefois, il importe de noter que les critères du *jus post bellum* suggérés proviennent en grande partie de notre expérience des situations postconflit.

Nous avons travaillé avec des agences des Nations Unies pendant plus d'une dizaine d'années sur des problématiques liées à la prévention des crises et au relèvement postconflit dans plusieurs pays en situation de sortie de crise. De cette expérience, nous avons tiré plusieurs leçons que nous allons essayer de théoriser.

La première concerne la conclusion de la guerre. Celle-ci doit être juste. La reddition inconditionnelle se justifie difficilement moralement dans certaines circonstances. Elle engendre plus de maux que de bien. Les accords de paix doivent être inclusifs et globaux. L'expérience a montré que la réalisation d'une paix durable implique l'engagement et la participation de tous les segments de la société.

La deuxième leçon concerne le vivre-ensemble. Les conflits engendrent des souffrances et étiolent le tissu social. Il s'avère donc important de mettre en œuvre des activités de renforcement de la cohésion sociale, de promouvoir les mécanismes de guérison et de réconciliation.

La troisième concerne la restauration et le renforcement de l'autorité de l'Etat affaiblie par le conflit. Cette situation fait perdre à l'Etat son privilège de détenteur exclusif de la violence légitime. Il importe donc de renforcer les capacités institutionnelles et d'appuyer le pays en situation de sortie de crise pour mettre en place des institutions nationales compétentes et redevables. Cet appui doit permettre le rétablissement des fonctions essentielles de l'administration publique et la prestation de services.

La quatrième concerne la reddition des comptes. Les auteurs de violations graves des droits de l'homme doivent répondre de leurs actes. Dans certaines circonstances, une prudente conjugaison de justice transitionnelle et de justice pénale doit être privilégiée pour consolider la réconciliation nationale. L'Etat de droit apparaît comme un élément clef, non seulement pour la prévention et la transformation des conflits, mais également dans le cadre du maintien et de la consolidation de la paix.

La cinquièmement leçon concerne le relèvement économique du pays. La croissance et la création d'emplois doivent être à la base de tous les efforts d'un développement économique durable. La pauvreté extrême, pour ne pas dire la misère, est souvent à l'origine des conflits, surtout en Afrique. La consolidation de la paix doit donc reposer sur une aide massive à la lutte contre la pauvreté.

CHAPITRE 6 :
LE PRINCIPE DE LA CONCLUSION JUSTE DE LA PAIX

Le principe de la conclusion juste de la paix inclut l'opportunité d'offrir une capitulation honorable à l'ennemi et exclut dans le même temps la capitulation inconditionnelle.

Ce principe pourrait se décliner en trois dispositions :

1) L'État vainqueur doit mettre fin aux hostilités s'il a atteint les objectifs de la cause juste qui ont justifié le recours à la force et offrir la possibilité d'une reddition honorable au vaincu.

2) Seules les autorités souveraines et légitimes[89] peuvent négocier, signer et ratifier les traités ou accords de paix.

3) Les clauses des réparations dans les traités de paix doivent être proportionnées aux dégâts et préjudices causés par l'agresseur, ainsi qu'aux torts et aux dégâts engendrés pendant le conflit par toutes les parties au conflit[90].

Nous allons dans les lignes qui suivent exposer les implications de ces trois dispositions contenues dans le principe de la juste conclusion.

6.1 Exclusion de la reddition inconditionnelle

Le concept de reddition inconditionnelle implique la possibilité pour le vainqueur de déterminer et d'imposer les termes de la paix au vaincu. Dans ce contexte, la capitulation militaire s'accompagne de reddition politique. Le vaincu est ainsi à la merci du vainqueur.

La reddition inconditionnelle est un principe de guerre absolue, la violence poussée à l'extrême sans qu'aucune considération morale n'en limite le déchaînement. Elle consiste à briser l'ennemi en anéantissant ses forces armées. Elle contredit les principes élémentaires de la guerre justifiable qui prônent une guerre limitée.

La reddition inconditionnelle représente une violation du principe de bonne intention car elle prive le peuple vaincu de ses droits et de sa souveraineté. Néanmoins, dans des cas comme le nazisme, où un régime constitue une menace pour l'existence même de peuples entiers, la conquête et la reconstruction d'un tel Etat peuvent être un objectif militaire légitime.

Un acte de guerre qui continue au-delà du nécessaire ou du droit qui a été originellement violé se met d'emblée en porte-à-faux avec les principes de l'intention droite et de la proportionnalité.

---

[89] Dans le cadre de la guerre civile, seuls les représentants légitimes des parties au conflit doivent négocier et signer les accords de paix.

[90] Bernard Pénisson, *Du droit de la guerre*, www.institut-jacquescartier.fr/2011/09/du-droit-de-la-guerre/

Dans une lettre pastorale intitulée *The harvest of justice is sown in peace*, la conférence épiscopale catholique des Etats-Unis notait que « *même au milieu du conflit, l'objectif des décideurs politiques et militaires doit être la paix avec la justice, ainsi donc les actes de vengeance et de violence indiscriminée perpétrés par des individus, des unités militaires ou des gouvernants doivent être interdits[91]* ».

Faut-il condamner sans appel tout recours à la reddition sans condition ? Les avis divergent et appellent à rendre un jugement de prudence. Selon certains auteurs, la reddition sans condition requise par les alliés contre l'Allemagne nazie est moralement justifiable. Ils arguent que l'Allemagne avait non seulement commis un acte d'agression, mais aussi répandu une idéologie de haine contre les non-Aryens et s'était rendue coupable de meurtres de certaines catégories de personnes à l'intérieur de ses frontières (notamment les aliénés mentaux, les Juifs, les clercs catholiques, les homosexuels, etc.). Sa campagne génocidaire a coûté la vie à plusieurs millions de Juifs et de Slaves.

Les alliés avaient estimé que la reddition sans condition était l'unique option étant donné que l'idéologie du parti national socialiste ne saurait être réhabilitée. L'Etat allemand devrait donc être annexé, ses institutions politiques et sociales complètement reconstruites. La capitulation inconditionnelle est une mesure punitive qui sous-tend la dénégation du droit moral de l'autodétermination politique.

Prenant l'exemple de la guerre de Sécession, Raymond Aron note que cette guerre est une guerre civile, une guerre au sein d'un même peuple. Il aurait fallu qu'il y ait un vainqueur pour que le vivre-ensemble soit à nouveau possible. Toutefois, la capitulation inconditionnelle ne doit pas être applicable aux guerres interétatiques dès lors que dans ces types de conflit, l'objectif visé est politique. Il serait injuste d'imposer à l'Etat vaincu ses institutions, ses coutumes et ses lois. La reddition inconditionnelle prolonge dans certaines situations le conflit et augmente les souffrances de la population ainsi que le nombre de victimes. Il n'est pas toujours évident qu'une victoire militaire entraîne dans son sillage la paix.

Aron est contre la stratégie d'anéantissement de Franklin D. Roosevelt. Celui-ci évoqua publiquement cette théorie lors de la conférence de presse concluant la conférence de Casablanca en janvier 1943. La demande de capitulation inconditionnelle des puissances de l'Axe démontrait la volonté des Etats-Unis d'aller jusqu'au bout pour éviter les difficiles tractations d'après-guerre. Ils avaient en mémoire le traité de Versailles. Les Allemands n'avaient pas reconnu leur défaite et avaient invoqué la non-tenue des promesses des quatorze points de la solution proposée par Wilson pour se soustraire de l'application du traité. Pour éviter une situation semblable, le

---

[91] http://www.usccb.org/beliefs-and-teachings/what-we-believe/catholic-social-teaching/the-harvest-of-justice-is-sown-in-peace.cfm

dirigeant américain ne voulut plus faire de promesses. Il préférait imposer une reddition inconditionnelle.

Raymond Aron regrette une telle rigidité s'inscrivant dans la logique des croisades. Il pense pour ce faire que « *la modération de la paix a plus de chance d'éviter au vainqueur les déceptions. Une grande nation humiliée cherche à prendre sa revanche* » ; ou encore « *est-il sage que le désir, même légitime, de châtiment influe sur le traitement réservé à l'ennemi et sur les clauses de la paix ?*[92] ».

Dans la Rome antique, les peuples vaincus signaient une *deditio* comme prix de la paix. Rendant compte de cette *deditio* à ses lecteurs grecs, Polybe aurait vidé selon J. L. Ferrary[93] ce terme de son sens véritable, en l'assimilant à la reddition inconditionnelle et en omettant d'y associer l'appel à la *fides* du vainqueur qui lui était consubstantiel. La reddition imposée par Rome à ses ennemis implique des obligations de la part du vainqueur.

Dans le droit romain, la *deditio* sanctionnait la soumission d'un adversaire par les armes, sa reddition sans condition. La sévérité de la punition était laissée à l'appréciation du général. Ce traitement différait selon que ce peuple acceptait la *deditio* après sa défaite ou bien résistait jusqu'au bout. Cette reddition implique la mise à disposition intégrale des personnes et des biens entre les mains du vainqueur, la reconnaissance du pouvoir absolu de celui-ci. Elle excluait le châtiment physique de la communauté. La *deditio in protestatem* est un acte par lequel le vaincu se remet à la puissance de Rome. On parle aussi de *deditio in fidem* où le vaincu se remet à la *fides* de Rome. Une fois la *deditio* obtenue, le général romain se trouve lié par les obligations de la *fides*. Celle-ci est un serment, avalisé par les dieux. Il définit une forme de respect réciproque qui lie le protecteur en situation de force à son protégé qui lui promet obéissance. Il impose au vaincu le même devoir de piété qui lie le fils au père.

Un texte de *deditio* retrouvé en 1982 à Castellego de l'Orden, près du mont d'Alcantara montre que la reddition n'entraine pas nécessairement un bouleversement intégral de la vie de la population vaincue. En l'an 104, le gouverneur d'Ultérieure, L. Caesus, sur avis de son *consilium* décréta à cette occasion un traitement modéré des populations Saenoci qu'il venait de vaincre. « *Lucius, fils de Caius, imperator, a ordonné qu'ils soient libres ; il leur a fait rétrocéder les champs, les bâtiments, les lois et toutes les autres*

---

[92] Raymond Aron, *Paix et guerre entre les Nations*, Calmann-Lévy, Paris, 2004, p. 123.
[93] Jean-Louis Ferrary, *Philhellénisme et Impérialisme : aspects idéologiques de la conquête romaine du monde hellénistique* (Bibliothèque des Écoles françaises d'Athènes et de Rome, CCLXXI). Rome, École française de Rome, 1988, p. 73.

choses en leur possession à la veille de la reddition en l'Etat qui était alors le leur, tant que ce sera la volonté du peuple romain et du sénat romain[94] ».
La *deditio* implique donc une certaine garantie au vaincu. On lui reconnaît quelques droits. La *fides* n'a aucun contenu juridique précis. L'expression signifie qu'on s'en remet à la merci de Rome, comme à son pouvoir. De nouvelles relations se nouent mais n'impliquent pas de rapports d'égalité. La capitulation sans condition est sans aucun doute moralement inacceptable. Elle est contraire aux principes élémentaires de la guerre justifiable.

6.2 Capitulation honorable

La capitulation honorable est le contraire de la capitulation inconditionnelle. Celle suppose la possibilité donnée à l'adversaire de se rendre sans lui faire subir d'humiliation et le priver de ses droits.
Le traité de Versailles représente un exemple historique contraire au principe de capitulation honorable. Les vainqueurs ont obligé l'Allemagne à signer un texte sur lequel elle n'a pas eu un mot à dire. Cet accord avait été rédigé par l'Italien Orlando, le Britannique Lloyd-George, le Français Clémenceau et l'Américain Wilson. Berlin avait proposé des amendements et des contre-propositions qui ont été rejetés. La sanction tomba sec comme un couperet sous les ors versaillais. L'Allemagne est ordonnée à céder 15% de son territoire. Dépeuplée de huit millions de citoyens, elle doit laisser la France exploiter une partie de son charbon. Considérée comme responsable de la guerre, elle doit supporter des coûts astronomiques pour les réparations d'après-guerre et ses forces armées doivent être réduites. Elle doit également accepter une zone démilitarisée le long du Rhin. La Rhénanie devrait être placée sous le protectorat des alliés pendant quinze ans. L'Allemagne avait essayé de refuser de le signer mais elle a dû se plier à l'ultimatum des alliés. Ce traité a été perçu comme un "diktat" par les Allemands. Finalement, le traité a non seulement échoué dans ses objectifs de construire une paix durable après la Première Guerre mondiale mais il a aussi réveillé le nationalisme allemand sur lequel Hitler surfa intelligemment. Les vainqueurs pensaient que ces sanctions serviraient de leçons aux Allemands. Cette prévision fut démentie quelques années plus tard par le déclenchement de la Deuxième Guerre mondiale.
Oter à l'adversaire la possibilité d'une reddition honorable et l'humilier ne peuvent que creuser les sillons d'un nouveau conflit.
L'absence de vision postconflit des alliés avait annihilé tout espoir de paix durable. La guerre peut se gagner facilement mais gagner la paix est une autre paire de manches. La plupart des dirigeants des puissances occidentales

---

[94] Cité par Francois Cadiou, *Hibera in terra miles. Les armées romaines et la conquête de l'Hispanie sous la république (218-45 av. J.-C.)*, Casa de Velázquez, – 18 septembre, 2008, p. 74.

avaient laissé triompher en eux les sentiments de haine et de colère au détriment de la pensée critique et de la clairvoyance.

6.3 Les accords de paix

6.3.1 Du contenu des accords de paix

Le traité de Qadesh conclu entre Ramsès II et l'empereur Hittite Hattusilis en 1269 avant Jésus-Christ est le premier accord que nous ont légué les vestiges de l'histoire. La Grèce Antique et Rome nous offrent les témoignages de traités de paix à travers les ruines et autres mémoriaux. Ces accords sont souvent entourés de cérémonials qui se perpétuent jusqu'à nos jours avec quelques variantes selon les coutumes et pratiques des protagonistes. Au Moyen-Age, les protagonistes se donnaient chaleureusement le *osculumpacis* (le baiser de paix). De nos jours, on échange des poignées de main ou des accolades pour célébrer la paix. Contrairement à la période antique où l'écriture n'était pas répandue, il est évident que ce sont les mémoriaux et autres symboles qui immortalisaient les accords de paix.

De nos jours, les accords de paix sont des documents écrits témoignant de la volonté des belligérants de ranger définitivement leurs armes dans leurs carquois pour fumer le calumet de la paix.

Les traités de paix ne se confondent pas avec les accords de cessez-le-feu, encore moins avec les armistices ou la trêve, en ce sens qu'ils mettent définitivement fin à la belligérance.

Ils diffèrent également des résolutions des Nations Unies censées mettre fin aux conflits comme ce fut le cas dans la guerre Iran-Irak ou du Golfe persique en 1990. Les traités de paix sont des arrangements mutuellement convenus entre les parties au conflit, tandis que les résolutions du Conseil de sécurité sont émises par des étrangers. Les accords de paix sont la boussole de la reconstruction postcrise. La réussite ou l'échec du processus de paix en dépend.

Pour les besoins de la cause, nous réservons le mot traité de paix pour les conflits internationaux et les accords de paix pour les conflits intraétatiques.

Un accord de paix est un contrat entre les belligérants visant à mettre un terme au conflit ou le transformer de manière significative.

Un accord de cessez-le-feu est une trêve dans un conflit armé où les belligérants s'accordent pour suspendre les actions agressives sans nécessairement faire des concessions. Ils suspendent les actions militaires pendant que les négociations politiques sont menées pour trouver une solution durable au conflit.

Les accords de paix sont fragiles ; c'est pourquoi, ils doivent être accompagnés le plus tôt possible d'accords plus globaux. On distingue dans certains cas des accords de pré-négociation qui définissent l'agenda, la planification, la localisation, les rôles et responsabilités des protagonistes et déterminent les participants à l'accord de paix. Ces pré-accords promeuvent la confiance entre les parties. L'accord de paix global adresse la substance des questions importantes de la dispute. Il vise à trouver un terrain d'entente entre les intérêts et les besoins des parties et à résoudre le différend.

Il n'existe pas de structure universelle pour les accords de paix. Toutefois, il y a des éléments généraux qui se dégagent de la plupart des accords de paix surtout dans les guerres interétatiques notamment le cessez-le-feu, le rétablissement de l'autorité de l'Etat, la réforme du secteur de la sécurité et de la justice, le partage du pouvoir, l'organisation d'élections justes. Les meilleurs accords sont ceux qui adressent les conséquences et les causes profondes du conflit.

Les accords de paix conclus par le gouvernement guatémaltèque et l'Union révolutionnaire nationale guatémaltèque (UNRG) représentent un exemple historique d'accord global. En effet, ces accords signés en décembre 1996 font suite à une série d'accords de paix destinés à mettre fermement et durablement fin à trente-six ans de guerre. Contrairement aux autres accords de paix, ceux-ci ont pris en compte les problèmes de paix et de développement.

Des dispositions prévoient le démantèlement des mouvements rebelles, une réduction des effectifs de l'armée, la résolution de la question agraire et du développement rural, la vérité sur les violations des droits de l'homme, la légitimation du pouvoir public par des élections ainsi que la reconnaissance de l'identité et des droits des peuples indigènes qui constituent un pourcentage élevé de la population et qui sont victimes de discrimination.

Ces accords adressent donc les causes profondes de la guerre, c'est-à-dire l'exclusion d'une frange importante de la population du système économique et politique. Le onzième article offre la possibilité d'une capitulation honorable à l'UNRG, mouvement de la guérilla. Il reconnaît que : « L'intégration de l'UNRG à la légalité dans des conditions de sécurité et de dignité constitue un facteur d'intérêt national qui répond à l'objectif de la réconciliation et du perfectionnement d'un système démocratique sans exclusion ».

Contrairement à cet accord global de paix guatémaltèque, celui conclu entre le gouvernement de Kinshasa (République Démocratique du Congo), des personnalités issues des mouvements rebelles et les partis d'opposition le 17 décembre 2002 visant à mettre fin à quatre ans de guerre civile, s'était plutôt penché sur le partage du pouvoir, mieux, du gâteau national, que sur toute autre question.

Cet accord a curieusement relevé un certain nombre de défis sans proposer la moindre solution pour les surmonter. Ce sont : « *la réunification, la pacification, la reconstruction du pays, la restauration de l'intégrité territoriale et le rétablissement de l'autorité de l'Etat sur l'ensemble du territoire national ; la réconciliation nationale ; la formation d'une armée nationale restructurée et intégrée ; l'organisation d'élections libres et transparentes à tous les niveaux permettant la mise en place d'un régime constitutionnel démocratique ; la mise en place des structures devant aboutir à un nouvel ordre ».*

Un tel accord atteint de mal congénital ne peut que mourir dès son premier vagissement. De plus, cet accord n'a pas tenu compte de la capacité de nuisance des empêcheurs de paix, notamment du Rwanda et de l'Ouganda.

6.3.2 Pourquoi les accords de paix échouent-ils ?

Plusieurs raisons peuvent être avancées pour expliquer l'échec des accords de paix. Les conflits intraétatiques qui ont eu lieu en Afrique depuis les années 1990 sont des consommateurs avides d'accords de paix. Ils consomment en moyenne trois accords avant l'engagement définitif de tous les acteurs dans le processus de paix. C'était le cas de la Côte d'Ivoire. Il y avait eu une tentative de médiation sous l'égide du président Eyadema, puis les accords de Linas-Marcoussis (France), ensuite les accords d'Accra, de Pretoria et enfin ceux de Ouagadougou.

Nous allons explorer en quelques lignes les principales raisons entrainant l'échec de ces accords de paix.

La complexité des guerres civiles

La nature complexe des guerres civiles rend difficile leur transformation. Elles sont traversées par différents clivages ethniques, religieux, raciaux, etc. qui se transforment au cours des ans en haine se transmettant de génération en génération. Une fois qu'un conflit se déclenche sur une telle base, il est difficile d'y mettre fin à cause de la subjectivité et de l'irrationalité qui s'en mêlent. Les guerres civiles sont comme des épidémies ; lorsqu'elles se déclenchent, il est difficile de les enrayer. Elles suivent leur propre cours jusqu'à ce qu'une nette victoire militaire se dessine contre l'adversaire.

La guerre apparaît comme un retour sur investissement. Sa prolongation justifie les coûts. Les guerres civiles se complexifient davantage lorsqu'elles ont des ramifications régionales et internationales. La guerre civile en Sierra Leone était alimentée par le Liberia de Charles Taylor. C'est désormais un secret de polichinelle que les insurgés qui ont attaqué la Côte d'Ivoire le 19 septembre 2002 sont venus du Burkina Faso. L'accord de paix n'a pu aboutir que grâce au dialogue direct tenu sous les auspices du président Blaise Compaoré.

Le dilemme sécurité et anarchie

Les parties hésitent à appliquer les accords de paix, de peur que la mise en œuvre effective de la clause de désarmement-démobilisation ne mette en péril leur sécurité surtout quand il n'existe pas d'autorité légitime pour assurer leur sécurité. Les mouvements rebelles déposent les armes avec la promesse que certains de leurs éléments seront incorporés dans les forces de défense et de sécurité ou dans l'administration publique. Sans arme, ils perdent de leur pouvoir de pression pour influencer la mise en œuvre de l'accord. Le désarmement les vulnérabilise et les confronte au dilemme de sécurité. Ils nourrissent dans certains cas des craintes légitimes pour leur sécurité.

Barbara Walter note que contrairement à l'anarchie qui règne dans le système international modéré par les accords et les traités, les effets de l'anarchie sur le plan national dans un Etat failli sont plus prégnants. Dans un conflit international, après les accords de paix, les armées se retirent à leur frontière et signent avec leurs adversaires d'hier des accords commerciaux, etc. Il n'en est pas de même pour les guerres civiles. Les ex-combattants perçoivent le désarmement et la démobilisation comme une menace à leur pouvoir voire une trahison de la lutte. L'ex-combattant ne tient son pouvoir que de son arme à laquelle il s'identifie. C'est grâce aux armes qu'il confisque les biens d'autrui. Désarmé, il perd sa capacité de nuisance et de son identité. Devant ce dilemme, dans certaines circonstances, en absence de réelles garanties, les rebelles préfèrent continuer à se battre plutôt que de coopérer en risquant leur sécurité et la survie de leur groupe.

La multiplication des parties

La multiplication des parties au conflit complique la recherche de solutions. Il est souvent difficile dans ce contexte de trouver une solution qui tienne compte des intérêts de toutes les parties. L'expérience a montré que lorsque des protagonistes se sentent exclus, les chances de réussite du processus de paix s'amenuisent.

La faillite de l'Etat

Le processus de paix a besoin d'autorité légitime. Dans les Etats en déliquescence, comme c'est souvent le cas après les conflits intraétatiques, le processus de paix manque de pilote pour le conduire à destination.

Trois éléments caractérisent la faillite de l'Etat du point de vue politique et juridique. Tout d'abord, il y a l'aspect géographique et territorial, à savoir le fait que les « États faillis » souffrent essentiellement de problèmes internes et endogènes même si, quelquefois, ils ont des ramifications transfrontalières. Cette situation conduit à l'implosion, à la désintégration et la déstructuration de cet Etat.

Deuxièmement, il y a l'aspect politique, à savoir l'effondrement interne du droit et de l'ordre. Ces types d'Etat offrent de constater l'effondrement total ou partiel des structures garantissant le respect de la loi et de l'ordre. Dans les guerres civiles, l'autorité de l'Etat est fragmentée entre différentes factions.

Troisièmement, il y a l'aspect fonctionnel, à savoir l'absence d'entité capable, d'une part, de représenter l'État au niveau international et d'autre part, d'être influencée par le monde extérieur. Dans certains cas, il n'existe aucune institution légitime et fiable pour négocier, représenter et appliquer adéquatement les accords et les traités[95].

Les accords de paix contribuent à restaurer l'autorité de l'Etat sur l'ensemble du territoire national. Ils identifient des moyens pacifiques pour le partage et la régulation de la compétition pour le pouvoir. Dans le cas où la rébellion gagne la guerre, elle comble ce *vacuum* et s'arroge *de facto* le pouvoir légitime. La situation se complexifie dans les cas comme celui de l'Afghanistan où il n'existait pas de pouvoir central. Le pays était entre les mains d'un patchwork de seigneurs de guerre.

L'histoire nous offre quelques exemples où la communauté internationale a assuré temporairement l'autorité politique et militaire. Ce fut le cas de Timor Leste où les Nations Unies ont administré le pays de 1999 à 2002.

La disponibilité de ressources naturelles

Les ressources naturelles jouent un rôle important dans la poursuite des guerres civiles. Le commerce illicite de diamant et autres minerais sape les efforts de la communauté internationale pour restaurer la paix. Les ressources naturelles alimentent et impactent négativement le processus de paix en donnant les moyens aux protagonistes de continuer la bataille. En Angola, l'accès de l'UNITA au diamant lui avait permis de jouer le rôle d'empêcheur de paix. Au Mozambique, l'ancienne guérilla antimarxiste de la Résistance Nationale Mozambicaine (RENAMO), qui en avait été privée, était plus disponible à aller à la paix.

Il importe donc de renforcer les mécanismes de contrôle pour empêcher que les ressources naturelles servent à financer les conflits.

Dans cette perspective, le Conseil de sécurité des Nations Unies, le Congrès américain, l'Organisation pour la coopération et le développement économiques (OCDE) ont élaboré des normes pour réguler les activités des entreprises qui s'approvisionnent en étain, tantale, tungstène et or dans les zones de conflit. Toutefois, certains gouvernements et même l'Union européenne (UE) sont encore à la traîne pour mettre en œuvre ces normes.

Les rapports des ONG et des Nations Unies avaient dénoncé l'exploitation illégale des diamants de Séguéla (Côte d'Ivoire) exportés au Mali et au Ghana par un groupe rebelle. Les dividendes de ce commerce illégal sont

---

[95] Daniel Thürer, "The failed State and international law", *International Review of the Red Cross*, n° 836.

estimés à 20 millions de dollars américains. Ces exportations sont destinées à l'achat d'armes au mépris des sanctions de l'ONU[96].

Moyens financiers

Les accords de paix ont besoin d'être accompagnés à travers le financement des activités. L'engagement financier des partenaires est d'une importance capitale pour la consolidation de la paix qui dépend en partie d'un appui international politique et financier durable et prévisible.
La mise en œuvre des réformes et des programmes de sortie de crise exige l'appui financier des bailleurs. Les accords de paix d'Arusha entre les protagonistes du conflit burundais ont demandé au facilitateur en collaboration avec le comité de suivi et le gouvernement de transition de prendre les mesures nécessaires pour organiser une conférence des donateurs pour la reconstruction du Burundi[97].

Les intérêts des pouvoirs régionaux

Les guerres civiles ont souvent des ramifications régionales. Ce fut le cas de la RDC où sept pays africains se sont affrontés. Le processus de paix souffre des intérêts divergents de ces étrangers qui pillent les ressources naturelles. Le processus de paix ne peut aboutir que si ces pays s'y engagent réellement. Tout part du génocide rwandais de 1994 qui a vu le massacre organisé des Tutsi par des Hutu. Après l'accession de Paul Kagamé au pouvoir, des Hutu fuyant les représailles des nouveaux hommes forts de Kigali se sont réfugiés dans l'Est de ce qui était à l'époque le Zaïre avec la bienveillance de Kinshasa.
Le pouvoir à Kigali est convaincu que la présence des milices hutu « Interahamwe » et des membres de l'ancienne armée rwandaise dans l'Est du Congo constitue une menace pour sa sécurité. Des rapports des Nations Unies et autres experts ont montré que derrière cette raison sécuritaire s'en cache une autre beaucoup moins avouable, celle de faire main basse sur une partie des richesses du Congo. Le Rwanda n'a en effet pas intérêt à ce que la paix s'installe dans l'Est du Congo.

Contestation de la légitimité des signataires

La contestation des représentants des parties au conflit à la table des négociations est l'un des scenarii pouvant fragiliser le processus de paix. Il est bien évident que les conclusions des accords seront contestées. Pour

---

[96] Ernest Harsch, « Conflits et ressources naturelles, comment faire d'un risque de guerre un atout pour la paix » *Afrique Renouveau*, janvier 2007, p.16-21, p. 17.
[97] Article 9 des Accords d'Arusha.

éviter cette situation, le médiateur doit s'assurer que les représentants des protagonistes sont légitimement mandatés par leurs groupes.

Au Darfour, les parties au conflit étaient en désaccord sur les problèmes critiques. Cette situation avait été exacerbée par le manque de familiarité des rebelles avec les arrangements et le langage des accords de paix et surtout le manque de temps alloué devant leur permettre de consulter leurs partisans avant de les parapher.
La communauté internationale avait mis la pression sur les protagonistes pour l'obtention d'un accord rapide et les dates proposées n'étaient pas réalistes pour une solution définitive au conflit. Cette situation, conjuguée avec l'intransigeance des parties à la table des négociations, ne pouvait que contribuer à la mort de ces accords juste après leurs premiers vagissements.
La transformation d'un conflit demande de la patience et les accords de paix doivent être développés par les parties en conflit elles-mêmes et non être imposés par l'extérieur afin de faciliter l'appropriation et par conséquent la mise en œuvre. Les parties n'étaient pas disposées à la négociation à cause de la haine, la méfiance profonde entre elles et des divisions au sein des groupes rebelles.
Il faut ajouter à cette situation la forte posture militaire du gouvernement et la croyance répandue parmi tous les groupes que le champ de bataille, et non la table des négociations, était la meilleure option. La transformation des conflits motivés par des facteurs historiques, structurels, politiques, sociaux et économiques est complexe. Les haines et la suspicion mutuelles existant entre les parties demandent de la patience pour être dissipées.
Le médiateur devrait mettre en œuvre une stratégie innovante pour renforcer la confiance entre les parties et employer le cas échéant des moyens de pression douce pour obtenir la participation de tous aux négociations.
Le « déficit de confiance » entre les parties ne pourra être comblé que si l'on parvient à rapprocher les interprétations divergentes de l'histoire.

Les empêcheurs de paix

Les accords de paix échouent souvent à cause des « empêcheurs de paix », c'est-à-dire des groupes d'intérêts qui, pour une raison ou pour une autre, n'ont pas intérêt à ce que le processus de paix aboutisse. Ils manœuvrent donc pour son échec. Toute paix négociée ne fait pas toujours des heureux. Elle requiert des concessions et autres compromis entre acteurs. Il est quasiment impossible de satisfaire toutes les revendications des protagonistes, mais il faut parvenir à un accord qui prenne en compte les intérêts de chaque partie au conflit.
Par ailleurs, certaines parties et leurs alliés manœuvrent ouvertement ou clandestinement pour faire échouer le processus de paix dont les termes ne correspondent pas à leurs attentes.

Il existe au moins trois types d'empêcheurs de paix. Le premier groupe est constitué de personnes qui signent les accords de paix mais mettent des obstacles pour leur application effective. Ce fut le cas de l'UNITA de Jonas Savimbi qui signa l'accord de paix de Bicesse en 1991 mais avait repris la guerre une année après qu'elle ait perdu les élections. Il en est de même pour les Khmers rouges au Cambodge qui signèrent l'accord de paix mais refusèrent de démobiliser leurs hommes et choisirent de boycotter les élections.

Le deuxième type d'empêcheurs de paix est constitué de groupes d'intérêts qui refusent d'adhérer au processus de paix. Le troisième type est formé de pays voisins ou de puissances extérieures qui soutiennent les empêcheurs de paix internes pour la défense de leurs intérêts.

Il existe généralement trois types de stratégies contre les empêcheurs de paix : l'incitation, la socialisation et la coercition[98].

L'incitation consiste à répondre positivement aux requêtes et autres exigences des empêcheurs de paix. Leur réticence à composter le billet du train de la paix est motivée entre autres par des problèmes sécuritaires, économiques et sociaux. Dans ce cas, il faut mettre en place des mesures pour les rassurer et assurer leur sécurité physique et celle de leurs biens.

La socialisation consiste à établir une série de normes sur lesquelles les parties devraient arrimer leur comportement. Cette stratégie comprend deux composantes : l'une matérielle et l'autre intellectuelle. La composante matérielle consiste à utiliser le bâton et la carotte pour calibrer le comportement des acteurs afin de punir ou récompenser l'empêcheur de paix. L'aspect intellectuel consiste à la persuasion des empêcheurs de paix sur la valeur des normes (compétition démocratique et protection des droits de l'homme).

La coercition consiste à utiliser des moyens pour dissuader ou punir les empêcheurs de paix afin d'éviter leur action négative sur le processus de paix. On peut utiliser la diplomatie coercitive ou l'usage de la menace pour ramener à la raison les empêcheurs de paix. Cette stratégie a été rarement employée par la communauté internationale à l'exception du bombardement aérien de l'OTAN en 1995 contre les Serbes de Bosnie. Il existe deux variantes de cette stratégie : le « départ du train » et le « retrait ».

Le processus de paix est considéré comme un train qui prend son départ de la gare. Tous les passagers qui ne sont pas à bord au moment opportun ne seront pas du voyage. Le processus de paix est dans ce cas irrévocable et irréversible[99]. Il ne tolère pas de marche arrière. Ce fut le cas au Cambodge

---

[98] Stephen John Stedman, "Spoiler problems in peace processes", *International security*, 22:2, p. 12.
[99] Stephen John Stedman, "Spoiler problems in peace processes", *International security*, 22:2, p. 14.

où, malgré le retrait des Khmers rouges du processus électoral, les élections ont été organisées. Devant une telle situation, il doit exister des mesures pour empêcher les empêcheurs de paix de déranger le processus de paix.

La stratégie du retrait consiste à menacer les empêcheurs de paix du retrait des forces internationales dont la présence assure leur sécurité.

Le manque d'inclusivité des accords de paix

Pour pouvoir atteindre les objectifs qui leur sont assignés, les accords de paix doivent naître de la négociation constructive et participative entre les belligérants ainsi que de toutes les parties qui ont un intérêt dans le conflit. La défection d'un acteur important inflige une tare congénitale à l'accord et hypothèque son succès.

Dans cette perspective, le Conseil de sécurité des Nations Unies a souligné en 2000 à travers la résolution 1325 qu'une paix durable demande l'inclusion de tous les segments de la société dans le processus.

Comme mentionné ci-dessus, l'une des raisons de l'échec des accords de paix du Darfour, issus des pourparlers d'Abuja, est son rejet par l'un des mouvements rebelles.

En 2003, des insurgés ont mobilisé plusieurs milliers de personnes dans la région du Darfour contre le gouvernement pour protester contre la marginalisation de leur communauté. Le gouvernement a réprimé violemment cette insurrection avec l'appui des miliciens « Janjaweed ». Cette répression a causé la mort de plus de 350 000 personnes et a fait plus de deux millions de réfugiés. Les pourparlers d'Abuja devaient réunir le gouvernement et les deux mouvements rebelles : le Mouvement de Libération du Soudan (SLM) et le Mouvement pour l'Egalité et la Justice (JEM).

Le gouvernement et le leader Minni Minawi de l'une des principales factions au sein du SLM avaient signé l'accord. Le JEM et Abdel Wahid al Nur, le leader de l'autre faction, l'avaient rejeté. Le processus de paix prit un coup mortel dans l'aile. Pendant ce temps, les Janjaweed multipliaient leurs entreprises meurtrières contre la population. Le combat entre groupes rebelles s'était intensifié.

Les accords de paix du Darfour souffrent également du fait qu'ils n'ont pas été le fruit de négociations et de compromis entre les parties. La paix, du moins durable, ne peut pas être imposée. Un accord de paix ne peut pas être mis en œuvre sans le consentement et la coopération de toutes les parties ayant un intérêt dans le conflit. Très souvent, on ne convoque que les belligérants qui sont assis à la table des négociations.

L'expérience a montré qu'une grande implication des acteurs non armés, notamment les organisations de la société civile, améliore les chances de succès du processus de paix. Une analyse statistique des accords de paix entre 1989 et 2004 a montré que l'implication de la société civile réduit à 64%[100] les risques de reprise du conflit.

Les membres des organisations de la société civile peuvent mettre sur la table des négociations des questions qui seraient occultées en leur absence.

Les acteurs de la société civile, porte-paroles de la population locale, enrichissent les débats et les termes de la paix de leur engagement pour la défense des droits de l'homme, la paix, la promotion de valeurs de non-violence ainsi que de leur préoccupation pour les questions relatives à la perspective genre dans les accords. Leurs interactions avec la base, incluant les groupes minoritaires, les femmes, les jeunes et leur représentation géographique font d'eux des interlocuteurs incontournables pour dessiner les traits d'une paix durable.

Les organisations de la société civile ont une capacité inouïe de mobilisation et d'influence de l'opinion publique. Elles possèdent également l'expertise technique, l'expérience et la connaissance du terrain pour adresser les problèmes humanitaires, les questions relatives à la réconciliation et la justice transitionnelle[101].

Le Secrétaire général de l'ONU avait en 2009, dans son rapport intitulé *Consolidation de la paix au lendemain d'un conflit*, souligné que les autorités locales et traditionnelles aussi bien que les acteurs de la société civile incluant les groupes marginalisés ont un rôle critique à jouer en amenant plusieurs autres sons de voix autour de la table des négociations pour faciliter l'appropriation locale et une vision commune du futur de la nation. Ce, parce qu'à la table des négociations, les insurgés et les politiciens prêchent chacun pour leur chapelle et luttent pour la satisfaction maximale de leurs intérêts.

La participation des femmes, des jeunes et autres groupes marginalisés comme acteurs clés du processus de paix contribue à son succès.

Comité de supervision des accords

La mise en œuvre des accords de paix est souvent accompagnée par un comité de suivi, de supervision et de coordination.

L'endossement des accords par les organisations internationales (ONU, CEDEAO, SADC, CEMAC...) leur donne plus de poids. Ils risquent de se révéler fragiles s'ils ne sont pas accompagnés de mesures contraignantes sanctionnant leur rupture abusive par l'une des parties signataires. La communauté internationale peut éviter cette situation en maintenant une

---

[100] Nilsson, D. (2012), "Anchoring the Peace: Civil Society Actors in Peace Accords and Durable Peace". *International Interactions: Empirical and Theoretical Research in International Relations*, 38(2), p. 243-266.

[101] "Building More Inclusive Political Transitions, a Review of the Syrian Case" (Washington DC and Brussels), ICAN, *Inclusive Security and Nonviolent Peace Force*, 2013.

pression constante sur les parties concernées pour qu'elles respectent leurs engagements.

Les accords de paix entre le gouvernement sierra-léonais et le Front uni de libération signés le 30 novembre 1996 à Abidjan n'ont pas manqué à la tradition. L'article 28 désigna la Côte d'Ivoire, les Nations Unies, l'OUA et le Commonwealth comme les garants moraux de leur mise en œuvre.

Les accords d'Arusha issus des pourparlers entre les protagonistes du conflit burundais ont prévu un comité de supervision, de suivi et de coordination de leur mise en œuvre. Ce comité était composé d'un représentant du gouvernement, de deux représentants des partis, de six Burundais reconnus pour leur intégrité morale, des représentants de l'ONU, de l'OUA et de l'Initiative Régionale de Paix sur le Burundi. Le représentant de l'ONU en assurait la présidence. Ce comité était entre autres chargé de suivre, superviser et assurer la mise en œuvre effective des accords.

Il devait également s'assurer que l'agenda de mise en œuvre était respecté ainsi qu'une bonne interprétation des accords. Il était chargé de concilier les points de vue, d'arbitrer et résoudre tout conflit entre les parties, de coordonner les activités des sous-commissions et d'appuyer le gouvernement de transition à mobiliser des fonds pour la mise en œuvre des accords[102].

---

[102] Article 3 des Accords d'Arusha.

CHAPITRE 7 : RENDRE POSSIBLE LE VIVRE-ENSEMBLE

La guerre, surtout civile, cristallise les antagonismes entre les communautés et laisse des souvenirs indélébiles mettant à mal le vivre-ensemble, la cohésion sociale et par là même le développement du pays. Le recollage du tissu social détruit par la violence est l'un des défis majeurs de la reconstruction postcrise. Comment amener les communautés à cohabiter pacifiquement ? La reconstruction des sociétés déchirées par la guerre n'est pas une question marginale à laquelle ne devraient répondre que les pays en situation de sortie de crise et, dans une moindre mesure, les institutions et autres agences de développement. C'est une question qui nous interpelle tous. Si nous ne lui donnons pas de réponse adéquate, nous échouerons à garantir la paix, la sécurité et le développement pour les générations futures. Comment briser le cercle vicieux des conflits ? Mieux, comment faire la paix, la maintenir et la faire durer ?

7.1 La réconciliation entre Etats

Quels sont les facteurs pouvant motiver la réconciliation entre des belligérants qui viennent de s'affronter dans une guerre meurtrière ? Depuis la fin de la guerre froide, les gestes de réconciliation se sont multipliés entre les Etats qui s'étaient, pendant des décennies, voué une haine viscérale. Le rapprochement franco-allemand est souvent présenté comme un cas d'école en matière de transformation des relations entre des peuples qui se sont voué une haine atavique et viscérale pendant des siècles. Valérie Rosoux relève que « *l'évolution de leurs rapports est en effet remarquable. Pendant près d'un siècle et demi, le rappel incessant des souvenirs d'affrontement aboutit à créer de chaque côté du Rhin des histoires nationales rigoureusement antithétiques et finalement incompatibles. L'hostilité de l'ennemi est présentée comme ancestrale et relevant de la nature des choses. La construction européenne met radicalement en cause cette perspective. La nécessité d'un rapprochement balaie tout partage moralisant entre les membres du groupe et les autres. Le « nous » ne renvoie dorénavant plus à un peuple unanimement héroïque et les « autres » ne sont plus stigmatisés comme des suppôts de Satan*[103] ».

Après la signature des traités de paix, les Etats peuvent vivre l'un à côté de l'autre sans nécessairement interagir ou développer des relations amicales. Cette cohabitation, comme un volcan qui dort, peut faire resurgir à tout moment le conflit. Cette situation ne favorisera pas une paix durable.

---
[103] Valérie Rosoux, « La réconciliation franco-allemande : crédibilité et exemplarité d'un couple à toute épreuve », *Cahiers d'histoire. Revue d'histoire critique*, 100, 2007, 23-36, p. 23.

Sans réconciliation, il est difficile d'envisager une relation pacifique pouvant amener à démanteler les causes profondes du conflit.

La réconciliation permet de rebâtir la confiance mutuelle et de développer des relations pacifiques. Elle permet un changement dans la perception mutuelle basée sur des stéréotypes et des croyances.

L'humiliation infligée à l'ennemi peut engendrer un sentiment de victimisation commué en peur et en vengeance se transmettant de génération en génération.

Des facteurs externes ont, dans certains cas historiques, permis la réconciliation entre des Etats comme la France et l'Allemagne.

Depuis le temps de François I et de Karl V, la France et l'Allemagne se sont combattues. Mais c'est la guerre franco-prussienne de 1871 et la Première Guerre mondiale qui ont renforcé l'antagonisme et l'image d'ennemis héréditaires entre les deux Etats.

Toutefois, après la Deuxième Guerre mondiale, plusieurs facteurs externes ont encouragé les deux pays à fumer le calumet de la paix. Ils étaient tous deux sous la menace des velléités expansionnistes de Staline. Cette situation les amena à mutualiser leurs moyens militaires en mettant le charbon et l'acier sous une autorité supranationale. Le plan Marshall des Etats-Unis au chevet d'une Europe en léthargie est un autre facteur qui a encouragé la réconciliation entre eux. Leur économie détruite avait besoin d'un relèvement et d'une assistance rapide.

Le leadership national joue également un rôle dans la réconciliation. Dans le cas franco-allemand mentionné plus haut, Robert Schuman and Konrad Adenauer ont contribué à l'apaisement des relations franco-allemandes. Ils ont signé le plan Schuman qui est la première étape de la réconciliation entre les deux pays après la Deuxième Guerre mondiale. Bien que leur démarche ait été influencée par des valeurs chrétiennes catholiques, ce sont des raisons morales et pragmatiques qui ont facilité la constitution de ce couple.

Chaque pays y trouvait son compte. L'inclusion de l'Allemagne dans un projet européen a permis à la France de contrôler le développement de l'Allemagne et à celle-ci de s'intégrer en Europe de l'Ouest sans crainte pour sa sécurité. Cette réconciliation initiée par Schuman et Adenauer a été cimentée par De Gaulle et Schuman. L'incessant dialogue entre les deux Etats, malgré la traversée de quelques zones de turbulence, a favorisé la confiance et la tolérance mutuelles. Cette éclaircie amena à la signature en 1963 du traité conjoint d'amitié.

Le commerce et les intérêts économiques peuvent également favoriser la réconciliation. C'est le cas du rapprochement franco-allemand à travers la Communauté européenne du charbon et de l'acier (CECA).

Le processus de réconciliation se scelle au niveau des élites comme de la population.

7.2 La réconciliation entre gouvernements

Elle doit être initiée par un traité d'amitié ou une déclaration verbale stipulant la volonté des deux Etats à surmonter l'animosité et à œuvrer pour des relations pacifiques dans l'intérêt de leurs deux peuples.
Les déclarations communes publiques d'amitié accompagnées de gestes symboliques créent un environnement favorable à la réconciliation.
Ce fut le cas du traité de l'Elysée de 1963 entre la France et l'Allemagne qui institutionnalisa des rencontres régulières entre les gouvernants. Ceux-ci doivent viser les intérêts à long terme de leur pays en se gardant de politiser ou manipuler les questions sensibles pour des gains politiques. Dans un monde interdépendant, les mauvaises relations entre voisins peuvent affecter la stabilité de la région. La coopération régionale peut contribuer à la stabilisation. Dans l'intérêt de leurs pays respectifs, les gouvernants doivent promouvoir la coopération régionale. Les accusations mutuelles peuvent s'estomper si les protagonistes s'engagent dans un dialogue constructif.
En 1984, le président François Mitterrand et le chancelier Helmut Kohl s'étaient rencontrés à Verdun pour une journée symbolique de la réconciliation.
Les deux gouvernants étaient debout main dans la main à l'ossuaire de Douaumont consacré à la mémoire des morts de la bataille de Verdun pendant la Première Guerre mondiale. Au-delà de cette image symbolique, c'est un message clair de réconciliation que les deux pays, qui s'étaient regardés en chiens de faïence pendant deux siècles, ont envoyé à leurs populations et au monde entier. Dans cette même mouvance, les deux pays ont mis en place en 1989 la brigade franco-allemande composée de 2.800 Allemands et de 2.300 soldats français. Elle constitue un exemple international de coopération pour la défense et la sécurité.
Angela Merkel, la chancelière allemande et le président français Nicolas Sarkozy ont emboité le pas à leurs prédécesseurs. Ils ont célébré ensemble à Berlin les vingt ans de la chute du Mur, le 9 novembre 2009, avant de se retrouver à Paris deux jours plus tard sous l'Arc de triomphe. C'était la première fois, en effet, qu'un chef du gouvernement allemand participait aux côtés d'un président français à la commémoration de l'armistice de la guerre de 1914-1918 marquant la défaite de l'armée allemande. C'est ensemble que les deux leaders ont ranimé la flamme du souvenir sur la tombe du soldat inconnu. Dans son discours, Nicolas Sarkozy avait noté qu'au moment où les amis allemands célébraient les vingt ans de leur réunification, il lui avait semblé que le temps était venu qu'Angela Merkel et lui se retrouvent à Paris pour se souvenir ensemble de ces souffrances, pour honorer la mémoire des combattants et célébrer la paix à laquelle ils rêvaient au fond de leurs tranchées.

7.3 Le rôle de la communauté internationale

La communauté internationale peut promouvoir la tolérance et des relations amicales entre les Etats et jouer un rôle dans la réconciliation inter-Etats. Les représentants des Etats aux Nations Unies peuvent également utiliser leur pouvoir diplomatique pour obtenir des décisions favorisant la réconciliation. Les réunions internationales peuvent servir de cadre pour discuter des obstacles à la réconciliation entre deux ou plusieurs groupes de pays en conflit.
Dans les guerres intraétatiques, la communauté internationale peut jouer le rôle de médiateur.

7.4 La réconciliation entre peuples

Souvent, le processus de réconciliation est initié par les gouvernants et autres leaders. Mais cela n'empêche pas les populations de jouer un rôle utile. Dans le feu de l'hostilité France-Allemagne, des intellectuels des deux côtés ont exprimé à travers leurs écrits leur volonté de voir leurs deux pays se réconcilier.
Pour leur part, les communautés chrétiennes allemandes et françaises ont également joué leur partition en organisant entre autres des rencontres régulières et des conférences. Par exemple, les protestants ont créé le Conseil fraternel franco-allemand en 1950.
Les programmes d'échanges scolaires et universitaires peuvent contribuer à la réconciliation. Paris et Berlin avaient coopté une commission chargée de rédiger des programmes d'ouvrages scolaires communs, d'échanges entre les jeunes.
Le rôle des organisations de la société civile dans la réconciliation n'est pas à négliger. Les médias peuvent desservir la réconciliation s'ils ne traitent pas avec professionnalisme les questions sensibles et ne montrent que les aspects douloureux et négatifs des évènements. Toutefois, l'insistance sur les évolutions positives, même mineures, dans la situation peut amener la population à équilibrer à la longue son jugement.

7.5 La promotion du vivre-ensemble au niveau national

Comment faire face au passé après les conflits armés ? Faut-il se souvenir ou oublier les abus, les violations graves des droits de l'homme et les souffrances ou demander des comptes aux tortionnaires ? La réponse à ces interrogations prend diverses formes et dépend de l'histoire des pays, de circonstances particulières et de plusieurs facteurs.
La « réconciliation nationale » est une expression dont l'utopie se discute avec son inapplicabilité. Est-ce possible de réconcilier tous les habitants d'un pays ? Ou encore la réconciliation nationale se réduit-elle à la réconciliation

entre principaux acteurs ? De prime abord, commençons par clarifier le terme « réconciliation ».

Se réconcilier, c'est trouver les voies pour vivre ensemble avec les ennemis d'hier, sans nécessairement les aimer ou leur pardonner et encore moins oublier le passé. Il s'agit de coexister avec eux pour développer un degré de communication nécessaire à la vie sociale, dans le but d'avoir ensemble une vie meilleure que celle qu'on aurait eue séparément.

La réconciliation dresse généreusement un pont entre les deux rives de la société divisée par la guerre et ses conséquences pour que ses morceaux épars puissent se rencontrer, se reconnaître et se recoller.

Lors d'une manifestation contre un mur érigé par Israël, on pouvait lire sur une pancarte tenue par un Palestinien « *Peace needs bridges non walls* » : la paix a besoin de ponts et non de murs.

Le mépris, la peur, la haine, les stigmatisations, les rancœurs, la souffrance et le ressentiment élèvent des murs de la honte virtuels ou réels comme le mur de Berlin entre les communautés. La réconciliation surmonte la pesanteur pour construire, sur la ruine des murs, des ponts pour enjamber et détruire les obstacles à la paix. Une réconciliation réussie cimente les acquis de paix pour faciliter le passage parfois laborieux mais pas impossible d'un passé divisé à un futur partagé.

La réconciliation ne se substitue pas à la justice. La réconciliation est le but final de tous les efforts qui concourent à aller d'un passé écrit en lettres de violence et de peur à un présent et à un avenir où cohabitent pacifiquement les ennemis d'hier. Elle n'est pas un acte isolé mais un processus.

A un degré moindre, la coexistence implique le fait d'emprunter le même chemin avec son ennemi d'hier sans l'agresser. Ici, apparaît l'importance de la communication entre les parties impliquées dans le conflit. Dans ce registre, les leaders d'opinion, les chefs religieux, les chefs traditionnels, les organisations non-gouvernementales peuvent constituer un cordon de sécurité et de réconciliation. Ils peuvent briser la méfiance par des séances de dialogue organisées entre les représentants de chaque camp même lorsque les parties au conflit continuent de se regarder froidement et que le dialogue semble impossible.

Au nombre des dégâts de la guerre, on retrouve la perte de l'estime de soi et la crise de confiance entre les individus et les communautés. La violence est corrosive étant donné qu'elle nie l'humanité de l'autre. L'homme n'a pas été créé pour être violenté mais pour être aimé. La boussole de la confiance est constituée par la reconnaissance de l'autre en tant qu'autre, en tant qu'un autre moi qui n'est pas moi comme le disait Jean-Paul Sartre dans *l'Etre et le Néan*t.

L'empathie naît de la volonté de confluence de deux mouvements concomitants de la victime et de son tortionnaire vers la rive d'écoute de la peine, de la souffrance de l'autre et de la volonté de connaître les souffrances imposées à l'autre. La vérité conditionne l'empathie en présentant le passé comme une souffrance partagée. L'empathie et la paix ne poussent pas sur des terreaux d'injustice structurelle, politique et économique.

La logothérapie à travers la palabre est une stratégie très répandue de résolution des conflits. Pour mettre fin aux rixes ou autres formes de violence, on convoque une réunion à laquelle participent les adversaires et leurs proches. Selon les cas, la famille, le clan, le village entier y sont invités. Chacun a droit à la parole. La présence des adversaires sous « l'arbre à palabre » est un engagement implicite à renoncer à la violence. La justice de l'arbre à palabre est plus restauratrice que rétributrice. La palabre est présidée par le chef de la communauté ou le collège des anciens. Les parties en conflit peuvent s'affronter vivement. Cette confrontation verbale fera remonter le plus loin possible les sources du conflit. La palabre n'est donc pas synonyme de capitulation.

Le dialogue est, au contraire, un entrecroisement, une confrontation, une contestation entendue et accueillie. C'est la meilleure approche commune de la réalité surtout dans un couple où la confrontation verbale permet de passer de « l'être rêvé » à « l'être réel ».

Pour être vraiment fécond et efficace, le dialogue a besoin de la clairvoyance réciproque qui permet de voir par-delà les apparences. Il est la preuve et le garant de beaucoup d'amour et de confiance réciproques.

Le premier élément souligné par la palabre est le courage de la parole. Les malentendus proviennent pour une large part de la peur de se parler : on n'ose pas prendre le risque de la parole, car cela conduit à se découvrir.

Le premier pas vers la réconciliation est donc, d'une certaine manière, accepter d'être vulnérable. A défaut de se parler, chacun en vient à imaginer sur l'autre toutes sortes de choses, plus ou moins terribles. Un manque de confiance dans la parole partagée ouvre le chemin à la culture du mensonge, comme on l'a vu dans les pays communistes. Cette confiance en la parole partagée couronne la médiation de la communauté.

« *Un des premiers objectifs du dialogue est de faire tomber les barrières et les préjugés qui nous séparent et de faire la connaissance de l'autre, de sa tradition, de sa culture, de sa foi à partir de ce que lui-même m'en dit. Cela suppose d'abord de savoir écouter* ».

Le vrai dialogue défie le mensonge. Entrer en dialogue est d'abord et avant tout accepter de faire avec l'autre le chemin de la vérité. C'est peut-être pour cette raison que Mohammed Talbi, universitaire tunisien, écrivait que « *le dialogue, dans le contexte précis qui nous intéresse, n'est pas une politique, c'est-à-dire l'art du compromis. Il se situe à un niveau supérieur. Il suppose la sincérité totale, et, pour être fructueux, il exige de chacun d'être pleinement soi sans agressivité ni compromission* ».

Le dialogue est une expérience exigeante. Elle requiert de chaque interlocuteur un certain sacrifice, une certaine mort, à soi.

« *Entrer en dialogue,* écrivait Roucou, *suppose un certain dépouillement : accepter de se laisser atteindre, altérer par l'autre, accepter le regard que l'autre porte sur nous-mêmes. Il suppose que chacun laisse prise à l'autre* ». Le dialogue, si l'on veut qu'il relève tous les défis qu'on lui assigne, doit éviter la duplicité dans le langage. Par exemple, devant les médias, l'on prêche la cohésion nationale, la réconciliation et la démocratie, mais quelque temps après, on tient un autre discours, invitant ses partisans à la haine et à la prise du pouvoir par la force. Le circuit compliqué suivi par la discussion a pour but de conduire à une décision unanime. Cette décision a pour objectifs de rétablir l'ordre ébranlé et surtout de réintégrer dans le corps social les coupables. La palabre africaine se termine par un repas de communion.
Le but de cette discussion est de parvenir à un consensus ou à un compromis. Lequel consensus est important pour remettre le pays sur les rails.

Nous préférons le terme de consensus ou de compromis national à l'expression « réconciliation nationale ». Une réconciliation nationale qui « *supposerait la réconciliation personnelle de tous ceux que le passé divise serait simplement irréalisable*[104] ».
La réconciliation est un vocable théologique sécularisé par les discours politiques. Comme concept théologique, la réconciliation fait appel à l'eschatologie (les fins dernières) et à la protologie (le but fondamental de Dieu pour l'humanité). La réconciliation chrétienne présuppose un état prélapsarien d'harmonie avant la chute de l'humanité à travers la déchéance d'Adam et Eve. Selon les théologiens, l'homme a été relevé des limbes du péché par le sacrifice salvateur de Jésus-Christ, le seul médiateur entre les hommes et Dieu. Par le péché, l'homme s'est détourné de Dieu ; il a résilié le pacte de l'amitié. Il fallait une réconciliation et seul Dieu pouvait en prendre l'initiative en réconciliant le monde avec lui (2 Corinthiens 5 :19). Comme concept politique, la réconciliation prend la nation comme point de référence.
Dans ce contexte, la critique kantienne de la réconciliation gagne en vigueur. La réconciliation s'idéologise au point de confondre la communauté politique avec la communauté morale. La réconciliation politique a pour objectif de restaurer l'harmonie et la paix sociale qui prévalaient avant l'éclatement de la crise. Cette transposition du prédicat réconciliation dans le discours politique semble être inappropriée étant donné que la prétendue unité sociale originelle que la réconciliation s'efforce de restaurer n'a jamais existé entre les protagonistes.
N'est-il pas irréaliste de vouloir réconcilier tous les citoyens d'un pays divisé par des évènements douloureux ? Les populations des pays en situation de

---

[104] John Crowley, « Pacifications et réconciliations. Quelques réflexions sur les transitions immorales », *Cultures & Conflits* [En ligne], 41 | printemps 2001, p.7 ; mis en ligne le 28 septembre 2006, consulté 28 juillet 2016. URL : http:// conflits.revues.org/399.

sortie de crise n'ont pas forcément besoin de réconciliation collective du moins politique ou théâtrale mais de la constitution d'une mémoire commune des évènements passés, de justice et d'institutions démocratiques fortes protégeant leurs droits pour éviter la répétition des évènements.

Au lendemain des conflits, un compromis entre les différents protagonistes est nécessaire pour sortir le pays de l'ornière. Les citoyens sont condamnés à réussir le consensus national à travers le dialogue inclusif de toutes les franges de la société pour éviter la résurgence du conflit. Il importe de discuter de tous les sujets, même des plus délicats, pour trouver des voies et moyens pour reconstruire le pays. Cela passe par le relèvement des défis qui mettent en jeu son avenir dans les domaines politique, économique, social, culturel et environnemental.

Le consensus national ne doit pas être limité à la confrontation entre les partis politiques. Elle ne doit prendre en compte que le seul intérêt du pays.

7.6 Les actions de promotion de la cohésion sociale

Les conflits intraétatiques étiolent sérieusement la cohésion sociale, rompent le dialogue intercommunautaire et aggravent la problématique de l'emploi, surtout des jeunes. Offrir un métier et du travail aux milliers de jeunes engagés dans les divers conflits contribue efficacement à la restauration d'une paix durable et à réduire leur vulnérabilité.

Dès la fin des hostilités, il est donc urgent de mener des actions pour consolider la cohésion sociale et réduire la violence. Cette approche combine les mécanismes de résolution des conflits, les initiatives de développement et les activités culturelles et ludiques.

Il importe avant toute action d'entreprendre une évaluation des mécanismes locaux de gestion et de transformation des conflits et les facteurs de consolidation de la confiance dans les différentes communautés du pays. Cette analyse peut être suivie de négociation et de médiation.

Dans la plupart des cas, l'on propose la mise en place de comités de paix et de développement incluant toutes les franges de la population. Ces comités inclusifs contribueront à la transformation des conflits à travers la réduction de ses causes : par exemple améliorer l'accès à l'eau, à la santé et à l'éducation. Les évènements culturels, spécialement le sport, favorisent l'interaction entre les communautés. Le sport représente un des outils possibles de cohésion sociale, notamment pour les jeunes qui avaient participé malheureusement à la destruction du pays. En les mettant autour d'un ballon, on donne aux jeunes la possibilité de s'apprécier à nouveau à travers leurs performances sportives et de dépasser ainsi les barrières ethniques.

Au Burundi, l'organisation de tournois inter-unités entre l'armée et la police ont permis de réunir autour d'un même objectif anciens rebelles et loyalistes. Les personnes handicapées de guerre ne doivent pas être oubliées dans le

développement des activités sportives pour la paix. Le sport peut permettre à des handicapés du fait de la guerre de retrouver goût à la vie et leur dignité. Au Liberia comme au Burundi, de jeunes athlètes amputés des bras ont pu participer aux Jeux paralympiques ou disputer des championnats d'Afrique.
Les équipes nationales, les clubs de villes et de quartiers sont formés d'hommes et de femmes de toutes les régions du pays. On y retrouve également des gens d'origine étrangère. Les réunir autour d'un même objectif peut contribuer à la consolidation de la cohésion sociale. Dans la même veine, la résolution 61/10 du 8 décembre 2006 de l'Assemblée générale des Nations Unies a désigné le sport « comme un moyen de promouvoir l'éducation, la santé, le développement et la paix ». Les activités sportives et culturelles peuvent être des occasions pour délivrer des messages de paix.

Il est également nécessaire d'amener les communautés à travailler ensemble, à améliorer leurs conditions de vie grâce aux activités génératrices de revenus. Montesquieu n'écrivait-il pas que « *le commerce guérit des préjugés destructeurs et c'est presque une règle générale que, partout où il y a des mœurs douces, il y a du commerce et que partout où il y a du commerce, il y a des mœurs douces*[105] ». La mise en œuvre d'activités génératrices de revenus par les membres de communautés différentes peut contribuer à instaurer des relations pacifiques entre elles. Chacune a intérêt à entretenir des relations pacifiques avec ses partenaires, ce qui fait diminuer les risques de conflit.

L'emploi, surtout des jeunes, représente un axe important de la promotion de la cohésion sociale étant donné que la pauvreté est un terreau favorable à la violence. La formation technique et professionnelle et l'accès à un travail décent restent une alternative royale pour la résorption du manque d'emplois des jeunes. La formation leur permet d'acquérir des compétences techniques et professionnelles pour les préparer à un métier auquel ils pourront s'identifier et se prendre en charge. Cela réduira considérablement leur vulnérabilité.

Il est nécessaire de renforcer les capacités des leaders communautaires et religieux sur les questions de prévention, de gestion et de transformation des conflits pour leur permettre de mieux jouer leur rôle dans la cohésion sociale.

Des sessions de sensibilisation et de formation au profit des communautés sur la promotion, la protection des droits et la prévention des conflits à travers les radios communautaires et bien d'autres moyens de communication peuvent jouer un rôle important dans la consolidation de la cohésion sociale.

Les programmes de cohésion sociale sont souvent accompagnés d'un volet de réhabilitation communautaire visant à restaurer les moyens de subsistance

---

[105] Montesquieu, *De l'esprit des Lois*, IV, XX, 1 et 2.

et le capital de production des communautés affectées par la crise. La réhabilitation et l'équipement de bâtiments administratifs ainsi que des bureaux des collectivités décentralisées et des habitations permettront à ces structures de répondre aux besoins des populations. La réhabilitation des infrastructures offre l'opportunité aux jeunes d'origines différentes de travailler ensemble.

CHAPITRE 8 : REDDITION DES COMPTES

La justice transitionnelle est l'une des panacées prescrites par la communauté internationale aux pays en situation de sortie de crise. L'ancien Secrétaire général des Nations Unies, Kofi Annan, définit la justice transitionnelle comme suit : « *La justice transitionnelle englobe l'éventail complet des divers processus et mécanismes mis en œuvre par une société pour tenter de faire face à des exactions massives commises dans le passé, en vue d'établir les responsabilités, de rendre la justice et de permettre la réconciliation. Peuvent figurer au nombre de ces processus des mécanismes tant judiciaires que non judiciaires, avec (le cas échéant) une intervention plus ou moins importante de la communauté internationale et des poursuites engagées contre des individus, des indemnisations, des enquêtes visant à établir la vérité, une réforme des institutions, des contrôles et des révocations ou une combinaison de ces mesures*[106] ».

Toutes les parties au conflit sont souvent impliquées dans des violations massives des droits de l'homme. Cette situation représente un dilemme déchirant pour le nouveau gouvernement. Faut-il poursuivre les criminels même de son propre camp ou tourner carrément la page au nom de la paix ? L'intuition générale soutiendra les poursuites tandis que d'autres acteurs préféreront les mécanismes de justice transitionnelle. Celle-ci est paradoxale dans sa formulation. Comment allier la justice qui renvoie à la stabilité, la permanence, la recherche de la paix sociale à l'idée de transition renvoyant à la temporalité ? Une justice transitionnelle est-elle une justice ? Elle serait née de l'incapacité de la justice pénale d'articuler la réponse à tous les crimes de masse et la consolidation de la paix après les conflits ou les régimes autoritaires. Elle intervient au-delà de la logique de la rétribution.

La justice-rétribution ne peut à elle seule répondre aux besoins de la population. Il faudra dans les cas de génocide ou autres crimes de masse plusieurs décennies pour demander des comptes à tous les criminels. La justice transitionnelle, justice de crise, semble être une alternative valable. Chaque transition étant unique, la justice transitionnelle court le risque de la généralité qui conduira assurément à un diagnostic erroné. Toutefois, les expériences des pays pionniers dans ce domaine permettent de dégager des inflexions communes, notamment : la poursuite pénale (justice locale ou internationale), les réparations, la réforme des institutions et les commissions vérité et réconciliation. Contrairement à la justice pénale, la justice transitionnelle n'est pas l'apanage des juridictions qui tranchent les litiges et

---

[106] Rapport du Secrétaire général : *Rétablissement de l'État de droit et administration de la justice pendant la période de transition dans des sociétés en proie à un conflit ou sortant d'un conflit*, Doc. Off. CSNU, S/2004/ 616 (24 août 2004), au parag. 8, en ligne : http://www.ipu.org/splz-f/unga07/law.pdf.

disent le droit. La justice transitionnelle repose non seulement sur un ensemble de mécanismes prenant en compte les crimes, mais elle cherche également à bâtir un futur exorcisé des causes profondes de la violence.

La relation entre la réconciliation et les différents types de justice a été moins explorée. La justice est fondamentale pour la réussite ou l'échec du processus de réconciliation nationale. Le compromis entre la réconciliation et la justice n'est pas aisé. On peut d'ailleurs se poser la question de savoir : comment est-il possible d'imposer la réconciliation et le pardon à une personne qui demande justice ? Peut-on concevoir un processus de réconciliation sans justice ? Ce serait une parodie. Luc Heyse note que la « *réconciliation et la justice sont des notions presque jumelles* ».

Le passé est un couteau à double tranchant : non seulement il peut offrir des perspectives pour la réconciliation, mais aussi, l'ouverture des blessures passées pourrait provoquer la résurgence de la violence. Dans un tel contexte, la justice se dépouille de ses attributs conventionnels pour épouser un savant mélange de mécanismes et de procédures judiciaires et non judiciaires ayant le triple objectif, selon Rama Mani : de rétablir l'Etat de droit sur les ruines du dysfonctionnement de la justice ; demander des comptes aux représentants de l'ancien régime ayant commis des crimes à travers soit des procès judiciaires en bonne et due forme soit les commissions vérité ; répondre aux injustices structurelles et systématiques ayant conduit au conflit à travers les procédures de réparation et de compensation.

La réconciliation et la paix positive exigent une approche holistique et multidimensionnelle de la justice.

8.1 Le processus de justice-rétribution

La justice-rétribution est une théorie de la justice qui considère la punition comme la réponse moralement acceptable à un crime. Justice est faite lorsque le criminel subit une punition proportionnelle à son crime.

La justice-rétribution restaure l'égalité morale entre les auteurs de crime et leurs victimes. Les utilitaristes, notamment Jeremy Bentham, considèrent le rétributivisme comme une voie de renforcement de la loi.

Les philosophes déontologistes comme Emmanuel Kant soutiennent que les criminels doivent être poursuivis et punis non pas en vue d'un objectif quelconque mais parce que la moralité politique le recommande. Dans une perspective kantienne, Jean Hampton[107] soutient que la rétribution est nécessaire pour réaffirmer la valeur et la dignité de la personne humaine.

Dans cette perspective, la punition n'a d'autre objectif que de donner une réponse morale au mal. Comme le souligne opportunément Hampton,

---

[107] Jean Hampton, 1991. "A New Theory of Retribution" in *Liability and Responsibility*, edited by R. G. Frey and C. W. Morris, Cambridge, Cambridge University Press, p. 377-414.

l'objectif de la punition n'est pas de venger le mal ou d'infliger une peine et des blessures au criminel mais de réduire la supériorité du criminel sur la victime. Le leitmotiv des rétributivistes s'énonce comme suit : « la justice d'abord, puis la paix » ; mieux : « la justice d'abord ensuite la réconciliation ».

Selon la théorie libérale, l'aune de mesure de la légitimité d'un gouvernement est la capacité des institutions publiques de protéger et de faire respecter les droits de l'homme. Lorsqu'un individu ou une collectivité viole les droits humains, la justice doit lui demander des comptes. La rétribution précède dans ce cas la guérison et la restauration de la communauté politique.

Selon Gary Jonathan Bass, les procès s'offrent comme la réponse la plus efficace aux crimes collectifs. Les responsables politiques sont appelés à rendre compte en vue de consolider la démocratie, réhabiliter l'Etat de droit et restaurer la crédibilité de l'Etat. La punition possède un effet dissuasif.

L'individualisation de la culpabilité est nécessaire. La connaissance de la vérité sur les crimes collectifs renforce la santé sociale et politique de la communauté politique.

Madeleine Albright souligne pour sa part l'importance de la justice dans le processus de guérison. Lors de sa visite dans un camp de réfugiés en Bosnie, elle déclara que « *la justice est essentielle pour renforcer l'Etat de droit, adoucir la colère des familles des victimes et surmonter les obstacles à la coopération entre les parties* ».

Au cours d'une brève visite effectuée en 1999 dans un camp de réfugiés en Sierra Leone, elle réitéra sa foi dans les vertus de guérison du rétributivisme en affirmant que « *la seule voie par laquelle la réconciliation peut advenir passe par le sentiment que les gens ont que justice a été faite*[108]... »

La justice-rétribution et la réconciliation sont deux mécanismes qui se renforcent mutuellement. Un Etat peut à bon escient rechercher l'unité nationale en même temps que la justice. Cette stratégie avait été adoptée par l'Argentine au milieu des années 1980 quand le gouvernement conjuguait au même moment la recherche de la vérité et la poursuite des criminels de la « sale guerre » des années 1970. Bien que l'élection de Raúl Alfonsín à la présidence de la République ait compromis la bonne conduite des procès, le gouvernement avait mis en place une Commission vérité et réconciliation d'une part et avait d'autre part initié la poursuite des responsables politiques et des militaires. Mais la concomitance des deux mécanismes a donné des résultats mitigés. Il y a eu peu de justice et pas de réconciliation. Finalement,

---

[108] Conférence de l'ex-Secrétaire d'Etat américaine Madeleine Albright en Sierra-Leone, prononcée le 18 octobre 1999 (traduction libre). Compte-rendu de Karl Vick in *Washington Post Foreign Service*, mardi 19 octobre 1999 p. A12, dans son article « Albright Meets With Sierra-Leone Rebels ».

la stratégie combinant la justice et la réconciliation contribue à une grande polarisation politique.

La justice-rétribution renforce les divisions entre les bourreaux et les victimes ainsi que les antagonismes. Le cas du Rwanda postgénocide est éclairant pour confirmer nos hypothèses.

Les pays en situation de sortie de crise ont la possibilité non seulement d'embrasser la justice comme réponse aux violations graves des droits de l'homme et du droit humanitaire mais aussi comme partie intégrante du processus de réconciliation nationale. Toutefois, les glissements dans les objectifs postulés sont fréquents. Les vainqueurs prennent quelques libertés avec les canons élémentaires de la justice. Celle-ci prend dans ce cas la forme d'un réquisitoire pur et simple contre les vaincus. L'issue des procès est souvent connue d'avance.

Les partisans du camp des vainqueurs jouissent d'emblée d'une immunité qui ne dit pas son nom. Cette justice des vainqueurs cristallise les tensions et torpille le processus de réconciliation nationale.

La justice-rétribution peut jouer un rôle pragmatique dans la prévention des hostilités, bien que sa contribution immédiate au pardon et à la réconciliation soit sujette à caution, le temps étant le meilleur remède contre les blessures du passé.

La justice-rétribution comme moyen de réconciliation est discutable. D'aucuns pensent que la poursuite des auteurs de violations graves des droits de l'homme et du droit humanitaire suscitera des tensions sociales susceptibles d'influer négativement sur le processus de réconciliation nationale.

Bien que la reddition de comptes et la vérité soient essentielles à la guérison individuelle et collective, le renouvellement et la restauration des liens sociaux ne s'obtiennent pas par les procès. Si la justice-rétribution se pose comme précondition à la paix, les chances de renforcement de l'unité nationale sont réduites.

La justice-rétribution, plus préoccupée par la culpabilité individuelle, tend à négliger le rôle des institutions et le contexte dans lequel les crimes ont été commis. Par calcul politique, ce sont les politiciens et les officiers de second rang qui sont souvent poursuivis. Les acteurs majeurs qui ont planifié les crimes et autres violences s'en tirent à bon compte comme ce fut le cas en Argentine, au Cambodge, au Chili, et en ex-Yougoslavie.

Les poursuites judiciaires engagées par le gouvernement allemand contre les agents de l'Etat de l'Allemagne de l'Est illustrent cette situation. Les premiers procès qui ont eu lieu au début des années 1990 ont inculpé entre autres des gardes-frontières. La plupart des responsables de haut niveau n'ont pas été inquiétés. Parmi les personnes inculpées figure Egon Krenz, le leader du parti communiste, pour sa politique « shooter pour tuer ». Erich

Mielke, le chef de la sécurité d'Etat de l'Allemagne de l'Est (Stasi) avait été poursuivi pour son rôle dans la mort de deux policiers en 1931.

L'organisation des procès exige de grands moyens qui ne sont pas toujours à la portée des Etats en situation de sortie de crise. La focalisation sur les crimes du passé ne détourne-t-elle pas l'attention du gouvernement sur les besoins pressants de la reconstruction postconflit ? Bruce Ackerman suggère que les gouvernements en situation de sortie de crise consacrent leurs ressources à l'institutionnalisation de l'ordre constitutionnel au lieu de chercher à corriger les injustices du passé. Il soutient que les réformes apportent plus de justice et moins de division que les quêtes romantiques après le mirage de la justice corrective.

Dans les situations dominées par la partie victorieuse, la justice n'est jamais neutre, encore moins impartiale. Elle prend la coloration du camp victorieux pour parfaire sa victoire acquise sur le champ de bataille.

Les opposants sont souvent chargés de tous les crimes comme des boucs émissaires tandis que le gouvernement absout ses partisans.

La justice perd toute référence claire et épouse une dénomination flottante. Le souverain en fixe le sens. L'usage du mot « *est toujours fonction de la personne qui les utilise* ».

En dépit de sa prétention affichée à l'impartialité, la justice devient un système à deux vitesses. Nous avons la justice des vainqueurs qui jouissent d'une impunité absolue pour des crimes qu'ils perçoivent comme des effets collatéraux de la guerre de libération. Ils se présentent comme des « libérateurs » qui n'ont tué que par nécessité. Leurs crimes sont couverts par quelques euphémismes édulcorants réhabilitant ainsi l'expression « meurtre nécessaire » de W.H. Auden. George Orwell critique dans un procès sans appel cette expression. Auden l'a employée dans son poème intitulé « Spain 1937 ». Il suggère que le meurtre fasse partie du travail quotidien du bon militant.

« *Notez le terme "meurtre nécessaire". Seul aurait pu l'écrire quelqu'un pour qui "meurtre" n'est qu'un mot. Moi, je ne l'évoquerais pas avec autant de légèreté. Il se trouve que j'ai vu les cadavres de nombre d'hommes assassinés – non pas morts à la guerre, je dis bien assassinés. J'ai donc quelque idée de ce que signifie le meurtre : la terreur, la haine, les parents qui hurlent, les autopsies, le sang, les odeurs. Pour moi, comme pour toute personne ordinaire, le meurtre est à éviter. Sans doute les Hitler ou les Staline pensent-ils le meurtre nécessaire, mais ils n'affichent pas leur insensibilité et ils ne l'appellent pas "meurtre" ; on parle de "liquidation" ou d'"élimination" ou de quelque autre euphémisme rassurant. L'amoralisme d'un Auden n'est possible que pour ceux qui sont toujours ailleurs quand la balle part* ».

Auden a lui-même, dans les éditions ultérieures, retiré l'expression « *necessary murderer* ».

Le mal est banalisé, le meurtre considéré comme une opération de maintien de l'ordre ou encore comme une élimination hygiénique.

Doit-on poursuivre un libérateur, un rédempteur ? La réponse est négative. Le bon sens et la morale recommandent que les libérateurs soient magnifiés et reçoivent les honneurs du peuple.

Dans ce clair-obscur, le contenu notionnel du mot justice se corrode et devient suffisamment flou. Cette « justice des vainqueurs », fondamentalement punitive, bénéficie quelquefois de la connivence des institutions internationales et des grandes puissances. Amnesty International, Human Rights Watch et bien d'autres organisations de défense des droits de l'homme peuvent s'échiner à dénoncer à coups de rapports cette situation, mais comme le dirait l'autre : « le chien aboie, la caravane passe ».

Cette parodie de justice épouse tous les attributs de la vengeance. La rétribution et la vengeance comme réponses au mal commis contre d'innocentes personnes témoignent de l'échec de la justice proportionnelle.

La revanche se focalise sur le mal personnel. Elle engendre des sentiments destructifs comme la haine, la colère et le ressentiment. La vengeance varie souvent selon le degré de colère provoquée. Les punitions qu'elle dicte ne satisfont pas toujours aux principes de proportionnalité. La vengeance procure rarement à la victime le soulagement qu'elle recherche.

La colère qui est à la base de ce sentiment destructif pousse les individus à agir de manière disproportionnée en causant même plus de mal que celui qui a été subi. L'on tombe ainsi dans la spirale de la violence qu'il est difficile de briser.

La justice-rétribution est une forme améliorée de la loi du talion dans laquelle au lieu d'un œil pour un œil, la punition n'est pas identique au crime mais lui est plutôt proportionnelle.

Le mot « talion » vient du latin *talis* qui signifie « tel », « pareil », « de ce genre ». C'est une loi selon laquelle la sentence est équivalente à l'offense. Pour limiter les excès des lois primitives basées sur la vengeance personnelle, le roi de Babylone, Hammourabi (1793-1750 av. J.-C.), avait instauré un code qui a permis de mettre « la droiture et la justice dans la bouche du pays » en empêchant de punir quelqu'un au-delà de son offense. Ainsi, à chaque offense correspondait une punition similaire, de même nature. On retrouve des traces de ce code dans la loi romaine des douze Tables (450 av. J.-C.) ainsi que dans les religions abrahamiques. Dans le judaïsme, on peut lire dans le Lévitique : « *Vie pour vie, œil pour œil, dent pour dent* ».

C'est dans le cas d'un meurtre que cette loi est appliquée à la lettre. On cherchait plutôt, dans le judaïsme, à offrir à l'offensé une compensation financière pour le préjudice subi.

La loi du talion est un début de justice. Mais Jésus va au-delà de cette justice ordinaire. Il brise le cycle de vengeance. D'ailleurs, on n'est jamais sûr de donner le même coup avec la même force, au même endroit. Jésus introduit une certaine révolution dans les lois de l'époque.

« *Vous avez appris qu'il a été dit : œil pour œil et dent pour dent. Mais moi, je vous dis de ne pas résister au méchant. Si quelqu'un te frappe sur la joue droite, présente-lui aussi l'autre* ».

Au lieu donc de rendre le mal pour le mal, Jésus invite plutôt la victime à ne pas riposter, à ne pas entrer dans la spirale de la violence.

Quelques siècles plus tard, après Jésus, l'Islam réintroduit la loi du talion. En cas d'homicide volontaire, le Coran donne aux ayants droit la possibilité de se venger sur le coupable en application de la loi du talion.

« *Ne tuez pas l'homme que Dieu vous a interdit de tuer sinon pour une juste raison. Lorsqu'un homme est tué injustement, nous donnons à son proche parent le pouvoir de se venger* ».

Ce code est évoqué à plusieurs reprises dans le Coran. Dans d'autres sourates, le Coran exhorte au pardon. « *C'est la sagesse de la vie que de supporter avec patience et de pardonner* ».

La rétribution, dans le cadre de la justice-rétribution, est transférée aux autorités publiques.

Les institutions formelles de justice sont mieux équipées pour mettre en place une juste rétribution. Dans un Etat de droit, c'est la justice qui poursuit les membres de la société qui enfreignent la loi. La justice convertit le désir de revanche en vengeance conduite par l'Etat.

La justice-rétribution peut dans certains cas déstabiliser la fragile paix que vit un pays au lendemain de la guerre. Les chefs militaires, par exemple, pourraient répondre à la peur du procès par un coup d'Etat ou une rébellion. Quelquefois, les leaders hésitent à poursuivre les anciens criminels pour ne pas fragiliser les initiatives de paix et de réconciliation.

La question se pose de savoir si la justice et la paix sont compatibles. Quels rapports entretiennent les valeurs de paix et de justice ? Peut-on être en paix quand l'injustice s'improvise et s'impose comme valeur ? La question fondamentale est celle de savoir s'il n'y pas de dichotomie entre la paix et la justice.

La paix se définit négativement comme l'état social jouissant de l'absence de guerre. Dans la même perspective, Raymond Aron écrivit qu'on « *dit que la paix règne quand le commerce entre les nations ne comporte pas les formes militaires de la lutte*[109] ». L'état de paix peut se caractériser par la reconnaissance de l'ordre juridique établi par un traité mettant fin à un état de belligérance. Il renvoie à la tranquillité, au calme, au repos. La paix positive traduit quant à elle un état où les conflits politiques, sociaux,

---

[109] Raymond Aron, *Paix et guerre entre les nations*, Paris, P.U.F., 1962, p. 158.

juridiques sont réglés selon les normes du droit et des principes humanitaires[110].

La justice est fondée sur les principes d'égalité et de proportionnalité. Le premier s'énonce ainsi : « on doit traiter les cas semblables de façon semblable ». Agir contrairement à ce principe introduit de l'arbitraire dans les relations humaines. Les inégalités naturelles et les inégalités sociales nous le rappellent suffisamment. Toutefois, la justice exige que les hommes soient égaux en droit, c'est-à-dire que, malgré les inégalités de fait, ils aient droit à une égale reconnaissance de leur dignité humaine.

Le second principe de la proportionnalité s'énonce ainsi : « à chacun selon son mérite ». Cette justice dite distributive consiste dans une répartition proportionnelle des biens et des maux attribuant à chacun ce qui lui revient. Ces deux principes ont été dégagés par Aristote dans le livre V de *L'Ethique à Nicomaque*.

Le dilemme entre la justice et la paix surgit dans certaines circonstances exceptionnelles telles que les situations de sortie de crise, où d'un côté les victimes, leurs familles et les défenseurs des droits de l'homme réclament que les auteurs de violations graves des droits de l'homme et des crimes de guerre rendent compte ; de l'autre côté, d'autres personnes, tout en reconnaissant la valeur de la reddition des comptes, estiment qu'elle pourrait perturber la fragile paix. La dichotomie entre les deux concepts est souvent exagérée. En réalité, il a rarement été question de choix entre la justice ou la paix mais plutôt d'un mélange complexe des deux.

Linda M. Keller soutient que la prétendue dichotomie entre la paix et la justice est fausse. « *Il existe un moyen d'atteindre la paix en même temps qu'une certaine forme de justice pour les victimes*[111] ». La question se pose de savoir si les poursuites judiciaires sont les seuls moyens d'atteindre la justice. La pomme de discorde n'est pas nécessairement la coexistence de la paix et de la justice mais la forme adéquate et l'équilibre entre les mécanismes visant à atteindre ces valeurs. Ne faut-il pas, pour sauver la paix, renoncer aux poursuites judiciaires au profit de méthodes alternatives de justice comme les commissions vérité et réconciliation ?

La justice pénale lutte contre l'impunité. Surseoir à un procès au profit de méthodes non juridictionnelles ne sape-t-il pas sa raison d'être ? Les méthodes alternatives peuvent-elles aboutir aux mêmes buts ? Le traitement des crimes de guerre, des crimes contre l'humanité par les mécanismes de la justice transitionnelle pendant que les crimes ordinaires font l'objet de procès en bonne et due forme ne remet-il pas en cause l'essence même la justice ?

---

[110] Ondji'i Toung Richard, *Paix et stabilité*, Documents Globethics.net, juin 2008, www.globethics.net.
[111] Linda M. Keller, « La fausse dichotomie entre paix et justice et la Cour pénale » in *Hague justice journal / Journal judiciaire de la Haye*, /volume 3, numéro 1, 2008, p. 15.

La justice et la paix sont des concepts généraux dont les contours sont tributaires des contextes dans lesquels ils sont appliqués. Le conflit ougandais s'offre comme une étude intéressante de cas. Un groupe sans foi ni loi dénommé l'Armée de résistance du Seigneur terrorise depuis des décennies la population. Supposons qu'après une vision prophétique, l'illuminé Joseph Kony et ses combattants s'engagent à déposer les armes en échange d'une loi d'amnistie et la suspension des poursuites engagées contre leur leader par la Cour pénale internationale. Certainement que les hommes de bonne volonté voueront aux gémonies ce troc malsain et sinistre entre impunité et paix. Mais, et si c'était le prix à payer pour que la population du nord de l'Ouganda soit soulagée de ces criminels ?

La justice est le socle de toute démocratie, mais dans certains cas, ne faut-il pas trouver un *modus vivendi* pour apurer les contentieux susceptibles de précipiter à nouveau le pays dans le précipice de la violence ? Le désir de nettoyer les écuries d'Augias doit s'accompagner d'un zeste de tact, voire de prudence, vertu cardinale des leaders.

Dans cette perspective, Goethe affirma non sans un brin d'humour que : « *si j'avais à choisir entre une injustice et le désordre, je préférerais l'injustice au désordre* ». Le désordre permettrait la réalisation d'une plus grande injustice. Le but ultime de la justice, c'est la préservation de la paix et de l'ordre. L'injustice devient dans cette situation un moindre mal par rapport au désordre. Faisant sien l'aphorisme de Goethe, le président Houphouët-Boigny disait : « *On a le temps de réparer une injustice ; mais quand le désordre s'installe, plus rien n'est possible* ». Le désordre peut engendrer une injustice pire que celle qu'on voulait éviter.

La boîte de pandore des guerres civiles s'ouvre souvent sous la pression des inégalités, de la discrimination, de l'impunité et de l'injustice. La justice scie à la racine les causes potentielles de conflit. La paix devient ainsi le fruit de la justice.

Le psalmiste proféra à juste titre que « *justice et paix s'embrassent* » (psaume 84). La justice ne peut donc pas s'affranchir de l'étreinte de la paix. En somme, il n'y a pas de paix durable sans une certaine forme de justice.

A cet effet, Ban Ki-Moon, le Secrétaire général de l'ONU, plaidait pour que l'on ne sacrifie pas la justice sur l'autel de la paix. « *Dans nos efforts pour renforcer la Cour Pénale Internationale, nous devons trouver,* écrivait-il, *le bon équilibre entre le devoir de justice et la poursuite de la paix. L'impunité pour les crimes ne peut jamais être tolérée ; l'amnistie pour les crimes internationaux est inacceptable. Surtout, la recherche d'un équilibre entre la justice et la paix ne doit jamais être influencée par les menaces et l'attitude de ceux qui cherchent à échapper à la justice*[112] ».

---

[112] Centre d'actualité de l'ONU, *CPI : Ban Ki-Moon appelle à ne pas sacrifier la justice pour la cause de la paix.*
http://www.un.org/apps/newsFr/storyF.asp?NewsID=16885&Cr=CPI&Cr1=justice

Le chemin de paix s'ouvre par les clefs de la paix. La culture de l'impunité instrumentalise les tensions sociales.

La justice favorise la paix lorsqu'elle intervient de façon indépendante avec des procès équitables, rondement menés, pour permettre aux victimes qui en auront vu des vertes et des pas mûres avec la guerre civile, au propre comme au figuré, de faire le deuil de leur souffrance. La paix est à ce prix. Les crimes de tous ordres ne sauraient raisonnablement être passés sous silence si on veut vraiment que le pays se réconcilie avec lui-même. Le solde des comptes, tous les comptes sans exception, ouvrira la voie d'un nouveau départ. La justice doit lever le voile du mensonge sur toutes les violations graves des droits de l'homme, des crimes contre l'humanité et autres crimes de guerre, dans les rangs des tenants actuels du pouvoir comme dans celui des vaincus. Cela évitera que les procès prennent l'allure, voire la substance, d'une « justice des vainqueurs » qui risque de poser les fondements d'autres catastrophes plus ou moins lointaines.

Pour conclure cette réflexion, empruntons les mots de Mgr Desmond Tutu, prix Nobel de la paix et président de la CVR sud-africaine qui disait : « *il faut aller plus loin que la justice, il faut arriver au pardon, car sans pardon, il n'y a pas de futur* ».

8.2 La justice-rétribution à travers les cours et tribunaux nationaux

L'idéal aurait voulu que tous les crimes soient adressés par les juridictions nationales. Mais les cours et tribunaux ne sont souvent pas épargnés par la crise. Les juridictions locales qui, malgré les difficultés, essaient de répondre aux besoins des citoyens souffrent d'accusations de partialité. Elles sont considérées comme la justice des vainqueurs qui ne poursuit que les vaincus. Ces juridictions sont décriées parce que mises en place par les vainqueurs. Ces derniers font la sourde oreille aux injonctions des défenseurs des droits de l'homme appelant à une justice équitable pour tous pour ne pas courroucer leurs chefs de guerre accusés à tort ou à raison de crimes en tous genres. Le pouvoir a besoin d'eux pour consolider son pouvoir, pour le défendre en cas de résurgence du conflit. Les juger le fragiliserait et l'exposerait à la merci de ses ennemis. Le gouvernement reconnait quelquefois que des crimes ont été commis par ses partisans mais essaie d'atténuer leur ampleur. Il rassure d'ailleurs la communauté internationale chaque fois que de besoin que tous les criminels seront jugés.

Cette justice sélective catégorise les victimes. D'un côté, nous avons les bonnes et de l'autre les mauvaises. Le jugement et le maintien de responsables du camp des vaincus participent à une stratégie de consolidation du pouvoir et à une intimidation.

Le dysfonctionnement des tribunaux locaux donne matière à la Cour pénale internationale. Celle-ci est complémentaire aux systèmes locaux. La compétence de la Cour est donc subsidiaire. Elle ne se met en branle que si la procédure devant les juridictions locales « *a pour but de soustraire la personne concernée à sa responsabilité pénale pour des crimes relevant de la Cour Pénale Internationale [ou] n'a pas été menée de manière indépendante ou impartiale, dans le respect des garanties d'un procès équitable prévues par le droit international, mais d'une manière qui, dans les circonstances, était incompatible avec le motif pour lequel l'intéressé a été traduit en justice*[113] ».

Nous pouvons déduire de la complémentarité entre les deux juridictions les conséquences suivantes : la CPI n'intervient que si l'Etat ne réagit pas de manière adéquate aux crimes relevant de sa compétence. Elle ne connaît qu'un nombre limité de cas. Elle doit, pour ce faire, renforcer les systèmes internes pour qu'un grand nombre de personnes rendent compte des crimes commis.

8.3 Justice pénale internationale

La naissance de la Cour pénale internationale avait suscité beaucoup d'espoir. Certains y ont vu la sonnerie du glas de l'impunité. D'autres y ont perçu un instrument impérialiste pour maintenir les pays africains et autres dirigeants des pays pauvres sous le joug du néocolonialisme. Nous n'allons pas faire le bilan de la CPI mais montrer que, malgré les critiques, elle reste d'un secours inestimable pour les populations africaines opprimées, martyrisées par leurs dirigeants.

Les tribunaux militaires de Nuremberg et de Tokyo sont les premières instances internationales mises en place pour juger les crimes contre l'humanité et autres atrocités commis durant la Seconde Guerre mondiale. Ces tribunaux, qualifiés parfois de ceux des vainqueurs, étaient chargés de demander des comptes aux grands criminels de guerre. Ils ont largement contribué au développement de la justice criminelle contemporaine.

Dans la même veine, le Conseil de sécurité, dans le cadre du Chapitre VII de la Charte des Nations Unies, avait créé les tribunaux *ad hoc* pour l'ex-Yougoslavie et le Rwanda (TPIY et TPIR) dans les années 90 pour adresser les crimes de masse commis dans ces deux pays.

La création de la Cour pénale internationale (CPI), qui est permanente et à vocation universelle, a stabilisé le système judiciaire international. Cette Cour a pour mission de poursuivre et juger les auteurs des crimes les plus graves qui ne sauraient rester impunis. Elle a été établie par le statut de Rome, adopté par les Nations Unies en 1998. Elle n'engage en principe que les Etats (105 à ce jour) ayant formellement consenti à respecter ses clauses.

La Cour pénale internationale fait face à de nombreux défis limitant son succès. Dans certains cas, comme celui du président El Béchir du Soudan, il lui est impossible d'obtenir l'extradition des accusés. En effet, les pays de

---

[113] Statut de Rome de la CPI, A/CONF. 183/9, article 20, 17 juillet 1998.

l'Union Africaine refusent d'exécuter le mandat d'arrêt international contre lui.

Par ailleurs, l'option de ne juger que quelques individus surtout les plus grands responsables (les leaders) ne facilite pas le travail de recherche de preuves. Les crimes individuels sont plus faciles à prouver par le flagrant délit, l'aveu ou une caméra, une photo montrant l'auteur en train de commettre l'infraction. Mais démontrer la responsabilité directe des dirigeants politiques est plus complexe. Il est difficile de réunir des pièces prouvant au-delà de tout doute raisonnable leurs interactions avec les crimes commis. L'affaire Procureur contre Laurent Gbagbo est éloquente dans ce sens. A la suite de l'audience de confirmation des charges (tenue du 19 au 28 février 2013), la Chambre préliminaire I a, à la majorité, ajourné l'audience et demandé au bureau du Procureur Fatou Bensouda d'envisager de fournir des preuves supplémentaires ou de mener de nouvelles enquêtes concernant les charges portées contre Laurent Gbagbo.

Aussi est-il important de noter que la CPI est devenue un instrument politique qui s'empêtre dans ses contradictions. Elle sélectionne ses accusés. Elle n'a jamais enquêté sur les crimes de guerre commis par l'un des cinq membres permanents du Conseil de sécurité de l'ONU ou leurs protégés. Les crimes commis par les soldats de Georges Bush en Irak comme en Afghanistan sont restés impunis.

L'on pourrait arguer que les Etats-Unis ne font pas partie de la CPI. Mais il y a des dispositions du statut de Rome contournant cet obstacle. La communauté internationale aurait montré sa bonne foi en initiant une résolution sur la base du chapitre VII pour demander la poursuite de Bush et consorts. Mais c'est l'omerta qui prévaut.

En Ouganda, par exemple, la CPI a uniquement inculpé les leaders du groupe rebelle l'Armée de résistance du Seigneur de Joseph Kony. Le camp gouvernemental dirigé par Musevi, le protégé des Etats-Unis, jouit d'une immunité sans pareille. Le gouvernement ougandais devrait également payer en vertu de la doctrine de la responsabilité pour les crimes commis par les troupes ougandaises qui occupaient alors la République Démocratique du Congo. Mais la CPI est restée muette et aveugle. Elle avait plutôt choisi de poursuivre Thomas Lubanga pour avoir utilisé des enfants-soldats en République Démocratique du Congo.

Les choses se passent comme si la CPI était en train de se transformer en un tribunal international contre les dirigeants africains qui donnent du fil à retordre aux Occidentaux. Pour des raisons géopolitiques, des Etats comme la Birmanie, le Yémen, la Syrie et la Corée du Nord ont jusqu'ici échappé à des investigations potentielles de cette cour. En plus des raisons géopolitiques, le procureur limite ses enquêtes à l'Afrique[114] pour éviter la confrontation avec les grandes puissances.

Malgré ces limites, la CPI est un mal nécessaire qui dissuade les présidents africains à tuer impunément leur peuple qui ne demandent que justice. Elle s'intéresse un peu plus à l'Afrique, certainement parce que ce continent reste le champion des guerres et des atrocités en tous genres. Le manque de capacité, l'aliénation du pouvoir judiciaire à l'exécutif sont autant d'obstacles à l'avènement d'une justice capable de dire le droit.

Les tribunaux *ad hoc* ne sont pas plus crédibles. Celui du Rwanda qui siégeait à Arusha n'a jugé que les génocidaires hutu.

8.4 Poursuivre la réconciliation à travers la justice restauratrice

Contrairement à la justice-rétribution qui privilégie la punition, l'objectif de la justice restauratrice est de réparer les relations sociales brisées pour la guérison des victimes et des criminels. Tony Marshall[115] la conçoit comme un processus par lequel les parties impliquées résolvent collectivement le différend et ses implications pour le futur.

Pour sa part, Daniel Van Ness approche la justice restauratrice sous trois angles : le crime est une offense aux victimes et leur communauté ; le crime affecte les relations interpersonnelles et impose des obligations financières ; la réponse aux offenses criminelles requiert la participation de tous les acteurs pertinents[116].

La politologue Elizabeth Kiss[117] évalue le même paradigme dans la perspective de la reddition des comptes. Elle soutient que la justice restauratrice est caractérisée par quatre principes, notamment : la restauration de la dignité humaine de la victime, la reddition des comptes pour les criminels en vue de leur faire mesurer l'ampleur du mal causé par leur offense, la promotion de mécanismes institutionnels de protection pour assurer dans l'avenir la protection et le respect des droits humains et la promotion de la réconciliation.

La justice restauratrice est une approche qui privilégie la guérison des victimes, des offenseurs et la restauration des relations sociales et communautaires. Le modèle restaurateur cherche d'une part à répondre aux

---

[114] La CPI a ouvert des enquêtes dans seulement 7 pays, tous d'Afrique : Ouganda, République Démocratique du Congo, République Centrafricaine, Soudan, Kenya, Guinée, Côte d'Ivoire, Libye.

[115] Tony Marshall, *Restorative Justice: An Overview,* Home office, Research Development and Statistics Directorate, London, UK, 1999.

[116] Daniel W. Van Ness, *Restorative Justice as World View*, p. 2, consulté le 29 juillet 2016, https://www.educ.cam.ac.uk/research/projects/restorativeapproaches/DanielWVanNess.pdf

[117] Elisabeth Kiss (2000) "Moral ambitions within and beyond political constraints" in *Truth V. justice: The morality of the truth commissions*, eds. RobertI. And Dennis Thompson, 68-98, Princeton, NT: Princeton University Press.

violations et autres violences à travers la reddition des comptes et la punition. D'autre part, il facilite la guérison des individus à travers la découverte et la connaissance de la vérité.

Parlant du Rwanda, Jane Ciabattari soutient que « *quelque chose de différent doit être inventé, une voie différente de définition de la violence, une voie différente de la dispenser*[118] ».

La justice restauratrice a le vent en poupe depuis quelques années. Elle se pose comme une alternative viable au système pénal traditionnel en crise et secoué profondément par les crimes de masses. Plusieurs définitions et interprétations de la justice restauratrice existent actuellement. Pour le Conseil économique et social des Nations Unies, la justice restauratrice est « *tout processus dans lequel la victime et le délinquant et, lorsqu'il y a lieu, toute autre personne ou tout autre membre de la communauté subissant les conséquences d'une infraction, participent ensemble activement à la résolution des problèmes découlant de cette infraction, généralement avec l'aide d'un facilitateur* ».

La justice procédurale n'a d'yeux que pour celui qui commet l'infraction, pour le délit et le châtiment. En revanche, la justice restauratrice vise à restaurer des sociétés brisées et blessées par le biais d'une démarche au cœur de laquelle se trouvent la victime, le criminel et la communauté. Toutes les parties concernées participent au processus pour envisager ensemble les conséquences du crime et trouver ensemble des solutions équitables pour tous, pour sortir du conflit.

Dans le registre des victimes se trouvent la victime directe, ses proches et la communauté.

L'approche restauratrice se crispe autour de la recherche d'une solution qui satisfasse toutes les parties. Son centre d'intérêt n'est pas la punition mais la promotion de la vérité, la repentance, la réconciliation et la guérison de toutes les parties dans une situation donnée. La punition envisagée dans certains cas contre la victime vise sa resocialisation, la réparation globale de la victime et le rétablissement de la paix sociale

La justice restauratrice réhumanise les protagonistes en donnant à tour de rôle la parole à la victime et à l'offenseur, qui pour extérioriser dans un récit sa souffrance et le préjudice subi, qui pour expliquer ce qui est arrivé et comment cela a été possible, et mesurer l'impact humain, social et matériel de son action et d'en assumer la responsabilité.

Loin de tout fantasme thérapeutique, le processus de justice restauratrice encourage les relations interpersonnelles et aide en bout de piste les protagonistes à jeter un regard nouveau sur leur ennemi d'hier.

Selon Maiese Michelle, l'approche restauratrice part de l'assertion selon laquelle le crime a son origine dans les conditions sociales. Elle soutient

---

[118] Jane Ciabattari, From Rwanda's Ashes, Women Are Building A new, *Women's Enews*, Oct. 22, 2000.

également que l'offenseur avait lui-même préalablement été victime du mal social. La communauté a pour mission d'une part, de remédier aux conditions sociales qui favorisent le crime et d'autre part, de travailler pour promouvoir la guérison. Souvent, l'on pense que la guérison ne concerne que la victime. Et pourtant, l'offenseur qui s'est mis au ban de la société en commettant des atrocités en a également besoin. Sa réhabilitation lui permettra de reprendre sa place au sein de la communauté.

La justice restauratrice ou réparatrice peut épouser plusieurs formes : la palabre africaine ou la médiation judiciaire, laquelle médiation offre aux protagonistes l'opportunité d'une rencontre volontaire, en face à face, pour discuter de la nature et des conséquences du conflit qui les oppose. Structurée et sécurisée, la rencontre est animée par un médiateur professionnel ou par la communauté.

En Afrique, les chefs coutumiers et autres rois peuvent remplir brillamment la fonction de médiateur ou de facilitateur. La justice restauratrice creuse profondément les dessous du conflit pour en ressortir les racines en vue de briser leur cycle et ce pour poser de solides fondations pour la construction d'un avenir paisible et d'une vie sociale apaisée.

La vulgarisation des modalités de la justice restauratrice pourrait permettre à l'Etat de résoudre le problème de la surpopulation des prisons. L'économie sur le budget des prisons qu'engendrerait cette mesure pourrait être investie dans le social.

La justice restauratrice a également l'avantage de ne pas condamner l'offenseur à des peines de réclusion. Le coupable réhabilité, protégé des effets pervers de la prison, peut travailler pour dédommager sa victime. Si les prisons pouvaient protéger contre le banditisme, la violence, ces phénomènes n'existeraient plus aux Etats-Unis où la population carcérale est la plus élevée au monde et où l'on applique, dans certains États, la peine de mort.

Comment mettre en branle le processus restaurateur quand la victime et son bourreau ne vivent pas dans la même communauté ? A première vue, les modalités restauratrices soulèvent de grands remous et provoquent beaucoup d'appréhension, surtout dans le cadre de violences politiques sur une longue période, comme celles qui opposent Israël à la Palestine.

Zoughbi Zoughb, Palestinien chrétien, fondateur en 1995 à Bethléem du *Wiam Palestinian Conflict Resolution Center* fait avec nous un bout de chemin dans la recherche de réponse à cette question.

Wiam est une organisation communautaire palestinienne qui promeut la paix par la formation des personnes des deux côtés du conflit israélo-palestinien sur l'établissement de relations pacifiques, de réponses non-violentes à l'injustice et aux conflits et sur la promotion des droits de l'homme. La stratégie du centre consiste à résoudre les conflits à l'intérieur de la communauté palestinienne en combinant les mécanismes traditionnels arabes de médiation, appelés *sulha* et les méthodes occidentales. Le centre mène une offensive pour minimiser la brèche entre victimes et oppresseurs. Il propose également des projets de soutien aux communautés palestiniennes et aide les Israéliens à se sortir eux-mêmes du rôle d'occupant.

La justice restauratrice, sans forcément divorcer avec les fondamentaux de la justice pénale, en épousant l'ensemble des personnes concernées par le conflit de nature criminelle, peut conduire en ce sens à une rupture épistémologique essentielle en pénologie.

Pour sa part, Maiese souligne la nécessité de faire intervenir la procédure restauratrice pour conjurer les violations graves des droits de l'homme et autres crimes de guerre. Ce processus cathartique et thérapeutique se prend en trois prises, notamment le souvenir des atrocités, le repentir et le pardon[119].

8.5 La Commission vérité et réconciliation : un exemple de justice restauratrice

Les politiques du pardon qui ont vu le jour il y a quelques années en Amérique latine se sont propagées comme une traînée de poudre, un peu partout dans le monde. Elles sont justifiées par une rhétorique du pardon et de la réconciliation pour permettre à la société de sortir de la violence et à ses membres d'être « *unis dans la solidarité, comme un seul peuple, sans la division en deux factions, dans laquelle veut nous entraîner notre passé* ». Le « *temps du pardon et de la réconciliation* » a donc été décrété.

Les CVR se justifient à plus d'un titre. Les victimes et leurs descendants ont le droit moral de connaître la vérité sur ce qui a été à l'origine de leurs souffrances. En sus, elles constituent des tribunes où les souffrances des victimes sont entendues et reconnues. La vérité sur les crimes et la reconnaissance des responsabilités personnelles contribuent à assainir le climat moral et concourent à la reconstruction morale de la nation. Elles ne sont pas permanentes comme les organisations de défense des droits de l'homme et ne prennent en compte qu'un ensemble de crimes ou d'abus dans un intervalle de temps donné. Elles concluent leurs travaux par la soumission d'un rapport.

La CVR de l'Ouganda a éloquemment souligné les apories de l'extensibilité du temps. Mise en place en 1986, elle n'était soumise à aucune limite de temps. Elle a clos ses travaux après neuf ans, ce qui lui avait fait perdre le soutien et l'intérêt du public. Elle n'a pas réussi à produire l'effet cathartique attendu.

Le contexte politique, le mandat, le financement, la composition, les procédures, les ressources financières et humaines des commissions vérité et

---

[119] Michelle Maiese, "Restorative Justice." *Beyond Intractability*. Eds. Guy Burgess and Heidi Burgess. Conflict Information Consortium, University of Colorado, Boulder. Posted: October 2003, http://www.beyondintractability.org/essay/restorative-justice.

réconciliation sont des paramètres cruciaux conditionnant leur succès ou leur échec.

Toute commission vérité et réconciliation a un mandat spécifique fixant ses objectifs, ses pouvoirs, ses limites, la durée de ses activités, la période couverte par les enquêtes et le type de violations pris en compte. Le mandat des commissions vérité et réconciliation est déterminé par le contexte spécifique de chaque pays. Les CVR de l'Argentine, de l'Uruguay et du Sri Lanka avaient opté pour ne prendre en charge que les disparitions. Il en a résulté l'absolution des autres violations des droits humains (tels que la torture et la détention illégale) qui ont eu lieu pendant le régime militaire en Uruguay.

La commission du Salvador a eu un mandat plus ouvert qui lui a permis de prendre en compte les « *actes graves de violence dont l'impact sur la société exige de toute urgence que le public connaisse la vérité* ».

Les CVR visent à établir la vérité et une histoire commune des violations des droits de l'homme qui ont été commises sur une période donnée de l'histoire d'un pays. Elles examinent le contexte dans lequel les abus se sont produits et analysent ce qui a rendu ces événements possibles en vue d'empêcher leur répétition.

Leur financement pose souvent problème, comme ce fut le cas au Liberia. La CVR a été obligée d'interrompre ses travaux pendant plusieurs mois par manque de fonds. Cette commission mise en place par le parlement n'a pas reçu le soutien nécessaire du gouvernement. Au Timor-Oriental, la Commission vérité et réconciliation a bénéficié de l'appui financier de l'Irlande, de l'Australie, du Royaume-Uni, de l'Allemagne, de la Finlande, du Japon, de l'Union européenne, de l'USAID, etc. Le coût total estimatif de ce projet de deux ans est de 3,8 millions de dollars américains.

Les commissions soumises exclusivement au financement du gouvernement courent le risque de se voir couper les ressources si elles ne se montrent pas assez dociles aux injonctions des autorités.

Il est donc important que la communauté internationale s'implique dans le processus de réconciliation des pays en situation de sortie de crise. Les commissions doivent boucler leur financement avant le début de leurs travaux. Les CVR ne sont généralement pas soustraites aux règles et principes de la bonne gouvernance applicables à tous ceux qui gèrent les finances publiques.

La composition des CVR

Les ressources humaines représentent le cœur et l'épine dorsale du fonctionnement et de la crédibilité d'une commission vérité et réconciliation. Le recrutement doit se faire avec soin et sans complaisance pour identifier des personnes capables de se hisser à la hauteur des attentes de la population meurtrie dans sa chair comme dans son esprit. La profession des membres de la commission détermine son orientation. « *Une commission composée essentiellement de juristes véhiculera probablement une image de justice. Une commission composée essentiellement de personnalités connues pour leur action dans la défense des droits de l'homme traduira probablement la volonté d'affronter la vérité par la voix de l'ancienne opposition. Une commission composée essentiellement de hautes personnalités politiques de toutes tendances traduira probablement la volonté d'aller de l'avant. Une commission composée de chefs religieux et/ou [sic] de psychologues exprimera probablement la tentative de parvenir à un processus de guérison et au pardon* ».

La CVR devrait assurer un brassage des différentes couches professionnelles et sociales et de toutes les tendances politiques, lequel brassage est un garant de sa crédibilité.

Ses membres doivent être choisis parmi des personnalités nationales reconnues pour leur compétence, leur intégrité morale, leur honnêteté intellectuelle, leur sens patriotique, leur esprit de neutralité, leur impartialité et leur dévouement à la cause des droits de l'homme.

Les enquêtes sur les violations des droits de l'homme menées par des personnes jouissant d'une bonne réputation bénéficieront de la confiance de la population. Les commissions ont besoin d'un effectif suffisant de personnel qualifié pour pouvoir faire face à toutes les sollicitations dans le cadre de leur mandat. Plus les violations des droits de l'homme sont étendues, plus on a besoin de main-d'œuvre. La CVR du Chili a pu répondre aux attentes de la population grâce à son équipe composée d'une soixantaine de membres. Aux Philippines au contraire, le manque de main-d'œuvre n'a pas permis à la commission de prendre en compte toutes les plaintes. L'expérience a montré que les membres des CVR qui ont été sélectionnés à travers un « tamis » transparent et crédible jouissent du soutien et de la confiance de la communauté nationale. En Argentine, au Tchad, au Chili, à Haïti, en Ouganda et, en 2000, en Côte d'Ivoire les responsables des CVR ont été nommés par le Chef de l'Etat.

Au Tchad, le président Idriss Déby a, au lendemain de sa prise du pouvoir en 1991, mis en place une CVR qui a finalement servi à critiquer le régime de son prédécesseur et à légitimer le sien. Au Chili, la CVR était divisée entre d'une part, les défenseurs de Pinochet et d'autre part, ses adversaires. Finalement, les militaires ont rejeté les résultats de ses travaux.

Au pays de Nelson Mandela, la sélection des commissaires s'est faite par appel à candidature. Le comité de sélection a reçu plus de 300 candidatures. Il en a sélectionné une cinquantaine pour une interview publique et couverte par la presse. Finalement, une liste de 25 candidats sélectionnés a été retenue et présentée au président Mandela pour sélection finale. Ce dernier, pour respecter l'équilibre géographique et politique, a rajouté le nom de deux personnes qui n'ont pas pris part à la procédure de sélection.

La présidence de la CVR sud-africaine a été confiée à l'archevêque anglican monseigneur Desmond Tutu qui était perçu comme au-dessus des intérêts politiques.

Dans quelques cas extrêmes, la CVR a été dirigée par des personnalités étrangères. Au Salvador par exemple, la société était tellement polarisée qu'il était difficile pour les Salvadoriens d'évaluer avec objectivité ce qui s'était produit. C'est ainsi que le Secrétaire général de l'ONU, en collaboration avec les parties prenantes aux accords de paix, a choisi un ancien président colombien, un ancien ministre des Affaires étrangères vénézuélien et un ancien président de la Cour interaméricaine des droits de l'homme pour conduire la commission vérité.

La Sierra Leone nous offre un autre exemple éloquent. Le représentant spécial du Secrétaire général des Nations Unies était le coordonnateur général de la commission. Il était chargé de nommer ses collaborateurs. Un panel de sélection composé du président de la République, de membres de l'ancienne opposition armée, de la Commission gouvernementale des droits de l'homme, du Conseil interreligieux, de la Coalition des organisations de défense des droits de l'homme a été mis en place.

Ce panel, après entretiens, avait sélectionné des candidats. Il avait ensuite soumis la liste des présélectionnés au coordonnateur du processus.

Ce dernier a finalement choisi dans la liste qui lui a été soumise quatre personnes comme membres nationaux de la commission. Les trois membres internationaux de la commission ont été sélectionnés par le haut-commissariat des Nations Unies aux droits de l'homme.

La liste des membres nationaux et internationaux a été soumise en dernier lieu au président de la République pour nomination. Une procédure semblable a été utilisée au Timor-Oriental. Les membres de la commission doivent être à l'abri des menaces et des influences en tous genres. C'est pourquoi, leur sélection doit être transparente pour qu'ils puissent travailler dans l'impartialité. Il serait intéressant que tous ses membres prêtent serment de ne rapporter que la vérité des faits. Ils doivent faire preuve de professionnalisme et de transparence dans l'accomplissement de leur mission.

Certains gouvernements ont tenté d'utiliser les CVR pour régler leurs comptes avec leurs adversaires ou accorder l'amnistie à leurs partisans ayant commis des violations graves des droits de l'homme.

Les commissions, pour être efficaces, doivent être investies d'autorité suffisante leur permettant de mener à bien leur mission. Le succès de la CVR en Afrique du Sud est dû à ses larges pouvoirs, dont celui d'assignation, de recherche et de saisine.

L'un des plus grands défis des CVR est l'obtention de la coopération des responsables de violations graves des droits de l'homme (civils, militaires, policiers et hommes politiques).

La Commission sud-africaine était une exception. Elle avait le pouvoir d'accorder l'amnistie individuelle aux bourreaux ayant commis des crimes motivés politiquement. Seuls les individus qui ont confessé leur implication dans les crimes passés et donné la preuve que leurs actes ont été motivés politiquement ont bénéficié de cette mesure. Les CVR ne doivent pas entendre que « les seconds fusils » mais tous les citoyens sans exception, même les gouvernants et les responsables de l'armée.

Les procédures de gestion de l'information et d'audience publique de la CVR

Le public ne perçoit souvent que le côté folklorique et émotionnel des CVR. Le travail d'orfèvre en amont et en aval n'attire pas beaucoup d'hommages. Les audiences publiques exposent, dans toute sa nudité, le visage hideux de l'être humain ou mieux, son inhumanité. *Cogito ergo sum*, « je pense, donc je suis », pour reprendre les mots de René Descartes. L'homme profère cet aphorisme avec un mélange d'orgueil et de mépris pour les autres créatures à qui il nie l'Etre parce qu'elles seraient dépouillées de raison. Mais cette raison qu'il revendique être le détenteur monopolistique ne l'empêche pas de descendre dans les caves les plus basses de la cruauté. Les fauves attaquent pour des raisons qu'on pourrait prendre le risque de qualifier d'humanitaires : pour assurer leur sécurité alimentaire.

Les lions ne font pas la guerre. L'homme, lui, attaque son prochain pour des raisons obscures et ce serait un euphémisme de décrire les actes qu'il commet alors comme étant de la cruauté. C'est d'ailleurs cette cruauté qu'évoquent les victimes sur la place publique au cours des audiences des CVR.

Les révélations, mieux le récit de la tragédie des victimes, étalent l'insignifiance pathologique de l'homme à sa plus juste expression, poussière des poussières. *Vanitas vanitatum et omnia vanitas.*

Pour démêler le vrai du faux dans le puzzle des violations graves des droits de l'homme, chaque commission fait face à diverses questions difficiles relatives à la méthodologie, notamment comment réunir les preuves, les faits à couvrir, les règles et procédures, le niveau de preuve exigé pour établir ses conclusions, la gestion du rapport avec les médias, etc.

La conduite des audiences demeure une des questions les plus complexes à affronter. En Argentine, au Chili, au Salvador et au Guatemala, la plupart des audiences et entretiens ont eu lieu à huis clos contrairement à l'Afrique du Sud où tous les travaux ont été publics et largement couverts par les médias.

La Commission nationale de réconciliation du Ghana nous servira de prétexte pour explorer les activités des CVR. Ce choix se justifie par le fait que sa procédure de gestion des plaintes se révèle être l'une des meilleures après l'auscultation de plusieurs CVR.

Robert Kwame Ameh distingue six étapes principales dans le processus de traitement de l'information de la Commission de réconciliation du Ghana : l'audition, l'examen de l'audition, l'enquête, l'examen juridique, la revue du secrétaire exécutif et la décision finale des membres de la commission.

Les victimes ont été auditionnées par l'instructeur principal qui est un juriste reconnu pour sa compétence. Il analyse à un premier échelon la substance de la plainte et sa conformité avec les termes de référence de la CVR. Il réfère ensuite le dossier à la commission juridique, puis au service des enquêtes pour les investigations nécessaires.

Le directeur de la commission des enquêtes octroie un visa au dossier et l'attribue à un enquêteur. Les investigations sont menées par des officiers de la police criminelle à la retraite. Les enquêtes se déroulent de manière scientifique, avec toutes les garanties juridiques et contradictoires possibles. Le rapport d'enquête est soumis au directeur des enquêtes pour avis. Il transmet ensuite le dossier au directeur du département juridique. Ce dernier le commente à son tour avant transmission au bureau du secrétaire exécutif. Ce dernier, après avoir recueilli l'avis de ses collaborateurs, décide en dernière instance si le dossier bénéficie d'une base raisonnable de preuves pour justifier son envoi en audience publique.

Le niveau de gravité représente le facteur-clé d'étalonnage des plaintes pour l'audition publique.

La CVR ghanéenne n'a pas voulu changer l'ordre protocolaire de gravité des crimes fixé par les textes qui l'ont engendrée. Au sommet de l'échelle se trouvent les meurtres, puis les enlèvements, ensuite les disparitions, les détentions, la torture, les mauvais traitements et l'accaparement de biens. La temporalité représente la seconde grille d'évaluation des affaires à entendre en audience publique. La commission utilise généralement le principe du « premier arrivé, premier servi ». Aucune institution humaine n'est infaillible, mais le processus de gestion de l'information mérite ici des oscars d'appréciation. La révélation de la vérité sur les évènements passés a permis au Ghana d'en tirer des leçons pour l'avenir.

Le rapport final des CVR

Les commissions vérité et réconciliation concluent généralement leurs travaux par le dépôt d'un rapport final. Ce dernier comporte habituellement une partie consacrée aux résultats des enquêtes et une autre réservée aux recommandations. La partie sur les résultats des enquêtes identifie les facteurs, la nature des violations et leurs auteurs.

Les recommandations peuvent suggérer entre autres des mesures d'assistance, de réhabilitation et de réparation aux victimes. Le rapport peut comporter également des propositions sur des réformes légales, institutionnelles et constitutionnelles pour prévenir la répétition de la violence et des violations.

Pour éviter que les recommandations de la CVR ne grossissent la quantité de dossiers indénombrables ensevelis dans les tiroirs, les protagonistes doivent s'accorder à l'avance sur leur caractère obligatoire.

Les commissions sont quelquefois confrontées au dilemme de révéler ou non le nom des bourreaux. Beaucoup de controverses existent à ce sujet. Se basant sur le principe selon lequel toute personne accusée d'un acte délictueux est présumée innocente jusqu'à ce que sa culpabilité soit légalement établie, certaines personnes soutiennent que la CVR, qui n'a pas une procédure stricte comme une cour de justice pour prouver la culpabilité des mis en cause, ne devrait pas nommer des individus si elle n'a pas la preuve formelle de leur culpabilité.

Pour d'autres, dire la vérité suppose d'identifier et de citer nommément les responsables de crimes si l'on détient les preuves de leur culpabilité.

Pour notre part, il nous paraît particulièrement important et même nécessaire que les commissions vérité et réconciliation révèlent les identités de ceux qui ont violé les droits de l'homme. La révélation de l'identité des responsables témoigne de la volonté de la commission de faire toute la lumière sur les événements passés, de rendre justice et d'empêcher que les criminels ne se cachent sous le voile de l'anonymat pour récidiver.

Il est vrai que citer des noms et individualiser la responsabilité risque de provoquer des réactions brutales. Toutefois, le devoir et le droit à la vérité, ainsi que le respect de la souffrance des victimes imposent le dévoilement de l'identité des bourreaux. Toute commission qui, pour une raison ou pour une autre, refuse de révéler le nom des responsables de violations ne mérite pas de voir figurer les mots « vérité » et « réconciliation » dans son nom. On ne se réconcilie qu'avec une personne connue. L'acte de réconciliation implique deux sujets : un « je » et un « tu ».

Les forces et faiblesses des CVR

Les commissions vérité et réconciliation, comme toute œuvre humaine, ont des forces et des faiblesses. Commençons par leurs aspects positifs.

Les CVR peuvent jouer un rôle important dans l'avenir de la nation. Leur réussite peut être une preuve manifeste de la transition vers un ordre nouveau pour plusieurs raisons dont en voici quelques-unes.

Elles apportent un éclairage sur les événements passés en révélant les violations graves des droits de l'homme et en identifiant leurs auteurs. Aussi donnent-elles l'occasion de se souvenir officiellement des disparus, le plus souvent enterrés clandestinement. Bien qu'elles ne remplacent pas les cours de justice, les CVR peuvent jouer un rôle complémentaire à la justice criminelle en réunissant des informations, des preuves qui facilitent le travail de celle-ci.

Les CVR donnent l'opportunité aux victimes d'exprimer de vive voix leur souffrance sans avoir peur. La possibilité de raconter leur douleur, leurs peines, soulage sur le plan psychologique et enclenche la procédure de guérison des victimes.

Les CVR permettent aux victimes et à leurs bourreaux de se rencontrer, de se parler, de s'écouter, de repartir ensemble sur de nouvelles bases. Elles constituent un signal fort de rupture entre le passé violent et une ouverture démocratique future.

Les CVR ont le mérite d'attribuer aux auteurs des exécutions extrajudiciaires comme les assassinats crapuleux, les disparitions, les massacres et autres violations graves des droits de l'homme, la paternité de leurs actes. Tout cela pour que le voile de l'oubli ou du mensonge qui couvre un pan de l'histoire soit levé et facilite enfin la réconciliation.

Les commissions vérité et réconciliation répondent à la demande de justice des victimes et de leurs familles en leur offrant l'opportunité de relater officiellement leur histoire et leur souffrance.

Dans leur rapport final, les CVR peuvent recommander la réhabilitation des victimes en suggérant une réparation symbolique comme des mémoriaux, le ré-enterrement et des cérémonies de commémoration.

Mais les CVR ont quelques limites. La formule sud-africaine « *vérité contre amnistie* » doit être reproduite avec prudence, pour deux raisons. D'abord, l'absence de réelles menaces de poursuites judiciaires (facteur rarement présent dans un contexte de transition) n'oblige pas les offenseurs à demander l'amnistie. Ils ont préféré demeurer silencieux pour éviter la honte publique et l'ostracisme social. Ensuite, des mécanismes autres que l'amnistie pour obtenir la coopération des bourreaux sont préférables. Par exemple, des témoignages peuvent être reçus sous le couvert de l'anonymat ou de la confidentialité. L'on pourrait rendre les témoignages obligatoires en créant par exemple le délit de refus de témoignage.

L'Espagne des années 1970, le Cambodge des années 1980 et le Mozambique des années 1990 n'ont pas voulu s'engager dans la voie de recherche de la vérité. Ces pays craignaient que la revisite des crimes du passé amène une éventuelle résurgence de la violence. Le manque de volonté politique et de pression de la société civile a milité en la défaveur de la constitution de commissions vérité et réconciliation. Les gouvernants avaient assurément choisi de donner la priorité à la reconstruction socioéconomique du pays. Mais peut-on véritablement construire une société pacifiée avec des personnes nourrissant des sentiments de vengeance les unes contre les autres ?

Lorsque les CVR ne sont pas bien organisées (comme le Forum national de réconciliation de la Côte d'Ivoire en 2001), elles peuvent détériorer davantage le climat social. Le forum ivoirien a été une succession de monologues qui a permis à certains intervenants de clamer leur innocence et à d'autres de débiter leur haine contre leurs adversaires. Cette situation a préparé un cocktail volcanique qui a explosé le 19 septembre 2002.

Le climat politique peut représenter une tare originelle pour la commission. Pour couvrir ses violations et celles commises par ses alliés, le gouvernement peut mettre l'accent sur le pardon plutôt que sur la justice. Cela ne fera que renforcer à la longue la culture de l'impunité.

Les commissions n'ont pas de rôle actif dans la mise en œuvre de leurs recommandations, ce qui pousse souvent les gouvernants à les classer sans suite. Les CVR ne sont pas des substituts de la cour de justice ; elles ne peuvent donc pas poursuivre les responsables d'abus. Elles n'ont pas le pouvoir de juger ; dès lors, la plupart des allégations de violations de droits de l'homme sont perçues par ceux à l'encontre de qui elles sont émises comme des verdicts de culpabilité. La CVR doit donc entendre les mis en cause, les confronter avec les plaignants pour faire éclater la vérité.

Les CVR n'enquêtent que sur les événements passés. Elles n'ont pas mandat de se pencher sur le présent. Un gouvernement peut ainsi continuer à commettre des abus sans être inquiété. Ce fut le cas au Salvador où les escadrons de la mort ont continué d'opérer pendant la période de paix. Les CVR ne sont pas des commissions permanentes d'enquête des violations des droits de l'homme.

Les victimes ont souvent peur de témoigner par peur de subir des représailles. Les commissions vérité et réconciliation du Brésil, d'Argentine, du Chili et du Salvador n'ont pas réussi à obtenir la coopération des auteurs de crimes. Au Chili par exemple, la commission n'avait pas de pouvoir judiciaire et ne pouvait pas établir la culpabilité ou imposer des pénalités. Plusieurs des crimes commis sous le régime de Pinochet incluant les tortures et l'exil n'avaient pas été mentionnés dans l'histoire officielle des répressions écrites par la commission. Il n'y avait ni remords ni repentance de la part des bourreaux qui estimaient que leurs actions avaient une justification militaire.

Cohabitation entre les CVR et la justice

Le but principal des commissions vérité et réconciliation est d'établir ce qui s'est produit dans le passé. Elles n'ont normalement pas la puissance de poursuivre les coupables de violations.

Les commissions vérité n'ont pas les mêmes normes de la preuve ou de l'évidence que les cours de justice. Les CVR n'ont pas de moyens pour garantir une procédure régulière. Le lien entre les commissions vérité et réconciliation et les tribunaux n'est pas toujours aisé. Explorons quelques-unes des difficultés rencontrées par la CVR sierra léonaise dans ses rapports avec le tribunal spécial.

« Ces deux innovations sont potentiellement en tension. Le but du tribunal est la justice, même si l'établissement de la vérité est sa condition et si la réconciliation peut éventuellement en être la conséquence. Au contraire, les commissions se conçoivent soit comme des compléments, soit comme des

substituts à la justice et leurs buts essentiels sont bien la vérité et la réconciliation ».

Le tribunal spécial de la Sierra Leone a été mis en place quelques mois après l'entrée en fonction de la commission vérité et réconciliation. Ce tribunal hybride était composé de juristes internationaux et nationaux.

La relation entre les deux institutions a souvent été tendue. Le législateur n'avait rien prévu d'explicite pour gérer leur coopération.

La question s'est toujours posée de savoir si les renseignements reçus par la commission vérité et réconciliation devraient être partagés avec le tribunal spécial. Les inculpés du tribunal spécial devraient-ils témoigner devant la commission ?

Ces questions sont très importantes en ce sens que les auteurs de crimes voudraient témoigner dans la confidentialité.

Les deux institutions couvraient la même période de juridiction (1996-1999). Les conflits de compétence et de mandat étaient évidents même si le *rationae personae* du tribunal spécial portait sur les personnes ayant une grande responsabilité dans les crimes commis. La commission vérité et réconciliation, n'ayant pas eu mandat de n'entendre que « les seconds couteaux », était supposée entendre tout le monde y compris ceux qui étaient inculpés par le tribunal spécial.

La non-spécification des mandats des deux institutions a conduit à la duplication de leurs travaux et au gaspillage de leurs ressources limitées.

Des interlocuteurs en Sierra Leone nous ont fait part de la réticence de certains auteurs de violations graves des droits de l'homme et du droit humanitaire à se présenter devant la commission vérité et réconciliation de peur que leur déposition confidentielle ne soit utilisée contre eux. Le procureur de la cour, David Crane, a tranché la question en déclarant qu'il n'irait pas à la CVR chercher des informations. Cette réaction du procureur de ne pas chercher d'information à la commission vérité et réconciliation a rassuré les auteurs de violations sur le fait que leur déposition ne serait pas utilisée contre eux. Toutefois, elle est symptomatique du manque de bonne coordination et de l'échec du modèle mixte dont on avait tant vanté les mérites à sa création.

On peut donc présumer qu'un comportement hégémonique de l'une des deux institutions aurait bloqué la transition à Freetown. Pour Elisabeth Evenson[120], la commission vérité et réconciliation et le tribunal spécial sont un cas typique de concurrence institutionnelle.

Elle regrette le manque de coordination entre les deux institutions et l'absence de mécanisme de gestion des conflits entre ces deux institutions. Pour elle, ce modèle mixte ayant bien fonctionné au Timor-Oriental aurait pu être utile en Sierra Leone s'il avait été bien coordonné. Elle estime que la

---

[120] Elizabeth M. Evenson, "Truth and Justice in Sierra Leone: Coordination between Commission and Court", 104, in *COLUM. L. REV.* 730, 758 (2004).

tension entre les deux institutions en Sierra Leone est apparue par accident plutôt que dans leur conception.

Le rapport final de la commission vérité et réconciliation avait dénoncé l'abandon par le tribunal des clauses de l'amnistie contenues dans l'accord de paix. Evenson craint que cela ne soit un précédent qui pourrait mettre en cause la crédibilité de futurs accords de paix.

La CVR estime que le refus de sa requête d'auditionner les personnes inculpées par le tribunal a biaisé la réconciliation.

La tension entre les deux organes a été plus visible en mai 2003 lorsque la commission a demandé à entendre quatre des détenus du tribunal spécial. La commission voulait leur donner l'opportunité de confirmer ou d'infirmer les allégations portées contre eux mais ils ont été inculpés par le tribunal spécial plus tôt que prévu.

Les personnes inculpées par le tribunal spécial et citées par des victimes dans leur déposition devant la commission avaient le droit de se défendre. La commission pensait que la coopération de ces personnes aiderait à comprendre le conflit. Le tribunal, pour sa part, a exigé que tout témoignage de ses détenus devant la commission soit enregistré et suivi par un de ses agents.

Cette exigence a été jugée inacceptable par la CVR, attachée à la confidentialité des témoignages. Une requête de témoignages publics des détenus qui en manifestaient le désir fut formulée par la CVR mais rejetée par le tribunal.

Les CVR et l'amnistie

Le terme « amnistie » dérive du terme grec *amnêstia* qui a une parenté sémique avec le mot « oubli ». Il partage les mêmes racines que les vocables mnésique, mnémonique et amnésie, relatifs à la mémoire et à sa perte.

En droit, l'amnistie est une mesure législative qui fait disparaître le caractère infractionnel d'un acte punissable en effaçant la condamnation, les procédures en cours ou en prohibant les poursuites. C'est une loi de circonstance motivée souvent par des considérations exclusivement politiques.

La plupart des accords de paix conclus entre les parties à un conflit intraétatique et les commissions vérité et réconciliation prescrivent l'amnistie. Pour certains politiciens, l'amnistie est synonyme de « passer l'éponge » sur un passé récent à propos duquel la nation est profondément divisée.

Les lois d'amnistie peuvent prendre une forme mineure (amnistie des peines) ou majeure (amnistie des faits).

Dans le premier cas, la mémoire de l'infraction n'est pas effacée. La loi intervient après la condamnation pour remettre en cause une décision judiciaire et porte ainsi atteinte au principe de la séparation des pouvoirs. Le législateur s'immisce dans les affaires judiciaires.

Dans le second cas d'amnistie, le législateur impose l'oubli forcé. On ne peut même plus l'évoquer sans se rendre coupable de diffamation. Soutenir qu'un tel ou un tel a commis telle ou telle violation grave des droits de l'homme n'est alors plus possible. On comprend dans ce cas la légitime frustration des victimes ou de leurs descendants. Cela se vérifie aujourd'hui, notamment en Argentine, en Côte d'Ivoire et dans bien d'autres pays qui, au nom de la réconciliation nationale, ont amnistié la dictature militaire, les auteurs de coups d'Etat et autres violations graves des droits de l'homme.

Dans le cas de la Côte d'Ivoire, la loi a eu un effet pervers. Ayant l'assurance qu'ils seraient amnistiés, la plupart des soldats qui ont perpétré le putsch du 24 décembre 1999 ont plongé le pays depuis le 19 septembre 2002 dans une guerre civile.

Quand les auteurs de crimes graves, réhabilités dans tous leurs droits et titres paradent avec leurs décorations et exhibent ostentatoirement leur richesse mal acquise, cela ne peut qu'aggraver le sentiment de vengeance et de haine.

A contrario, des personnes qui ont été amnistiées sans avoir eu la possibilité de prouver leur innocence peuvent s'insurger contre une telle mesure qui leur impute une sorte de présomption de culpabilité tout en les amnistiant.

L'enjeu dans les lois d'amnistie, c'est de faire taire la parole et d'étouffer la mémoire. Malgré les intentions secrètes de ses auteurs, la loi d'amnistie ne fait pas disparaître la mémoire. La loi d'amnistie protège les auteurs des violations des droits de l'homme de la sanction pénale, mais ne les met pas à l'abri du jugement de l'histoire. L'impunité engendrée par l'amnistie entraîne des troubles graves tant sur le plan comportemental que psychique chez la victime. Sous l'effet répétitif de l'arbitraire, les victimes peuvent perdre leurs points de repère.

Cela conduit à l'absence de distanciation avec les événements, à la déstructuration des individus. Les populations soumises à l'arbitraire le plus total n'arrivent presque plus à formuler ce qui leur arrive, puisque pour le faire, il faut prendre des distances, se placer « à l'extérieur ». Elles ne peuvent plus faire la différence entre le dehors et le dedans avec tout ce que cela entraîne de comportements archaïques de satisfaction immédiate et d'absence de surmoi. L'amnistie nie la souffrance des victimes en *virtualisant* les bourreaux à travers la loi qui n'identifie pas ces derniers.

Jean-Marie Sindayigaya, parlant du Burundi, explique « *qu'un crime porte au moins deux attributs : la victime et l'auteur du crime. A cet égard, les crimes de masse commis au Burundi n'ont jamais été qualifiés. Les auteurs demeurent anonymes. Par conséquent, les décrets d'amnistie s'adressaient toujours à des criminels virtuels*[121] ».

---

[121] Jean-Marie Sindayigaya, « Les Hypothèques sur l'avenir du Burundi » (2003). Accessible en ligne sur : www.arib.info/jmshypotheques030503.htm.

L'amnistie des faits *virtualise* donc les coupables. Ses effets sont plus pervers. Elle érode le « droit de mémoire » et de la vérité historique. L'une des caractéristiques des sociétés où règne l'impunité, c'est de provoquer l'amnésie. La poursuite des auteurs des violations graves des droits de l'homme a un effet dissuasif. L'arrestation et l'inculpation de l'ex-président libérien Charles Taylor au tribunal spécial de la Sierra Leone, puis son transfert en Hollande, sont un signal fort envers les chefs d'Etat qui arment et entretiennent des rébellions chez leurs voisins. Selon Alexandro Ar Tucio de la commission internationale des juristes : « *L'effet dissuasif que peuvent avoir les procès sur l'avenir est capital. Penser une réconciliation nationale sur la base de l'oblitération de la vérité, de l'amnésie de la mémoire ou du déni de justice a toujours été une mauvaise solution*[122] ».

Dans sa résolution 2000/24, la sous-commission des droits de l'homme de l'ONU a noté que : « *Le fait que tous les auteurs de violations de droits de l'homme, y compris les anciens chefs d'Etat et de gouvernement, aient à répondre de leurs actes est l'un des éléments essentiels permettant de prévenir, par l'exemplarité, le renouvellement de telles violations par leurs successeurs* ».

L'amnistie comme instrument de réconciliation nationale n'est pas acceptée par tous de la même manière.

Tandis que certains s'opposent farouchement à son application, d'autres lui trouvent quelques raisons d'existence. Dans le cadre des accords de paix entre les parties aux conflits intraétatiques, l'amnistie se présente comme la monnaie d'échange exigée par les insurgés ou autres rebelles contre le dépôt des armes, par exemple.

En Afrique du Sud, où l'on passait d'un régime ségrégationniste, dominé par la minorité, à la démocratie, les Blancs très influents et bénéficiant de la puissance militaire n'auraient jamais accepté la transition s'ils n'avaient pas bénéficié de l'amnistie.

Il a fallu, pour bâtir une Afrique du Sud arc-en-ciel, payer lourdement une capitation se traduisant par l'immolation à court terme de la justice sur l'autel de l'amnistie.

Dans une interview en 1997, le président de la Commission vérité et réconciliation de l'Afrique du Sud, Monseigneur Desmond Tutu répondant aux opposants de l'amnistie disait : « *Vous me demandez si l'amnistie n'est pas un prix trop cher à payer. C'est un prix très lourd à payer, oui. Mais ceci dit, demandons-nous s'il existe quelque alternative. Les forces de sécurité n'auraient vraisemblablement pas accepté, sans promesse d'amnistie, la transition vers une civilisation démocratique. L'amnistie était le prix à payer pour que les forces de sécurité se rallient à la transition* ».

---

[122] Alexandro Ar Tucio, « Amérique Latine : pas de lutte contre l'impunité sans rétablissement de la vérité et de la justice ». *Expériences et réflexions sur la reconstruction nationale et la paix*, Fondation pour le progrès de l'homme, Paris, 1994.

Selon certains apologistes, l'amnistie conditionnée par l'aveu peut être une monnaie d'échange acceptable. La Commission vérité et réconciliation de l'Afrique du Sud n'était-elle pas fondée sur les principes suivants : « *vérité pour la société, réparation pour les victimes et amnistie pour les coupables* » ?

Les balbutiements des tribunaux de guerre comme celui de Nuremberg et spéciaux comme au Rwanda ou en ex-Yougoslavie poussent certaines personnes à penser que l'amnistie est souvent une alternative aux procès. Les tribunaux internationaux du Rwanda et de l'ex-Yougoslavie étaient confrontés à des problèmes de moyens humains et matériels. Cela devait être une des raisons qui ont conduit les concepteurs du tribunal spécial de la Sierra Leone à ne poursuivre que les personnes ayant la plus lourde responsabilité dans les crimes contre l'humanité et les crimes de guerre. La question qui revient désormais constamment et qui est sur toutes les lèvres est celle de savoir comment sans un procès en bonne et due forme l'on peut déterminer d'avance les personnes ayant la présomption de lourdes responsabilités. En quoi un chef rebelle qui souvent ne va pas au front est-il plus responsable qu'un soldat qui ampute ses victimes sans requérir l'avis de son supérieur ?

Dans le cas du Rwanda, il faudrait probablement au moins un siècle pour juger les présumés coupables. Toujours dans le cas de l'Afrique du Sud, Desmond Tutu disait que :

« *L'Afrique du Sud n'aurait pas pu se permettre des procès ; il aurait fallu investir trop de ressources dans des procès qui, en réalité, ne garantissent pas qu'on puisse convaincre quelqu'un de crime* ».

Au total, il importe de retenir que les tentatives de réconciliation nationale basées sur l'amnistie et l'impunité expérimentées par les pays d'Amérique latine montrent la nécessité de la fonder sur la justice.

Ezéquiel Admovsky disait à ce propos qu'après deux décennies de discours officiels sur la « réconciliation », les sociétés postdictatoriales d'Amérique latine semblent encore loin d'être réconciliées avec leur passé[123].

Le passé revient car, en fait, il n'est pas passé. L'impunité du présent est profondément ancrée dans celle de l'ère militaire.

Commission vérité et réconciliation et indemnisation des victimes

La compensation témoigne de l'authenticité des droits des victimes confisqués par la guerre et ses corollaires. Elle exprime sa répugnance à la culture de l'inhumain magnifiée par ceux qui avaient des intérêts à la défendre. La compensation porte à bout de bras la souffrance des victimes, corrige les abus et prévient la répétition de la violence. Cette mesure a une

---

[123] Ezéquiel Admovsky, *Latine America: the struggle against impunity*, www.zmag.org/sustainers/content/2003-08/ 22adamovsky.cfm.

forte valeur symbolique qui ouvre la voie à la reconnaissance des blessures et des torts passés, aux violations graves des droits de l'homme.

L'évocation du terme compensation fait toujours penser aux paroles fortes et pleines d'émotion du chancelier allemand Konrad Adenauer, premier chancelier de la République fédérale d'Allemagne.

« *En notre nom, des crimes indicibles ont été commis et demandent compensation et restitution, tant morale que matérielle, pour les personnes et les propriétés des Juifs qui ont été sérieusement endommagées*[124] ».

La réparation ou l'indemnisation soulève un certain nombre de questions relatives aux bénéficiaires, à la nature, à la forme (monétaire, symbolique) de l'acte et sur le prestataire (gouvernement ou auteurs de crime).

L'indemnisation est-elle proportionnelle au degré de dommages subis ? Les tests psychologiques sont les voies royales pour déterminer le niveau d'atteinte des victimes.

Mais le coût prohibitif d'une telle entreprise n'encourage pas les commissions vérité et réconciliation de s'y engager. Dans le cas de la Côte d'Ivoire, ce sont 316.954 personnes éligibles à l'indemnisation, selon le fichier unique consolidé des victimes des crises qu'a vécues le pays remis par la Commission nationale pour la réconciliation et l'indemnisation des victimes (CONARIV) au chef de l'Etat, qu'on devrait prendre en charge psychologiquement.

L'indemnisation et autres réparations proposées aux victimes peuvent prendre diverses formes notamment symboliques (construction de monuments...), légales et administratives (délivrance de certificats de décès...), réhabilitation communautaire (accès aux soins de santé), etc.

L'indemnisation est importante à plusieurs égards. Elle exprime la reconnaissance publique des torts et des préjudices subis par les victimes. Elle restaure leur dignité et permet aux familles de faire le deuil du passé[125]. Elle participe donc au processus de guérison. Les représentations symboliques des traumatismes, si elles sont personnalisées, aident à relever la victime et à la sortir de l'auto-culpabilisation.

Michelle Maiese voit dans la compensation monétaire des vertus de dissuasion. Elle présume que le coût prohibitif des indemnisations peut dissuader l'Etat de commettre des abus[126]. Cette assertion est discutable quand il s'agit de l'Etat. Le budget destiné à cette opération provient-il de la bourse personnelle des gouvernants ? La réponse est négative, même s'ils confondent souvent le trésor public et leur poche personnelle. Ils s'en

---

[124] Konrad Adenauer, *When Sorry Isn't Enough*, Roger Brooks, 1951, p. 61.
[125] Brandon Hamber, "Repairing the Irreparable: dealing With Double-Binds of making reparations for Crimes of the Past", www.incore.ulst.ac.uk/home/publication/conference/thepast/repair.pdf
[126] Michelle Maiese, « Compensation and Reparations » in *Beyond Intractability*, op. cit. September 2003. www.beyondintractability.org/essay/compensation

soucient très peu. On pourrait à la rigueur manifester de la compassion pour le contribuable qui supportera le coût.

Il sied d'éviter toute interprétation erronée, voire abusive de l'indemnisation. La compensation financière vise entre autres à consolider la paix et à réduire les injustices. Mais il y a des violations qui sont hors de son champ d'action, notamment la perte d'un être humain et les blessures psychologiques. Rien ne peut par exemple compenser la mort d'un être vivant.

C'est pour cette raison que cette mesure doit être maniée prudemment pour éviter de heurter la susceptibilité de certaines victimes. La réaction d'une victime colombienne contre la réparation en dit long : « *Tout le monde dans ce pays parle de réparation. Ils ne parlent même pas de réconciliation. Et je vais te dire une chose en tant que victime : pour nous, ce n'est pas la réparation [qui compte]. Comment on répare les victimes de la perte de leur être cher ? Comment on me répare moi, comme fille de séquestrée ?*[127] ».

Elle ne doit pas être présentée et perçue comme un achat de conscience, « le prix du sang ».

Certaines n'acceptent pas la compensation financière, de peur qu'elle les force à oublier les souffrances subies. C'est dans la même veine qu'en Argentine, le collectif des mères de disparus (*Madres de Plaza de Mayo*) avait posé comme préalable à l'acceptation de quelque indemnité que ce soit, la reconnaissance publique et la réhabilitation de leurs enfants comme des opposants politiques et non des criminels[128].

Certains crimes sont essentiellement irréparables. Brandon Hamber[129] pense que la passive acceptation de la réparation peut être perçue par les survivants comme un acte irrespectueux se moquant de leur souffrance ou de la mémoire des disparus. La réparation devrait être envisagée comme la conclusion d'une démarche dont la recherche de la vérité et de la justice en sont les hypothèses.

En somme, les Etats doivent aller au-delà de la compensation monétaire en combinant réparation, recherche de vérité et de justice. De nombreuses victimes pensent que la seule chose qui puisse les aider à surmonter le passé est la connaissance de la vérité sans laquelle la compensation financière serait une stratégie gouvernementale pour enterrer la vérité. En somme, la justice restauratrice ne peut pas répondre de manière adéquate à certains crimes graves notamment les crimes de masse, les génocides, les crimes de guerre. Certaines victimes la perçoivent comme une justice « à vil prix ».

---

[127] Entretien avec Patricia Perdomo, le 25 avril 2007, in Delphine Lecombe, *Quand une organisation s'invente : La Commission Nationale de Réparation et Réconciliation colombienne.* Mémoire de Master, Sciences Po Paris, 2006-2007.
[128] Idem, p. 7.
[129] Ibidem.

8.6 La question du pardon

La prolifération actuelle des actes de contrition (repentance de l'Eglise concernant la Shoah, Commission vérité et réconciliation sud-africaine, réconciliation en Algérie) cache trop souvent l'usurpation des termes et le détournement des valeurs. Du même coup, cet événement éthique fondamental qu'est le pardon risque d'être dilué, de s'affadir. Le pardon est au cœur de discours démagogiques délivrés par les puissants pour se donner bonne conscience. Il est aussi quelquefois un alibi à l'usage de gouvernants cyniques, toujours impatients de « passer l'éponge » et de « remettre les compteurs à zéro ». Autrement dit, ils tentent d'assassiner la mémoire ; ne devons-nous pas « *épargner ce surcroît de violence : l'indignité, l'ensevelissement du nom ou la défiguration du souvenir* » ?

Qu'est-ce que le pardon ? Peut-on tout pardonner ? Y a-t-il un domaine de légitimité du pardon ? Ne se légitime-t-il pas par lui-même, indépendamment de toute condition particulière ? Quelle est sa véritable nature ? Ce sont là autant de questions auxquelles il faut tenter d'apporter une réponse.
Voyons d'abord ce que le pardon n'est pas. Pardonner ne signifie pas se trahir, manquer de respect à soi-même ou approuver l'acte de son bourreau.
Pardonner n'est pas oublier. On entend souvent : « Si tu veux, passe l'éponge, tourne la page ; dans peu de temps tu ne t'en souviendras plus. Ce n'est pas si important. Laisse tomber ».
Les psychothérapeutes savent combien de blessures oubliées continuent de faire souffrir les patients. Les praticiens sont obligés de les faire émerger à nouveau pour pouvoir les traiter.
Le pardon est un chemin, un processus qui a pour but final la cicatrisation de la mémoire. Une fois la guérison obtenue, nous pouvons nous souvenir de l'événement mais sans ressentiment intérieur. La cicatrice est indélébile mais nous ne ressentons plus de mal à l'intérieur. En somme, le pardon est la guérison de nos blessures intérieures. Cette guérison nous donne la paix du cœur. Le pardon engage toute notre personnalité, toutes nos facultés.

Notre sensibilité, notre cœur, notre intelligence, notre sagesse, notre physiologie, notre biologie vont y passer. Pardonner est donc plus qu'un acte héroïque de volonté. C'est une démarche, un pèlerinage du cœur, selon un auteur. Le pardon ne signifie pas non plus la réconciliation. Cette dernière en est la manifestation extérieure. Il y a des situations où la victime pardonne, mais ne se réconcilie que de manière prudente avec son offenseur. Le pardon est également confondu avec un ensemble de notions voisines mais différentes : l'oubli, la prescription, la clémence, l'amnistie, la réconciliation, la faiblesse et l'impunité. Il convient de noter qu'il existe des faux pardons illustrés à merveille par une pièce de Corneille.

Dans cette pièce, Livie, la femme de l'empereur a incité son mari à pardonner à Cinna dans le seul but d'en tirer profit, afin qu'il devienne

ensuite le fidèle défenseur de l'empereur. A la fin du dernier acte de la pièce, Livie ne dit-elle pas :
« *Après cette action, vous n'avez rien à craindre*
On portera le joug désormais sans se plaindre
Et les plus indomptés, renversant leurs projets
Mettront toute leur gloire à mourir vos sujets ».
Pardonner vient du latin *per donare*. Il offre l'idée de « donner totalement », l'idée d'une extrême générosité. Le mot a évolué au cours du temps vers « faire remise de » à « faire grâce à » (à un condamné par exemple). Actuellement, le pardon signifie plutôt « remettre à quelqu'un » la punition d'une offense, d'un crime, etc.
Le pardon n'est pas un remède magique à tous les problèmes. C'est une « Espérance Positive » d'après les mots du professeur Assalé Aka-bwassi Dominique. Cette espérance donne en amour ce que l'autre a dépensé en haine. Une telle espérance va au-delà de l'inexpiable donc de l'impardonnable ; elle est une victoire sur la haine. Elle permet d'entrevoir un au-delà du conflit, de la haine. Elle tire sa subsistance et sa racine dans l'amour. Le pardon arrache à la haine le dernier mot. Mieux encore, il est plus fort que la violence, la souffrance voire la mort. Les hommes, malgré leur capacité, ont toujours le souci de préserver l'espèce humaine. Cet instinct de conservation les pousse à chercher des mécanismes pour mettre fin, à un moment donné, au cycle de violence. Le pardon est cette force surhumaine portée par l'amour pour briser la chaîne de violence.

Qui doit pardonner ?

Les politiques de pardon qui se propagent de plus en plus reflètent la difficulté pour les pays en crise d'inventer une modalité de sortie de la violence compatible avec le fonctionnement de la démocratie. Le principe de la démocratie n'est-il pas l'institutionnalisation du conflit ?
Le pardon est souvent perçu comme un élément de l'éthique personnelle et non comme une dimension de l'éthique politique. L'extension du pardon au champ politique suscite de nombreuses questions et des défis. Qui peut offrir le pardon ? Quelle entité doit offrir et recevoir le pardon ? Le pardon des représentants des victimes est-il valide ?
Les politiques de pardon ont échoué parce qu'elles ont outrepassé leur domaine d'action. Elles ont confondu les ordres juridiques, politiques et le pardon. Le pardon et la politique sont complètement hétérogènes. Le pardon politique est une sorte de transaction plus ou moins calculée, conditionnée comme dirait Kant d'impératifs hypothétiques[130]. Le mot pardon est de plus en plus galvaudé sur la scène géopolitique.

---

[130] Jacques Derrida, « Le siècle et le pardon », *Le Monde des débats*, décembre 1999.

En politique, le mot compromis est mieux indiqué que le pardon. Le compromis n'est-il pas un acte par lequel les parties en conflit s'engagent à trouver un terrain d'entente sur le conflit qui les oppose ?

Cette tractation est honorable parce qu'elle améliore la vie en société, voire « la réconciliation nationale ». La réconciliation suppose un « je » et un « tu » ou un « nous » et un « vous », c'est-à-dire une victime et un coupable. Il est difficile, voire impossible de parler véritablement de réconciliation nationale. Le mélange des genres donne souvent naissance à un cocktail explosif. Le corps anonyme de l'Etat ou d'une institution publique peut-il pardonner au nom des victimes ? Ce type de pardon n'a aucun sens.

L'Etat n'a ni le pouvoir ni le droit de pardonner au nom des citoyens, bien que les citoyens aient délégué leur pouvoir de se gouverner eux-mêmes aux gouvernants. Toutefois, le pardon ne fait pas partie des termes de cette délégation de pouvoir. Au total, seule la victime a le pouvoir de pardonner et non une tierce personne. On ne pardonne pas par procuration et pour cette raison, Jankélévitch soutient que le pardon est mort dans les camps de concentration[131].

On peut déduire trois enseignements de cette expression du philosophe. Elle suppose que seule la victime peut trouver les mots justes pour exprimer l'inénarrable violence qu'elle a subie et son caractère injuste. En dehors de cette étape de reconnaissance, il n'y a pas lieu d'évoquer le pardon. Au second niveau, la victime peut choisir librement en toute conscience d'offrir le pardon ou la miséricorde au coupable qui ne le mérite pas. Finalement, le pardon est une réponse intime d'un individu à un autre. Point n'est besoin de démontrer que seule la victime peut pardonner.

La disparition de cette dernière rend *de facto* le pardon qu'elle aurait accordé impossible. Ses parents ne peuvent se substituer à elle. Le pardon est l'un des rares actes dans la vie qui ne peuvent se poser par procuration. Seule la victime a le droit de pardonner si elle le souhaite.

Sa mort rend le crime impardonnable. Somme toute, le pardon est un chemin qu'on emprunte individuellement.

Le droit de grâce ou d'amnistie que s'arrogent les princes modernes les met au-dessus de la loi. La mascarade de pardon accordée par les gouvernants transcende et neutralise le droit. Comment voudriez-vous accorder l'amnistie aux criminels qui ont amputé des milliers de personnes en Sierra Leone ? Comment accorder le pardon juridique à ceux qui ont violé, pillé et endeuillé de nombreuses familles ?

La légitimité du droit de grâce et d'amnistie ne leur enlève pas leur caractère arbitraire. Selon Kant, le souverain ne peut gracier que là où le crime le vise lui-même. En dehors de cette exception absolue, dans tous les autres cas où les torts concernent les sujets, le droit de grâce ne saurait s'exercer sans injustice. Le président de la République a le droit de demander à

---

[131] Vladimir Jankélévitch, *L'imprescriptible*, Seuil, Paris, p. 50.

l'Assemblée nationale d'amnistier des putschistes qui ont attenté à la sûreté de l'Etat. Si ces derniers sont condamnés, il peut les gracier. C'est son droit le plus absolu que l'on ne saurait contester.

Pourquoi pardonner ?

La demande et l'octroi du pardon sont essentiels pour la réconciliation et la résolution des conflits. Aussi longtemps que les groupes opposés continuent à blâmer, à prononcer l'anathème les uns contre les autres, la guérison ne peut survenir et des relations normales basées sur l'acceptation mutuelle et la confiance ne peuvent avoir lieu. La demande de pardon est un signal fort envoyé par l'oppresseur à sa victime pour lui dire qu'il regrette son acte et qu'il veut reconstruire de nouvelles relations avec elle sur de solides fondations.
Le pardon est vital pour la réconciliation. Beaucoup de gens n'arrivent pas à pardonner parce qu'ils confondent le pardon et l'oubli.
Daniel Macfarlane, professeur à l'Université de Stanford, soutient que le pardon n'est pas l'abandon mais au contraire la connaissance du passé et la volonté d'aller sur de nouvelles voies dans l'intérêt des deux parties en conflit. Le pardon est donc supérieur à la revanche qui est la continuation de la souffrance et de la peine. La perpétration des actes de revanche ne fait pas disparaître la blessure. Elle torpille au contraire les efforts fournis pour venir à bout de la souffrance[132].

Dans un article publié en 1972, intitulé « *Brezhoneg Visitas West Germany* », Dennis Sandale et Hugo Van der Mère racontent la visite du leader soviétique Brejnev en Allemagne de l'Ouest. C'était la première visite d'un leader soviétique après la guerre froide dans cette partie du pays d'Hitler. Au cours de son séjour, Brezhoneg avait rencontré le leader allemand Helmut Schmidt. Pendant un dîner informel, Brezhoneg a raconté l'histoire des atrocités commises par l'armée allemande en Russie durant la guerre. Schmidt l'a écouté respectueusement.
A la fin du récit de Brezhoneg, Schmidt lui fit partager sa propre expérience de soldat sur le front russe, en incluant ses propres sentiments de culpabilité et d'anxiété à propos de l'invasion de la Russie par l'Allemagne. Dans ses mémoires, Schmidt identifie cet incident comme un moment de partage émotionnel et de conciliation. Bien que Schmidt ne formulât pas de demande explicite de pardon et que Brezhoneg n'offrît pas un pardon explicite, Schmidt pense néanmoins que cet instant avait posé les bases d'un respect mutuel entre le leader russe et lui.

---

[132] Daniel Macfarlane, *Letting the enemy get a way with*, 1995, p. 10.

Dans *Saying You are Sorry*[133], les auteurs discutent de l'utilisation du pardon dans la résolution des conflits. Dans le cas où l'une des parties demande à la partie adverse d'admettre sa responsabilité, la demande de pardon peut être suffisante pour résoudre le conflit. Mais très souvent, la demande de pardon seule ne suffit pas pour résoudre le conflit. Cependant, elle peut réduire la tension et ouvrir la voie d'une négociation fructueuse. La demande de pardon joue un rôle important dans le maintien et la réparation des relations.

Les mêmes auteurs relèvent qu'après l'écrasement d'un avion de Delta Airlines (compagnie japonaise) en 1986, le président de cette compagnie de transport aérien alla promptement en personne présenter ses excuses et ses regrets à chacune des familles des victimes. La compagnie également, dans une adaptation de la pratique japonaise, envoya un employé auprès de chaque famille éplorée ou victime pour la soutenir. Comme conséquence, il y eut peu de plaintes déposées contre la compagnie aérienne contrairement aux habitudes dans ce genre de situation.

La plupart de nos sociétés développent des obstacles à la demande de pardon. D'abord, présenter ses excuses ou demander pardon est souvent ressenti comme étant exigeant ou humiliant. Refuser de le faire et « se coller à son arme » est la position habituellement admise. En outre, certaines juridictions traitent la demande de pardon et la présentation d'excuses comme une évidence de l'admission de sa culpabilité.

Généralement, les compagnies d'assurance et leurs conseillers s'abstiennent de témoigner de la sympathie aux sinistrés, craignant qu'une telle expression soit traitée comme une admission de culpabilité[134].

Cette attitude contraste avec celle en vigueur au Japon. Au pays du soleil levant, le conflit ouvert fait perdre la face alors que la présentation de ses excuses et la demande de pardon préservent l'honneur.

Le pardon et le repentir du bourreau

Le repentir du coupable conditionne-t-il le pardon de la victime ? Le repentir et le remords sont la condition première de tout pardon.

« *Cette condition élémentaire*, écrit avec force Jankélévitch, *c'est la détresse et l'insomnie et la déréliction du fautif ; et encore que ce ne soit pas au pardonnant à poser lui-même cette condition, cette condition est pourtant ce sans quoi la problématique entière du pardon devient une simple bouffonnerie*[135] ». Le repentir du bourreau permet ce que Freud nomme le « travail de deuil » sans lequel il n'y a pas de repos de l'âme. Demander pardon, c'est reconnaître sa faute, assumer sa responsabilité dans le mal qui

---

[133] Stephen Golberg, Eric Green et Frank Sander, « *Saying You are Sorry* », in *Negotiation: Theory and Practice*, J. William and Jeffery Z. Rubin, Cambridge: The Program on Negociation at Harvard Law School.
[134] Idem, p. 142.
[135] Vladimir Jankélévitch, *Le pardon*, p. 204.

est advenu et vouloir apaiser sa conscience en obtenant par des actes de contrition le pardon de celui qu'on a offensé.

Selon Jankélévitch, « *la détresse et la déréliction du coupable seules donnent sens et raison d'être au pardon*[136] ».

S'agissant de la Shoah, Jankélévitch insistait sur le fait que le pardon doit être précédé par une demande expresse du criminel. Ce dernier doit reconnaitre sa faute et manifester du repentir. Pardonner à une personne qui ne reconnaît pas sa faute ne rend-il pas vain ce don sublime ? On peut avec Derrida contester cette logique conditionnelle, cette présupposition si largement répandue selon laquelle l'on ne pourrait envisager le pardon qu'à condition qu'il soit demandé au cours d'une scène de repentir attestant à la fois la conscience de la faute, la transformation du coupable et l'engagement au moins implicite à tout faire pour éviter le retour du mal. Cette transaction qui transparaît dans ce type de pardon contredit la tradition abrahamique du pardon.

Que faire face à l'impardonnable ?

Il y a des situations dans la vie où le pardon est impossible. Edgar Morin reconnaît qu'il y a des cas d'impossibilité de pardon, mais il rejette la thèse de Derrida selon laquelle on ne peut pardonner que l'impardonnable. L'impardonnable ne peut, par définition, être pardonné donc on ne pourrait pardonner ce qui ne peut l'être. Edgar Morin considère comme terrible le mal qui est au-delà de tout pardon et de tout châtiment.

Quelle attitude devrions-nous adopter face à un tel mal ? Edgar Morin conseille de se situer à un méta-niveau par rapport au cycle vengeance-punition[137]. Il nous fait partager avec émotion l'histoire du père d'un adolescent poignardé par un jeune du même âge à Marseille.

Ce père avait dit « je ne veux pas de vengeance ». Il sait que le cas excède la vengeance. Le père s'est donc situé au méta-niveau du cycle de vengeance. Pour Edgar Morin, il serait odieux de demander à une victime ou à sa famille de commencer à pardonner. Mais on doit la convaincre que la punition ne lui est pas nécessaire. La violence appelant la violence, la première condition pour qu'une réconciliation soit possible est de mettre fin à ce cercle vicieux.

L'écrivain Ismail Kadaré, dans son roman à base historique dénommé *Avril brisé,* raconte comment la société albanaise s'était enfermée dans la caverne de la tradition de la « reprise du sang » pendant des siècles. Selon cette tradition, l'aîné de chaque famille endeuillée devait, sous peine de déshonneur, tuer l'aîné de la famille ennemie qui, à son tour, devait faire de même et ainsi de suite. C'est un cycle infernal, une fatalité sociale dans

---

[136] Jankélévitch, *L'imprescriptible*, ibid.
[137] Edgar Morin, « Pardonner, c'est résister à la cruauté du monde », Propos recueillis par Sophie Gherardi et Michel Wieviorka in *Le Monde des Débats*, février 2000.

lesquels tout le monde est embarqué. De nombreuses situations contemporaines perpétuent malheureusement cette logique mortifère. Pour sortir du cercle vicieux, il faut des personnes qui ont un supplément d'âme pour en prendre l'initiative. Et la personne la mieux placée pour prendre l'initiative de briser le cercle vicieux de la violence est justement la victime.

Le père dominicain Jean-Jacques Pérennès notait que cette vérité est difficilement acceptable pour le sens commun. Cette posture prend à contre-pied l'assertion selon laquelle le pardon est conditionné par une demande de l'offenseur. Cette affirmation n'est pas fausse. Elle est même noble, si les auteurs de violations graves pouvaient faire leur mea culpa et demander pardon. Mais malheureusement, « à peu d'exceptions près, l'offenseur est comme enfermé dans sa propre violence, aveuglé et incapable de dépasser ses passions[138] ».

Tout le monde n'est pas Willy Brandt, le chancelier allemand, qui s'était agenouillé en signe de repentance devant un monument dédié aux victimes du nazisme.

La victime peut également dans certaines circonstances être enfermée dans son désir de vengeance. Une évocation de certaines atrocités subies peut conduire la victime à un tel enfermement.

Par exemple, concernant la Shoah, Jankélévitch précise qu'elle avait atteint les dimensions de l'inexpiable. Or, face à l'inexpiable, il n'y a pas de pardon possible, du moins, pas de pardon qui ait un sens. Pour le philosophe, il y a de l'inexpiable dès lors qu'on ne peut plus punir le criminel d'une « punition proportionnée à son crime ».

Hannah Arendt défend à peu près la même position. Selon cette philosophe que nous affectionnons particulièrement, on ne peut pardonner que ce que nous pouvons punir lorsque nous renonçons à le faire. Mais la Shoah, considerée comme un mal radical, faisant échec à tout raisonnement philosophique et ne pouvant être punie par aucune loi humaine, devient d'emblée impardonnable. De l'inexpiable ou de l'irréparable, Jankélévitch conclut à l'impardonnable selon sa formule devenue célèbre : « *Le pardon est mort dans les camps de la mort* [139] ». L'auteur explicite sa pensée en relevant qu'il « *y a un inexcusable, mais il n'y a pas d'impardonnable. Le pardon est là précisément pour pardonner ce que mille excuses ne sauraient excuser, car il n'y a pas de faute si grave qu'on ne puisse, en dernier recours, la pardonner*[140] ».

Il conditionne toutefois l'octroi du pardon à « *la détresse et l'insomnie du fautif, son repentir, ses remords, la reconnaissance de sa culpabilité et sa demande de pardon*[141] ».

---

[138] Jean-Jacques Pérennès, OP, *Violence et Réconciliation ; un défi majeur pour cette fin de XXe siècle,* consulté le 29 juillet 2016, www.sedosmission.org/old/fre/perennes.html.
[139] Jankélévitch, *L'imprescriptible*, idem, p. 50.
[140] Idem.
[141] Ibidem.

Il n'a pas tort, comme nous l'avons noté plus haut. Mais quelques fois, l'oppresseur est tellement enfermé dans sa logique mortifère qu'il est incapable de rentrer en lui-même pour affronter sa culpabilité et demander pardon.

A la question d'où peut venir une telle force pour pardonner, Jean-Jacques Pérennès répond que « *les sentiments humains suffisent rarement à rétablir la relation là où la violence a sévi. Il y faut une autre dimension de l'amour*[142] ».

---

[142] Jean-Jacques Pérennès, idem.

CHAPITRE 9 : RELEVEMENT POLITIQUE

Le relèvement politique inclut la restauration de l'autorité de l'Etat et la mise en place d'institutions légitimes et démocratiques.
Les activités de reconstruction politique couvrent généralement les principes suivants :
1. Restaurer l'autorité de l'Etat par la mise en place, le cas échéant, d'un gouvernement de transition et le redéploiement de l'administration sur tout le territoire national y compris les forces de défense et de sécurité pour permettre à l'Etat de jouer son rôle régalien ;
2. Contrôler, désarmer et réintégrer tous ceux qui détiennent illégalement des armes y compris les ex-combattants, les milices et la population civile ;
3. Réformer l'administration, le système de sécurité et la justice ;
4. Mettre en place des institutions politiques et sociales démocratiques pouvant permettre à chaque frange de la société de s'exprimer sans nécessairement recourir à la violence.

9.1 La restauration de l'autorité de l'Etat

La soumission des citoyens est une des conditions d'existence de l'Etat. Weber note que « *l'État ne peut donc exister qu'à la condition que les hommes dominés se soumettent à l'autorité revendiquée chaque fois par les dominateurs*[143] ».
Max Weber distingue trois fondements de la légitimité. La première repose sur le respect sacré des coutumes et de ceux qui détiennent le pouvoir en vertu de la tradition. « *Tout d'abord,* écrit-il, il y a *l'autorité des coutumes sanctifiées par leur validité immémoriale et par l'habitude enracinée en l'homme de les respecter. Tel est le pouvoir traditionnel que le patriarche ou le seigneur terrien exerçait autrefois*[144] ». Ce type de légitimité fondait le pouvoir des rois et chefs traditionnels.
La seconde forme d'autorité repose sur le dévouement des partisans pour un chef en raison de ses talents exceptionnels. « *En second lieu,* Weber affirme qu'il existe *l'autorité fondée sur la grâce personnelle et extraordinaire d'un individu (charisme) ; elle se caractérise par le dévouement tout personnel des sujets à la cause d'un homme et par leur confiance en sa seule personne en tant qu'elle se singularise par des qualités prodigieuses, par l'héroïsme ou d'autres particularités exemplaires qui font leur chef. C'est là le pouvoir « charismatique » que le prophète exerçait, ou – dans le domaine politique –*

---

[143] Max Weber, *Le savant et le politique*, p. 126.
[144] Idem.

le chef de guerre élu, le souverain plébiscité, le grand démagogue ou le chef d'un parti politique[145] ».

La dernière forme se fonde sur la validité de la loi. Elle est établie rationnellement par voie législative ou bureaucratique. Weber note qu'il « *y a enfin l'autorité qui s'impose en vertu de la « légalité », en vertu de la croyance en la validité d'un statut légal et d'une « compétence » positive fondée sur des règles établies rationnellement, en d'autres termes l'autorité fondée sur l'obéissance qui s'acquitte des obligations conformes au statut établi*[146] ».

Ces trois types de légitimité/autorité sont dans la réalité juxtaposés et enchevêtrés.

« *Tout État est fondé sur la force* », disait un jour Trotski à Brest-Litovsk. « *En effet, cela est vrai. S'il n'existait que des structures sociales d'où toute violence serait absente, le concept d'État aurait alors disparu et il ne subsisterait que ce que l'on appelle, au sens propre du terme, l'anarchie. La violence n'est évidemment pas l'unique moyen normal de l'État - cela ne fait aucun doute - mais elle est son moyen spécifique*[147] ».

Max Weber entend par État : « *une entreprise politique de caractère institutionnel lorsque en tant que sa direction administrative, elle revendique avec succès, dans l'application des règlements, le monopole de la contrainte physique légitime*[148] ».

Pour l'auteur, l'Etat « *ne se laisse définir sociologiquement que par le moyen spécifique qui lui est propre, ainsi qu'à tout groupement politique, à savoir la violence physique [...]. De nos jours, la relation entre Etat et violence est tout particulièrement intime [...]. Il faut concevoir l'Etat contemporain comme une communauté humaine qui, dans les limites d'un territoire déterminé [...] revendique avec succès pour son propre compte le monopole de la violence physique légitime. Ce qui est le propre de notre époque, c'est qu'elle n'accorde à tous les autres groupements, ou aux autres individus, le droit de faire appel à la violence que dans la mesure où l'Etat le tolère : celui-ci passe donc pour l'unique source du « droit » à la violence*[149] ».

L'Etat a donc le monopole de la violence légitime. Il exerce cette prérogative dans les limites de la loi. La contestation de cette conception monopolistique de la violence par les groupes asymétriques ne remet nullement en question ce privilège de l'Etat. L'ambition de ces groupes n'est pas de détruire l'Etat mais d'exercer en son nom cette violence légitime. Les conflits armés internes témoignent de la déliquescence de l'Etat qui n'arrive pas à protéger ses citoyens et, par ricochet, à maintenir la stabilité.

---

[145] Max Weber, op.cit., p. 127.
[146] Idem
[147] Max Weber, *Économie et société,* Paris, Plon, coll. Pocket, 1995, p. 124.
[148] Max Weber, *Economie et société,* op.cit., p. 57.
[149] Idem.

Néanmoins, dans une société organisée en État, aucune autre instance n'a le droit d'user de la violence sans y être autorisée. Ainsi, la violence légitime serait celle qui est utilisée conformément à la loi et au droit. Dès lors, toute autre forme de violence présente dans la société est considérée comme illégitime. L'Etat perd cette prérogative pendant les conflits armés.

L'objectif de la restauration de l'autorité de l'Etat est d'assurer la reprise des fonctions essentielles de l'Etat à travers le redéploiement des services de l'administration classique sur l'ensemble du territoire national.

Les infrastructures administratives et sociales sont souvent détruites par la guerre. Il importe donc de les réhabiliter le plus tôt possible pour rapprocher l'administration des administrés, faciliter le retour des réfugiés et améliorer les services rendus à la population.

La restauration de l'autorité de l'Etat inclut également la lutte contre l'insécurité, la réforme du secteur de sécurité, le processus de désarmement, démobilisation, réintégration et la mise sur pied d'une administration responsable.

9.1.1 Réduction urgente de l'insécurité postconflit

La sécurité des citoyens est le premier devoir de tout gouvernement. Elle représente le socle sur lequel se bâtissent la liberté et la prospérité. Les pays en situation de sortie de crise sont confrontés à des défis sécuritaires multiformes.

La radiographie des enjeux sécuritaires permet non seulement d'identifier les menaces les plus pressantes pour la sécurité nationale mais aussi d'explorer les voies et moyens pour les juguler.

L'évaluation de l'environnement sécuritaire répond à une large gamme de questions sur les principales menaces pour la sécurité des biens et des personnes ainsi que celles relatives à la sécurité et à la défense nationale.

L'insécurité, dans la plupart des pays en situation de sortie de crise, est caractérisée par la recrudescence de la violence armée (cambriolages, vols à main armée, meurtres) favorisée par la présence massive d'armes légères et de petit calibre au sein de la population.

Au lendemain de la guerre, les seigneurs de guerre exercent difficilement un contrôle efficace sur leurs hommes. Ces derniers, mal rémunérés ou pas du tout, se payent eux-mêmes en volant ou en s'accaparant des biens d'honnêtes citoyens. Cette situation affecte le capital de confiance du public envers les forces de défense et de sécurité. Les menaces pour la sécurité des personnes et des biens varient selon le sexe, la région et le contexte particulier de chaque pays.

Le manque de cohésion au sein de l'armée, la politisation des FDS, la faiblesse des capacités des agences de renseignement de sécurité, la porosité des frontières sont autant de maux pouvant être inscrits au triste panthéon des menaces pour la sécurité nationale.

Des mesures peuvent être prises pour réduire la concrétisation des actions néfastes projetées par les opposants, les Etats tiers et autres groupes asymétriques. Les pays en situation de sortie de crise doivent accorder une place importante aux alliances dans leur stratégie nationale de défense en vue d'annihiler les actions des acteurs hostiles.

La persistance de la violence et des crimes au lendemain de la guerre se trouve parmi les déterminants et les vulnérabilités de la sécurité nationale des pays en situation de sortie de crise.

Dans certains cas, la situation atteint un niveau où la criminalité, la violence et la culture de la mort se fréquentent assidûment. L'insécurité est encouragée par le vacuum sécuritaire accompagnant la fin de la guerre et résultant de l'incapacité de l'appareil sécuritaire de l'Etat à remplir effectivement sa mission. Cette incapacité déconstruit davantage le degré de confiance entre les autorités et la population.

Comme toujours, ce sont les femmes et les enfants qui sont dans le collimateur des criminels. Les viols, la violence domestique, l'expropriation font partie des jougs que leurs bourreaux leur font porter.

Les ex-combattants sont souvent accusés à tort ou à raison de crimes. Le label ex-combattants est indifféremment attribué à tort ou à raison à tous ceux qui détiennent illégitimement des armes. Cette focalisation sur ces anciens guerriers ne permet pas de cerner tous les contours et autres enjeux de la violence postconflit. Il est indéniable que les groupes armés constituent une menace pour la sécurité nationale en cas d'échec du processus de paix. Mais force est de reconnaître que la responsabilité des violences postconflit ne peut être sans injustice attribuée aux seuls ex-combattants. Quelquefois, des personnes mal intentionnées profitent de la période trouble entre la cessation des hostilités et la période de stabilisation pour créer des associations de criminels, des gangs et des cartels de drogue pour terroriser et traumatiser davantage la population. Ces gangs prospèrent sur des terreaux favorisés par l'absence d'Etat de droit et du manque d'opportunités économiques.

L'expérience montre que la violence et les actes criminels augmentent dans les premières semaines voire les mois suivant la cessation des hostilités. Ces violences sont de différents types : politique, criminel, économique, communautaire et individuel.

Dans la période dite de ratissage, les règlements de comptes, les actes de vengeance ou de criminels conduisent à des violations graves des droits de l'homme. Quelquefois, galvanisés par leur victoire, les ex-combattants se transforment en juges. Ils n'hésitent pas à prononcer, après une justice expéditive, la peine capitale.

Les programmes DDR font désormais partie des remèdes prescrits aux pays en situation de sortie pour assurer la stabilité et exorciser l'héritage douloureux de la guerre. Leur échec ouvre la boîte de Pandore. L'exclusion de certains groupes armés du processus de paix, la non-intégration de certains ex-combattants dans le processus DDR, l'échec de rupture de la chaîne de commandement et la dispersion des troupes, l'incapacité des programmes de réintégration d'offrir des opportunités de formation et d'emploi constituent autant de défis soulevés par la question des ex-combattants.

Les interventions destinées à répondre aux crimes et aux questions liées aux ex-combattants et autres miliciens montrent souvent leurs limites. Ces derniers sont perçus comme des criminels à dompter par la force.

L'échec apparent de l'opération *mano dura* (main forte) menée par la police et l'armée du Salvador contre les ex-combattants et autres gangs en 2003 confirme à suffisance nos propos. La force peut réduire voire affaiblir les gangs à court terme, mais elle risque d'accroître la violence, de renforcer la cohésion des gangs et autres ex-combattants. Malgré ces limites, cette stratégie est privilégiée par les gouvernants pour plusieurs raisons.

D'entrée, ils sont soumis à la pression de leur opinion publique qui veut des résultats concrets et palpables en matière de lutte contre l'insécurité. Le gouvernement évite de renvoyer une image négative de sa capacité de répondre aux populations.

Malgré sa contribution inestimable à la lutte contre l'insécurité, la justice criminelle n'est pas encore parvenue à proposer la solution définitive aux questions de sécurité. En complément des mesures de sécurité, la réponse à la violence postconflit doit également prendre en compte les causes profondes de l'expansion des gangs et autres groupes criminels. Les réponses incluent mais ne sont pas limitées à la participation des institutions pertinentes et au démantèlement des racines sociales et politiques de la criminalité et de la violence. Concernant les ex-combattants et autres gangs, il convient d'enrayer leur motivation en leur offrant une alternative, notamment la formation, les opportunités d'emploi, la lutte contre l'injustice sociale, la marginalisation, etc.

Les mesures destinées à lutter contre le développement des groupes incluent l'assèchement de leurs sources de financement, la réduction de leur accès aux armes et l'empêchement du recrutement.

L'on pourrait également prendre des mesures préventives focalisées sur les stratégies de changement de comportement et les facteurs de réduction des risques, notamment la sensibilisation, les programmes éducatifs, la formation, la réduction de l'abus des substances, le coaching et le suivi des jeunes pour prévenir leur recrutement.

9.1.2 Le processus DDR

Le processus DDR comporte trois articulations fonctionnant selon la logique des vases communicants. L'achèvement de chaque phase est essentiel au succès des autres.

L'objectif global du processus est de créer un environnement sécuritaire favorable au relèvement et à la stabilisation du pays à travers le désarmement, la démobilisation et la réintégration des ex-combattants.

Le DDR est beaucoup plus complexe dans un environnement postconflit où les différents groupes de combattants nourrissent de l'animosité les uns à l'égard des autres et font face à un dilemme de sécurité quand il s'agit de renoncer à leurs armes ou encore lorsque l'appareil sécuritaire s'est écroulé et que l'économie est à l'agonie.

Le désarmement est le processus par lequel les armes détenues par les groupes armés informels sont collectées, déchargées, numérotées, répertoriées et stockées jusqu'à leur remise aux autorités militaires compétentes pour la nouvelle armée, ou détruites en fonction de leur état. Toute personne désarmée reçoit dans la plupart des cas un certificat de désarmement et de démobilisation non falsifiable. La collecte et la destruction des mines antipersonnel font également partie du désarmement. Toute destruction d'arme fait habituellement l'objet d'un rapport aux autorités compétentes.

La démobilisation constitue un acte administratif spécifique en vertu duquel le combattant abandonne son statut de militaire pour celui de civil. L'ex-combattant démobilisé peut recevoir un appui financier appelé « filet de sécurité » au moment de la démobilisation ou pendant la réinsertion. Son montant dépend des pays. Au Liberia, les soldats démobilisés avaient reçu trois cents dollars en deux tranches. Cette aide permet à l'ex-combattant de prendre en charge ses besoins immédiats avant le démarrage du programme de réintégration socioéconomique. Le filet de sécurité peut cependant être perçu comme une prime de remerciement aux insurgés et autres miliciens qui ont commis des violations graves des droits de l'homme et du droit humanitaire lorsque son objectif n'est pas bien expliqué à la population. Pour éviter la dilapidation du filet de sécurité par les ex-combattants, la plupart des programmes DDR le versent en plusieurs tranches.

La mise œuvre de ce programme est soumise à des modalités conditionnant son succès. La première est la cessation complète des hostilités, du moins leur réduction à un niveau suffisamment rassurant pour les combattants afin de les amener à abandonner les armes. Cela implique normalement un cessez-le-feu ou un accord de paix soutenu par la présence d'une force de dissuasion crédible. Les groupes armés évoquent souvent des problèmes de sécurité pour se soustraire du processus. Le désarmement sans une garantie suffisante de sécurité les expose à la merci des autres forces en présence. Pour répondre à cette préoccupation légitime des ex-combattants, il est donc important de mettre en place, dès la signature des accords de paix, un mécanisme pour assurer la sécurité des biens et des personnes. Sans cette garantie de sécurité, il est peu probable que les belligérants adhèrent au processus de paix. Les conflits sierra léonais, libérien, mozambicain et ivoirien témoignent de cette exigence fondamentale. Celle-ci renforce la confiance et encourage les groupes armés à déposer les armes. Mais que seraient toutes ces dispositions si elles n'étaient pas soutenues par un engagement politique manifeste des parties prenantes ?

La deuxième est l'implication de tous les protagonistes. Tous les groupes armés informels et dans certains cas des éléments des forces gouvernementales doivent être désarmés et démobilisés. L'identification des forces à désarmer doit faire l'objet d'un consensus. Dans le cas contraire, le processus de paix risque d'en souffrir. Le cas des accords de Marcoussis entre les belligérants du conflit ivoirien illustre nos propos. Ces accords parrainés par la France avaient non seulement prévu le désarmement des insurgés mais aussi des forces gouvernementales. Cette disposition n'a pas été applicable. Tout le processus de paix s'en est trouvé grippé. L'on a finalement obtenu un arrangement pour organiser les éléments après dix ans de balbutiements. Par ailleurs, l'expérience a montré que dans certains cas on pourrait exceptionnellement procéder avec certaines factions mais il est essentiel de désarmer concomitamment toutes les forces afin de prévenir la reprise des hostilités et d'amener les factions belligérantes à s'approprier le processus de paix. Une stratégie conséquente de communication devrait être élaborée pour rassurer les combattants qu'ils sont équitablement traités. Le tristement célèbre exemple de la Sierra Leone éclaire nos propos. En effet, l'accord de Lomé de 1999, qui a servi d'aiguilleur aux efforts de reconstruction, avait limité le processus de désarmement aux principaux acteurs de la guerre civile notamment les forces gouvernementales et le Front révolutionnaire uni. La mise à l'écart d'un certain nombre d'ex-combattants, dont la milice ethnique des Kamajors fidèles au président déchu Ahmed Kabbah, avait suscité une large frustration qui persiste encore et entrave la réconciliation nationale.

Troisièmement, le DDR doit être holistique. Le processus exige une réelle volonté politique de tous les acteurs concernés. Ceux-ci doivent se montrer capables de se hisser au-dessus des calculs mesquins, politiciens et des intérêts égoïstes pour s'engager pleinement dans le processus de paix en général et dans le DDR en particulier.

Une approche holistique du DDR, par définition, nécessite la contribution active et la coordination de plusieurs acteurs comme ce fut le cas à Bohol aux Philippines. Cette province, qui constituait le centre de manœuvre de la Nouvelle armée populaire, a tourné la page des heures de plomb au point de devenir aujourd'hui l'une des destinations touristiques les plus populaires du pays. Ce résultat a été atteint grâce aux efforts conjugués de tous les acteurs. Les autorités nationales, locales, l'armée, la police, les groupes d'intérêts commerciaux et les représentants des communautés, tous y ont contribué. Aussi, les populations locales ont-elles été suffisamment sensibilisées au sort des anciens belligérants et activement impliquées dans la facilitation du désarmement, de la démobilisation et la réintégration économique des bénéficiaires. Toutes ces parties prenantes ont influencé, chacune à sa manière, l'aboutissement heureux du processus. Cette posture a facilité le désarmement et la réintégration des ex-combattants.

Quatrièmement, une entité unique en charge du DDR, placée sous l'autorité du premier ministre ou du président de la République doit être créée. Cette institution de gestion et de coordination dotée de compétences techniques et humaines doit être assez crédible et jouir de la légitimité suffisante de la part des belligérants. Cinquièmement, les programmes DDR sont coûteux. Les Etats en situation de sortie de crise n'ont souvent pas les moyens d'y faire face. L'appui de la communauté internationale est vital.

Dans certains cas, cette aide est soumise à des conditions drastiques que les pays en situation de sortie de crise, dépendants de l'aide internationale, ne peuvent satisfaire que difficilement. Certains pays, comme la Côte d'Ivoire, avaient majoritairement financé le processus sur ressources nationales. Ainsi, d'octobre 2012 à octobre 2015, sur 210 millions de dollars consacrés au DDR, 144 millions, soit 68,5%, ont été apportés par l'Etat ivoirien[150].

Un processus DDR insuffisamment financé peut entamer de manière significative la confiance des belligérants et annihiler les dividendes de la paix. Dans le pire des cas, cette situation pourrait fournir une motivation suffisante pour la reprise des hostilités.

La première responsabilité du DDR incombe aux acteurs nationaux avec un accompagnement évidemment précieux de la communauté internationale.

L'un des éléments majeurs de réussite d'un programme DDR est la réduction de l'intervalle entre les deux « D », la réinsertion et la réintégration.

Les activités de réinsertion doivent commencer au lendemain de la démobilisation. Un grand intervalle entre les différentes composantes du DDR peut fragiliser le processus de paix. Désœuvrés et sans moyens de subsistance, les ex-combattants risquent de s'adonner à des activités peu recommandables pour survivre.

Au Liberia, pour minimiser l'intervalle entre les « D » et le « R », le programme avait prévu des projets intermédiaires qui devaient être mis en œuvre dès la sortie des bénéficiaires du site de démobilisation. La réduction du temps de séjour sur le site de démobilisation de deux à trois semaines à cinq jours au maximum avait permis une démobilisation en masse mais sans un profilage adéquat et une préparation convenable de la réinsertion. Les premiers projets de réinsertion ont commencé à peu près six mois après la démobilisation. Certains ex-combattants démobilisés en 2004 n'ont bénéficié de la réinsertion qu'en 2008. Des ex-combattants qui ne pouvaient pas attendre se sont « auto-réinsérés ». D'autres ont rejoint les groupes armés de la sous-région ou s'adonnent à des activités répréhensibles.

---

[150] Marcel Amon Tanoh, ministre des Affaires étrangères, présentation, *Côte d'Ivoire, gestion réussie de sortie de crise : retour sur expérience et leçons apprises*, 11 avril 2017, New York,
https://www.un.int/cotedivoire/sites/www.un.int/files/C%C3%B4te%20d%26%23039%3B Ivoire/ministre_amon-tanoh-_discours_panel_ipi_finale_f-_11_avril_2017_1.doc

Des projets à impact rapide comme les travaux à haute intensité de main-d'œuvre peuvent faciliter la transition entre les deux « D » mais ils ne doivent pas se substituer aux activités de réintégration plus durables.

Le processus DDR démarre souvent timidement malgré les prévisions de l'accord de paix. L'Angola, la République Démocratique du Congo et la Sierra Leone, pour ne prendre que des exemples africains, ont commencé leur programme au moins quatre mois après la signature de l'accord de paix. En Côte d'Ivoire, huit ans après les accords de Marcoussis, seuls quelques gestes symboliques avaient été faits avant les élections.

Au Burundi, en Erythrée, en Guinée-Bissau et en République centrafricaine, deux ans au moins séparent les accords de paix et le lancement du processus DDR.

De toute évidence, ces conditions varient en fonction de contextes spécifiques.

9.1.2.1 Le processus de réintégration

Le processus de réintégration comprend la réinsertion, l'accompagnement psychosocial, les activités de cohésion sociale/réhabilitation communautaire, la réintégration sociale et la réintégration économique. Il inclut les études d'opportunité, l'identification et l'accompagnement des ex-combattants, les formations professionnelles et l'emploi.

9.1.2.1.1 Etude des opportunités de réintégration et enquêtes sur les besoins des ex-combattants et de la communauté

L'étude des opportunités de réinsertion et de réintégration socioéconomique a pour objectif général d'améliorer les connaissances sur le marché local du travail et les opportunités de formation en vue d'accroître les chances de réussite de réintégration socioéconomique des ex-combattants et autres groupes à risque.

La cartographie des opportunités de réintégration économique fait ressortir les activités économiques tant formelles qu'informelles les plus porteuses et susceptibles de procurer des revenus décents et durables aux bénéficiaires. Elle décrit également les structures de formation (formation professionnelle et apprentissage des métiers, alphabétisation, écoles) capables de préparer les ex-combattants à l'insertion dans les métiers et emplois identifiés. Enfin, cette cartographie évalue les capacités, les forces, les faiblesses et les besoins des structures de formation et des services gouvernementaux d'appui ainsi que l'adéquation entre les formations dispensées et les marchés locaux de l'emploi. Elle propose des actions concrètes permettant de compenser les faiblesses des structures et services identifiés afin d'organiser avec efficacité les activités de formation professionnelle, d'apprentissage des métiers et de remise à niveau au profit des enfants sortis des forces et groupes armés.

On reproche souvent au programme de réintégration socioéconomique de ne pas tenir compte des réalités du marché local. L'étude exploratoire des opportunités de réinsertion est un exercice qui se fait habituellement avant la planification et la mise en œuvre du volet réinsertion du processus DDR.

9.1.2.1.2. Identification et orientation des bénéficiaires

L'identification consiste à définir de manière transparente des critères d'éligibilité sans ambiguïté permettant d'obtenir une liste complète et validée des bénéficiaires du programme. Les accords de paix déterminent habituellement les catégories de personnes éligibles au processus DDR.
Le critère principal d'éligibilité du DDR libérien était la présentation d'une arme en bon état ou de 150 munitions. Les femmes et les enfants n'étaient pas soumis à ce critère. L'ambiguïté des critères d'éligibilité, la précipitation et la préparation limitée de la Mission des Nations Unies au Liberia (UNMIL) avaient facilité la tâche à certains commandants pour manipuler les listes. Ils avaient, d'une part, exclu des personnes éligibles en leur arrachant les armes avant le désarmement. D'autre part, ils avaient introduit dans le processus des personnes qui n'avaient jamais combattu[151].
Selon Pugel, 12% de vrais combattants libériens n'ont pas participé au processus de désarmement. Cette ambiguïté du critère d'éligibilité a eu un impact négatif sur la suite du programme[152]. Selon le plan initial du secrétariat par intérim composé du PNUD, de l'UNMIL, de la Banque mondiale, de l'USAID, de l'UNICEF, du HCR, d'OCHA, et de World Vision, 38.000 combattants devaient être désarmés sur approximativement cinq mois. Le processus de réintégration devrait s'étaler sur trois ans. En fin de compte, les deux « D » se sont étendus sur une année. 103.019 combattants ont été désarmés au lieu des 38.000 prévus.

Les groupes vulnérables sont composés des enfants associés aux forces et groupes armés, des femmes soldates, des filles, des veuves, des orphelins de guerre, des handicapés, etc. L'une des caractéristiques du PNDDR de Côte d'Ivoire est justement l'attention particulière accordée aux groupes vulnérables.
On estime à environ 250.000 le nombre de personnes de moins de 18 ans participant actuellement à divers conflits à travers le monde. Les enfants ont longtemps été négligés dans la planification des programmes DDR. Les critères d'éligibilité au DDR insistant sur le dépôt d'armes éliminent souvent beaucoup d'enfants. Les commandants leur arrachent les armes avant le début du processus, les excluant *de facto* du processus. Dans d'autres cas, les

---

[151] Amnesty International (2008), *Liberia: A Flawed Process Discriminates Against Women and Girls*. AFR 34/004/2008. n.p. AI, 31 March.
http://www.amnesty.org/en/library/info/AFR34/004/208/en.
[152] Pugel, J. (2007). *What the Fighters Say: A Survey of ex-combatants in Liberia*, February-March 2006. Monrovia: UNDP / Joint Implementation Unit, April.

chefs de guerre, par peur du tribunal pénal international qui a criminalisé l'utilisation ou le recrutement des personnes de moins de 18 ans, les cachent au moment du processus et parfois même les tuent pour se mettre à l'abri d'éventuelles sanctions.

Dans les conflits qui durent plusieurs années, comme celui du Liberia, les enfants souvent recrutés vers l'âge de neuf ans grandissent dans les groupes armés et deviennent adultes au moment du désarmement. En Angola, l'on avait noté que, compte tenu de la durée de la guerre, la plupart des ex-enfants soldats avaient dépassé 18 ans au moment de la démobilisation. La problématique des enfants associés aux forces et groupes armés représente un sujet séduisant, capable d'ameuter l'opinion nationale et internationale. Aux fins de mobiliser des fonds, certaines ONG surestiment le nombre d'enfants présents dans les groupes armés. Cet écueil doit être évité pour ne pas décrédibiliser le programme. Les femmes sont habituellement négligées dans les programmes de réinsertion, surtout si elles doivent compter sur les hommes pour faire reconnaître leur statut de combattantes.

Grâce au plaidoyer des agences de protection et du rôle souvent crucial joué par les femmes au sein des groupes armés, elles commencent à bénéficier des programmes DDR. Au Liberia, les femmes représentent 24,5% de l'effectif des soldats démobilisés, ce qui est très significatif.

Les programmes de démobilisation devraient prendre en compte les besoins spécifiques des femmes, des enfants et des soldats handicapés.

Les ex-combattants blessés ou handicapés de guerre ou atteints de maladies chroniques à la suite de leur exposition au combat méritent une attention particulière du gouvernement.

La réhabilitation des handicapés inclut la prise en compte de leurs soins médicaux, leur réhabilitation physique et une formation débouchant sur un emploi correspondant à leurs besoins.

9.1.2.1.3 Les formations professionnelles

La formation professionnelle accroît les chances d'emploi des populations affectées par la guerre incluant les ex-combattants. Mais ces formations risquent de décevoir les attentes si elles ne débouchent pas sur un emploi décent. La plupart des programmes DDR sont phagocytés par une conception sécuritaire des questions liées aux ex-combattants. Obnubilés par cet argumentaire, les spécialistes du DDR postulent qu'occupés, les ex-combattants seront moins enclins à représenter une menace pour la sécurité physique de l'Etat et de ses citoyens.

Réduite ainsi à une question de protection et de défense, la formation professionnelle, au lieu de privilégier la réintégration socioéconomique à long terme, chaussera les bottes de gendarmes pour menotter symboliquement les ex-combattants afin de les éloigner de la rue. Cette stratégie finit par être contre-productive en ce sens qu'offrir des formations inadéquates ne tenant pas compte des besoins et de la demande du marché risque d'engendrer de l'insécurité, contrairement aux objectifs que l'on s'était fixés. La formation professionnelle doit déboucher sur un emploi décent ou l'auto-emploi, sinon elle ne vaut la peine d'être proposée aux bénéficiaires.

Il apparaît important d'en finir avec la culture des outils de réinsertion remis aux ex-combattants après trois à huit mois de formation plus ou moins réussie, revendus quelques minutes après leur réception pour prouver leur inutilité.

Il est absurde de former des centaines de mécaniciens ou de couturiers dans une bourgade où les voitures se comptent sur le bout des doigts et où la population préfère s'offrir de la friperie. On peut présumer qu'après la formation, ces jeunes peuvent s'installer dans une autre ville mais ce n'est pas toujours évident.

Afrique Renouveau, une revue en ligne des Nations Unies, rapporte le cas de trois enfants sierra léonais qui avaient suivi une formation professionnelle de courte durée et qui se retrouvent aujourd'hui sans emploi.

C'est le cas de Momoh Koroma : après son enlèvement par le Front révolutionnaire uni de Fodé Sankoh, il suivit après sa démobilisation deux mois de formation professionnelle de mécanicien automobile. A présent, il « ne fait rien », selon ses propos. Qui oserait donner son véhicule à un mécanicien formé en deux mois ? Personne ne prendrait ce risque ! Le cas de cet enfant remet en question la durée et le sérieux des programmes de réinsertion.

Le cas d'Abdul Kamara : il était connu sous le nom de « Jésus noir » pour ses prouesses militaires avec le Conseil révolutionnaire des forces armées. Il a reçu une formation de trois mois comme électricien. Il se contente à présent de petits boulots. Ce cas d'Abdul révèle deux problèmes majeurs : la durée des formations professionnelles et la réinsertion dans le monde de l'emploi après la formation.

Le cas de Mohamed Karim Kanu : il avait été enlevé à 11 ans par les troupes du Conseil révolutionnaire des forces armées. Il y a passé dix ans. Ce garçon qui n'a connu que la guerre souhaite retourner à l'école mais il n'a pas de nouvelles de sa famille. L'organisation non gouvernementale qui l'a pris en charge après sa démobilisation n'a pas eu les moyens de l'aider jusqu'au bout. Il est du coup obligé d'arrêter les études. Il subsiste « en faisant la manche dans le quartier ». Ce cas montre les questions liées à la réunification familiale et au financement des programmes de réinsertion surtout au profit des groupes vulnérables.

Les deux premières composantes du DDR bénéficient souvent du financement des bailleurs de fonds, tandis que la réinsertion et la réintégration ne bénéficient hélas pas de toute l'attention qu'elles méritent.

Les organismes multilatéraux, bilatéraux et nationaux qui contribuent à leur financement mettent du temps à tenir leurs engagements. Cet état de fait provoque le mécontentement croissant des ex-combattants et peut poser de sérieux problèmes de sécurité. Un nombre restreint d'ex-combattants réintègre leurs activités initiales.

Au Liberia, les ex-combattants qui avaient opté pour les études ont bénéficié d'une bourse d'études de trois ans couvrant la scolarité, l'uniforme et une allocation de 270 dollars américains payée sur 9 mois pendant la première année. Au cours de la deuxième année, ils ont perçu, en plus des frais de scolarité, des fournitures scolaires, 15 dollars par mois au lieu de 30. La troisième année, le programme ne s'était acquitté que des frais de scolarité.

A la fin de la formation professionnelle ou du placement chez le maître artisan, le programme doit soutenir l'installation de l'ex-combattant à travers la microfinance ou tout autre moyen de financement.

L'octroi de microcrédit peut revitaliser l'auto-emploi. Dans certaines situations, le système bancaire encore moribond n'est pas en mesure de répondre aux besoins des solliciteurs. Le programme DDR ou le programme global de relèvement peut pallier cette incapacité des banques en permettant l'accès des populations au microcrédit pour les aider à créer leur propre emploi notamment la pisciculture, l'horticulture, la pâtisserie, etc.

L'expérience a montré que les projets individuels ne sont souvent pas viables. Les ex-combattants doivent être encouragés à former des coopératives. La coopérative s'entend comme une association autonome de personnes unies volontairement pour trouver des réponses à leurs besoins économiques, sociaux et culturels communs et à leurs aspirations à travers une entreprise conjointe gérée démocratiquement.

Nous en volons pour preuve, à Monrovia, une coopérative formée par trois ex-combattants après leur formation de six mois en menuiserie. Ils ont mis ensemble les outils qui leur avaient été octroyés pour créer leur atelier. Celui-ci a vite pris de l'essor et a comblé ses initiateurs au-delà de leurs prévisions. Plus d'une dizaine de personnes y travaillent. Les commandes de meubles se cumulent désormais sur la liste d'attente !

9.1.2.2 Le processus de réintégration socioéconomique

Les programmes de réintégration ne sont pas des projets de développement mais des mesures temporaires pour faciliter la transition de la guerre vers la paix. Le succès du programme de réintégration dépend de son intégration dans la politique globale de reconstruction postconflit. La réintégration sociale et économique des ex-combattants est la clé d'une paix durable. Elle comporte deux dimensions : la réintégration sociale et la réintégration économique.

9.1.2.2.1 La réintégration sociale

La réintégration sociale comprend un volet communautaire et individuel. Le premier se préoccupe de la relation de l'ex-combattant avec sa communauté et le second de son accompagnement psychologique.

Le retour de l'ex-combattant dans sa communauté d'origine ou dans une communauté d'accueil

Les ex-combattants font souvent face à la crainte, à la suspicion et au ressentiment de la population. Ils sont quelques fois rejetés par la communauté ou accueillis avec méfiance du fait des atrocités commises.
Il y a des cas où des enfants ont été forcés à éliminer des membres de leur propre famille, à violer leur mère, leurs sœurs, etc. Tous ces actes réprimés par la morale mettent du coup l'enfant au ban de la société.
Le séjour prolongé de ces mineurs sur les champs de bataille les a coupés de la racine familiale et des réseaux sociaux. Ils ne se reconnaissent plus ou n'acceptent plus les règles de base de la société. C'est pour cette raison que la réintégration sociale est le premier pas de toute réintégration durable. Dans le cas des enfants associés aux forces et groupes armés, l'expérience a montré que les relations familiales et communautaires sont des facteurs fondamentaux de leur réintégration, la famille jouant le premier rôle dans leur retour à la vie civile.
Les enfants, comme le prescrivent les résolutions des Nations Unies sur la protection des enfants dans les conflits armés, doivent être démobilisés même avant la signature du cessez-le-feu. Cette démobilisation doit être suivie de sensibilisation, de recherche et de réunification familiale.
Quant aux adultes, ils ont le choix, à la fin du conflit, de retourner dans leur communauté d'origine ou non. Ceux qui ont perpétré des atrocités y réfléchissent à deux fois avant de faire leur choix. Les programmes DDR peuvent faciliter le rétablissement des liens entre les ex-combattants et leurs communautés à travers la médiation.
Ces ex-guerriers retournent dans un environnement où les conditions de vie sont extrêmement difficiles. En l'absence d'une sensibilisation adéquate des communautés, les bénéfices qu'offre le programme DDR aux ex-combattants seront perçus comme une récompense pour leur participation à la guerre.
Dans beaucoup de cultures africaines, une personne revenant de la guerre ne peut réintégrer la communauté qu'après la cérémonie de purification. Selon cette croyance, un ex-combattant est perçu comme impur et poursuivi par l'esprit des personnes qu'il a tuées au cours des combats. D'où la nécessité d'organiser des cérémonies de purification et d'exorcisme pour « libérer l'esprit » de la personne supposée « souillée ».

Il importe de tenir compte de ces sensibilités culturelles pour favoriser la réintégration durable de l'ex-combattant.

L'accompagnement psychosocial

Le conflit armé expose les ex-combattants au stress post-traumatique. Derluyn a montré la prévalence à 97% de stress post-traumatique d'importance clinique chez les enfants associés aux forces et groupes armés dont 39% avaient commis des meurtres et 77% avaient été témoins de tueries[153].

Au-delà de la souffrance psychologique, les personnes souffrant de traumatisme montrent un niveau élevé de morbidité et de mortalité physique. L'état d'anxiété sévère, le stress traumatique conduisent à une altération fonctionnelle et structurelle de la mémoire[154].

Une étude sur les vétérans de la guerre du Vietnam a montré que les témoins de violence extrême et de cruauté étaient exposés à un traumatisme très élevé[155].

Il existe une abondante littérature établissant une relation entre les désordres traumatiques et les plaintes somatiques comme les maladies cardiovasculaires, pulmonaires, neurologiques, gastro-intestinales, l'hypertension, l'anormalité de la glande thyroïde et autres fonctions hormonales[156].

L'expérience traumatique peut être accompagnée de retrait social, de perte de confiance, de changement majeur dans le comportement, d'interprétation idéologique du monde, de sentiment de culpabilité et de honte[157].

Pendant le conflit, les combattants abusent de drogues hallucinantes pour se préparer au combat, combattre avec courage ou dominer l'environnement de peur et être insensibles à la longue exposition à la violence.

Les ex-combattants utilisent des drogues pour faire face au stress post-traumatique.

La corrélation entre le stress post-traumatique et la dépression clinique a été attestée par plusieurs études. Par exemple, une étude sur les enfants associés aux forces et groupes armés au nord de l'Ouganda menée par Vinck et ses

---

[153] Derluyn, I., Broekaert, E., Schuyten, G. and De Temmerman, E. (2004). "Post-traumatic stress in former Ugandan child soldiers," *The journal Lancet,* 363 (9412), 861-863.

[154] Eckart, C., Stoppel, C., Kaufmann, J., Templemann, C., Hinrichs, H., and Elbert, T. et al. (2010), "Patients with PTSD show structural alterations with memory processes and networks associated with memory processes an emotion regulation", *Journal of psychiatry and neuroscience.*

[155] Hiley-Young, B., Blake, D.D., Abueg, F.R; Rosynko, V., and Gusman, F.D. (1995), "Warzone violence in Vietnam: an examination of preliminary, military and post military factors in PTSD in patients", *Journal of traumatic stress,* 8 (1), 125-141.

[156] Altemus, Dhabhar et Yang, "Immune function in PTSD", *Annals of the New York Academy of Sciences,* 1071, 167-183.

[157] Dickson-Gomez, J., "The sound of barking dog: violence and terror among Salvadoran families in post war", *Medical Anthropology Quarterly,* 16 (4), 415-438.

collègues a démontré que 52% des enfants ont des symptômes de dépression. Dans la même veine, Pfeiffer et ses collègues ont montré que 16% de ces enfants souffrent d'une dépression majeure. Ils ont également souligné que 34% d'entre eux sont vulnérables au suicide[158].

Une étude après la guerre du Vietnam avait déjà identifié un risque élevé de suicide parmi les vétérans et les ex-combattants pour plusieurs raisons notamment pour avoir tué ou n'avoir pas pu protéger les autres[159].

La population se plaint souvent du comportement agressif des ex-combattants. Ceux-ci contrôlent difficilement leurs pulsions agressives.

La situation est plus critique chez les enfants enrôlés de force. Ils passent les années critiques de leur développement psychologique sur les champs de bataille sous la menace constante d'abus et de manipulation par leurs commandants. Cette période affecte le développement de leur identité personnelle et collective[160].

Il existe plusieurs mécanismes pouvant contribuer à faire face au stress post-traumatique ou autres troubles psychologiques et émotionnels que présenteraient les ex-combattants. L'intervention doit tenir compte de la culture locale. Elle peut combiner les moyens psychiatriques et psychologiques ainsi que les mécanismes traditionnels pour faire face aux désordres ci-dessus mentionnés.

Les programmes DDR confient souvent la réhabilitation médicale et psychologique à des ONG spécialisées. Celles-ci donnent aux travailleurs sociaux une formation leur permettant de diagnostiquer les problèmes comportementaux et mentaux dont souffrent les ex-combattants et les traiter au mieux de leurs compétences. Les cas critiques sont référés à des spécialistes.

Le contenu de leur formation inclut la reconnaissance des personnes souffrant de traumatisme ou de stress, le dialogue et l'écoute pour bâtir la confiance, l'éducation à la paix à travers les jeux éducatifs, les droits de l'homme incluant les droits des enfants.

Les ex-combattants ont quelquefois des relations difficiles avec la loi. Il convient de discuter avec eux de l'importance du respect de la loi, des symboles de la république, d'adopter des comportements civiques, etc. Toutes ces activités doivent tenir compte des réalités de chaque pays.

Les programmes DDR sont de courte durée. Les symptômes du traumatisme n'apparaissent souvent que plusieurs années après l'évènement. Il importe donc d'assurer la durabilité dans les curricula d'enseignement formel et informel.

---

[158] Pfeiffer, A., Ertl, V., Schauer, E., Elbert, T., PTSD, *Depression and anxiety disorders of formally abducted children in Northern Uganda.*
[159] Brett, R., et Sprecht, I. (2004), *Young soldiers: why they choose to fight,* Colorado: Lynne Renner.
[160] Kanagaratnam, P. Raudalen, M. et Asbjornsem, A.E., "Ideological commitment and post-traumatic stress in former Tamil child soldiers", *Scandinavian journal of psychology*, 46 (6), p. 511-520.

9.1.2.2.2 La réintégration économique

Selon l'Organisation internationale du travail, « *l'emploi est le point d'entrée de la réintégration sociale, culturelle, psychologique et économique*[161] ». Un homme qui travaille a des collègues, un statut, un revenu avec lequel il peut se payer un loyer, une assurance. Il peut participer à des activités sociales comme la tontine et s'occuper de sa famille. Les combattants démobilisés deviennent des chercheurs d'emploi. Ils rejoignent le large groupe des sans-emploi. Il est largement connu que le manque d'emploi est un des facteurs majeurs qui poussent les jeunes à rejoindre les groupes armés.
Le démarrage des PME se fait le plus souvent à travers des microcrédits.
La somme allouée est habituellement octroyée aux ex-combattants en plusieurs tranches pour éviter un mauvais usage. L'argent ne devrait être déboursé qu'après que les ex-combattants aient présenté un bon plan d'affaires avec des indicateurs permettant de suivre et d'évaluer leurs activités. Il est recommandé de payer plutôt en nature qu'en espèces. Par exemple, pour la création d'une ferme, il convient de mettre à la disposition des bénéficiaires le matériel servant à construire la ferme, les poussins, la nourriture, etc.
L'expérience a montré que les ex-combattants remboursent difficilement les crédits qui leur sont octroyés. C'est pour cette raison que les dons sont plus appropriés.
Octroyer un crédit à une personne qui ne peut pas le rembourser ou à des institutions qui n'ont pas la capacité de rembourser peut avoir un impact négatif sur la culture locale du crédit et affaiblir la durabilité des institutions financières.
Il faut suivre la mise en œuvre des activités du microcrédit jusqu'au remboursement des fonds. Pour cette raison, il importe de décaisser graduellement les fonds en tenant compte de l'état d'avancement du projet.
Les ex-combattants sont souvent confrontés à la question de l'obtention d'un emploi décent après la démobilisation ou la formation professionnelle. S'il est un axiome que l'on ne conteste presque plus, c'est bien celui qui établit un lien étroit entre la pérennité de la paix et l'accès des populations affectées par la guerre à un emploi décent. Cet objectif ne peut être atteint par n'importe quel type de travail. Le volet de la réintégration économique est la partie la plus complexe du processus DDR à cause de deux principales contingences liées au contexte de sortie de crise : la faiblesse de l'économie et la sécurité. Pour ne pas créer de frustration au sein de la population, la réintégration socioéconomique doit faire partie de la stratégie globale de relèvement postconflit.
Il convient de dissiper certains malentendus concernant les travaux à haute intensité de main d'œuvre. Ils offrent aux ex-combattants des opportunités

---

[161] ILO Recommendations No 193 (2002) paragraph 2.

d'emploi à court terme mais ne représentent pas des stratégies de réintégration fiables. Les initiatives offrant de l'emploi à long terme sont à encourager. Parfois, pour flatter les bailleurs de fonds, les ONG et autres organismes internationaux privilégient les travaux à haute intensité de main d'œuvre pour faire grimper le nombre d'emplois créés.

Les opportunités d'emploi dans un pays sortant de guerre ne sont pas nombreuses. Dans certains pays comme la Côte d'Ivoire, la fonction publique a offert un certain nombre d'emplois aux ex-combattants. Cette initiative constitue une opportunité de réintégration durable. Mais ce ne sont pas tous les pays en situation de sortie de crise qui peuvent se le permettre.

Le secteur privé peut également contribuer à la réintégration des ex-combattants. Au Liberia comme en Côte d'Ivoire, certaines entreprises leur ont offert des opportunités d'emploi.

Il y a de plus en plus de débats sur le ciblage exclusif des ex-combattants comme bénéficiaires des programmes de réinsertion postcrise. L'exemple du Liberia montre que la prise en charge de toutes les populations à risque favorise la paix sociale. Le nombre de jeunes à la recherche de cartes de DDR montre qu'une grande partie active de la population avait des besoins qui n'ont pas été pris en compte au moment de la conception du programme. Pour des considérations sécuritaires, on peut cibler les ex-combattants. Mais, l'expérience a montré que la précarité de la vie et le chômage des populations actives sont des voies vers l'insécurité. Des spécialistes du DDR adoptent quelquefois les formations qualifiantes comme une alternative à la réintégration économique ou au développement de microentreprises. Ces types de formation, en permettant aux ex-combattants d'acquérir de nouvelles connaissances, sont de bonnes initiatives mais seulement si elles débouchent sur un emploi.

Les ex-combattants sont souvent frustrés et déçus lorsqu'ils ne trouvent pas d'emploi après la formation. Au Kosovo, tous les ex-combattants espéraient trouver de l'emploi après la démobilisation même si 30% d'entre eux ne travaillaient pas avant leur recrutement par l'Armée de libération du Kosovo. La création d'emplois devra être la priorité du gouvernement et des bailleurs de fonds dans la période qui suivra la fin de la guerre. En Bosnie Herzégovine, la création d'emplois était la priorité de l'administration et des bailleurs de fonds (FMI, Banque Mondiale, Union européenne). Le programme « Emploi et Justice » s'était fixé pour objectif de créer 60.000 nouveaux emplois dans le secteur privé fin 2004.

9.1.2.3 Réhabilitation communautaire et cohésion sociale

9.1.2.3.1 La réhabilitation d'infrastructures communautaires et les activités de cohésion sociale

Les programmes DDR ne ciblent souvent que les ex-combattants. Cette approche a non seulement montré ses limites mais elle renforce le ressentiment de la communauté contre les ex-combattants. L'une des faiblesses du programme DDR du Liberia est l'absence de volet communautaire. Cependant, le Programme des Nations Unies pour le Développement (PNUD), très actif dans la reconstruction du pays, a pallié cette insuffisance en instituant un programme de réhabilitation communautaire.

A Vahun, au Liberia, lors d'une campagne de sensibilisation des ex-combattants sur les bénéfices du programme DDR, un homme amputé de ses quatre membres nous posa la question suivante :

« Je n'ai jamais fait de mal à qui que ce soit. Pendant la guerre, des individus sans foi ni raison ont sectionné mes quatre membres. Les victimes de la barbarie des seigneurs de guerre se comptent par milliers dans cette province. Qu'est-ce qui a été prévu pour nous ? Pour n'avoir pas tué comme les autres, n'avons-nous pas droit à la récompense ? »

Nous perdîmes notre latin devant la question émouvante de notre interlocuteur pour qui nous avons eu de la sympathie. Il n'avait pas tort, le programme DDR libérien ne ciblait que les ex-combattants. Le programme DDR de Côte d'Ivoire est l'un des tout premiers en Afrique de l'Ouest à prendre en compte le volet communautaire. La réhabilitation communautaire s'entend comme une *mesure d'équité en faveur des populations rendues vulnérables du fait de la guerre. Elle consiste à restaurer la capacité des populations vulnérabilisées par la guerre à maintenir et accroître leurs moyens de subsistance. Couplée à la réinsertion, elle permet de préparer les communautés à accepter les ex-combattants. La réhabilitation communautaire se fait en appliquant des approches renforçant la cohésion sociale*[162]. La réhabilitation communautaire embrasse les activités suivantes : la réhabilitation des infrastructures communautaires de base, les activités génératrices de revenus au profit des communautés et la restauration de la cohésion sociale.

9.1.2.3.2 La sécurité communautaire et le micro-désarmement

En complément des programmes DDR, les opérations de désarmement de la population civile permettent de réduire la circulation des armes légères.

---

[162] Programme de Réinsertion / Réhabilitation Communautaire de Côte d'Ivoire.

La présence des armes dans les communautés est source d'insécurité. Le désarmement communautaire a lieu pour collecter les armes détenues illégalement par des civils et celles que les ex-combattants ont gardées par-devers eux.

Le désarmement communautaire constitue donc un enjeu important de la consolidation de la paix et de la stabilité nationale.

Les points de vue des analystes divergent sur la stratégie à adopter. Pendant que certains théoriciens privilégient le rachat d'armes, d'autres conseillent les programmes « armes contre développement ». Nous essayerons d'évaluer ces deux approches pour en dégager quelques leçons pouvant contribuer à l'amélioration des programmes en cours. Pendant longtemps, s'inspirant des mesures adoptées dans les centres urbains des Etats-Unis pour combattre la prolifération des armes à feu, des concepteurs du micro-désarmement avaient instauré des programmes de rachat d'armes. L'individu qui rend une arme reçoit en échange de l'argent ou une aide pour faciliter sa réintégration économique. Le rachat d'armes est une mesure coûteuse, surtout lorsqu'un pays en accumule des centaines de milliers. Au Salvador, les divers programmes de démobilisation et de rachat d'armes ont permis de détruire environ vingt-mille (20.000) armes. Deux cent mille (200.000) autres sont estimées être encore en circulation. Le programme du Nicaragua est à ce jour l'un des plus coûteux au monde. Sa facture s'élève à 6 millions de dollars américains pour 142.000 armes et 250.000 munitions récupérées, dont 64.000 armes rachetées. A Haïti, le programme de rachat d'armes financé par les Etats-Unis a coûté près de 2 millions de dollars américains pour la récupération de 3.684 armes et 6.512 munitions[163]. Il apparaît clairement que ces programmes sont coûteux avec des résultats mitigés.

Les programmes de rachat d'armes avaient évolué vers des programmes « *Armes pour le développement* » encourageant les communautés à rendre les armes légères en leur possession en échange d'appui pour des projets de développement locaux. Bâtissant sur les acquis de ces programmes, l'on commence à leur assigner des objectifs plus larges notamment créer un environnement sécuritaire favorable à la lutte contre la pauvreté et au développement économique. Cette nouvelle génération de programmes de lutte contre la circulation illicite des armes légères, appelés parfois selon le contexte « programmes de lutte contre la prolifération et la circulation illicite des armes légères et de petit calibre et de sécurisation communautaire » prend également en compte les nouvelles menaces et cherche à traiter les causes profondes de la circulation illicite des armes légères et de petit calibre dans les communautés. Ces programmes renforcent la capacité des institutions nationales à collecter, stocker et détruire les armes détenues par différents groupes armés et individus sur l'ensemble du territoire national.

---

[163] « Le fléau des armes légères et portatives », *Bulletin Le Maintien de la paix,* n° 33, mars 1998. Accessible sur Internet à l'adresse suivante : http://www.ulaval.ca/iqhei.

Souvent, les acteurs organisent d'importantes campagnes à travers le territoire national pour sensibiliser les populations locales sur le danger que pose la circulation de telles armes. A la différence du DDR, le programme « sécurité communautaire » n'offre pas de bénéfice individuel. Dans le cadre de ce programme de réduction de la violence communautaire, avec l'appui de ses partenaires (le PNUD et le gouvernement japonais), la ComNat/Alpc ivoirienne a marqué 26.324 armes et collecté 10.732 armes, détruit plus de 8.000 armes, 6.000 munitions non explosées et 66 kg d'explosifs et des munitions non fonctionnelles. Les communautés qui ont remis ces armes ont bénéficié d'outils agricoles, de biens ménagers, de moyens de transport, de machines à coudre, de moulins, d'infrastructures telles que des centres de santé, des marchés, etc.

9.1.3 La réforme des forces de défense et de sécurité

Les organisations de développement et les bailleurs de fonds ont, pendant longtemps, expurgé la sécurité de l'agenda du développement. Cette expurgation soutenue par des arguments assez contestables n'a pas résisté à la critique de la réalité du terrain. Ils se sont rendu compte que le credo du développement ne peut se réciter sans la réhabilitation de l'hérétique sécurité. La nouvelle doctrine dictée par la réalité montre qu'aucun développement n'est possible dans un environnement où la peur, le désordre social et la violence déboutent quotidiennement la population de ses droits et aspirations.

Pour limiter les formes d'insécurité et pour exorciser la société de la culture de la violence et reconstruire le pays en lambeaux, la réforme du système de la sécurité est le nouveau rituel sacramentaire proposé. L'on s'est rendu compte que si le secteur de la sécurité est une partie du problème, il fait également partie de la solution. L'expulsion des forces de défense et de sécurité des chantiers de la reconstruction équivaut à se contenter d'un cautère sur une jambe de bois.

La réforme du secteur de la sécurité s'impose comme l'une des bouées de sauvetage les plus sûres pour éviter un nouveau naufrage. Pour l'OCDE, la RSS doit relever trois principaux défis, notamment la définition d'un cadre institutionnel clair permettant d'intégrer la politique de sécurité et celle du développement ; le renforcement de la gestion et la supervision des institutions chargées de la sécurité et la mise en place de forces de sécurité compétentes et professionnelles responsables devant les instances civiles et ouvertes au dialogue avec les organisations de la société civile.

La réforme concerne l'ensemble du système de sécurité du pays notamment l'armée, la gendarmerie, la police nationale et municipale, les forces paramilitaires (la douane, les eaux et forêts, les gardes pénitentiaires, les gardes de sous-préfecture, etc.).

La coordination de la RSS

L'engagement, la volonté politique au plus haut niveau de l'Etat et la coordination de la réforme du secteur de sécurité contribuent à la réussite du processus. En Côte d'Ivoire, dès sa prise de fonction, le président de la République a élevé au rang des priorités de son gouvernement la réforme du secteur de la sécurité. Un groupe de travail composé d'experts internationaux et nationaux a travaillé d'arrache-pied pour proposer au gouvernement un projet de stratégie nationale RSS. Cette stratégie, validée par le Conseil national de sécurité présidé par le président de la République, est désormais la boussole guidant la mise en œuvre de 108 réformes. En effet, ce Conseil, créé le 8 août 2012, regroupe des ministres, des hauts fonctionnaires, les principaux responsables du système de sécurité et autres conseillers du président de la République. Il a pour mission de coordonner les questions de sécurité (y compris les actions des différents ministères impliqués), de définir les orientations stratégiques en matière de RSS et d'assurer la mise en œuvre des différentes stratégies gouvernementales dans ce domaine. Il est également chargé de renseigner, informer et conseiller le chef de l'Etat et surtout de prévenir et gérer les actions et les situations de nature à porter atteinte aux intérêts vitaux du pays[164].

Un secrétariat (S-CNS) a été créé pour assurer le suivi de la mise en œuvre des diligences du CNS et de la RSS. Cette structure a assuré la coordination de la mise en œuvre des réformes et la contribution des partenaires. Elle organise au moins une fois par mois une réunion de coordination appelée « groupe consultatif » regroupant les représentants des ministères, des organisations de la société civile, des ambassades, des structures étatiques, de l'ONU et de bien d'autres partenaires.

Cette coordination, assurée par le S-CNS, a consolidé l'appropriation locale du processus et a créé une synergie d'action entre les partenaires.

Toutefois, ce ne sont pas tous les pays en situation de sortie de crise qui ont cette capacité au lendemain du conflit. Dans ce cas, le processus peut être influencé dans un premier temps par des acteurs internationaux. Mais le gouvernement doit reprendre des initiatives dans les phases ultérieures. Les acteurs extérieurs et nationaux doivent entretenir des rapports de partenariat égaux. Pour éviter la duplication et le gaspillage de ressources, il importe de définir clairement les responsabilités de chaque partenaire, le calendrier de son engagement et sa stratégie progressive de désengagement.

---

[164] Décret n°2012-786 du 8 août 2012 portant création, attributions, organisation et fonctionnement du Conseil National de Sécurité (C.N.S).

Renforcement des capacités et professionnalisation des forces de défense et de sécurité (FDS)

La prise en compte des besoins opérationnels est souvent le parent pauvre de la réforme du secteur de sécurité postconflit. Les bailleurs de fonds et les partenaires semblent plus préoccupés par le volet gouvernance de la RSS, comme si la technique militaire et l'art de la guerre étaient secondaires. Donner des armes à des soldats qui n'ont reçu aucune formation dans les règles de l'art, c'est lâcher des lions affamés dans un troupeau de bœufs.

Cette tendance à ne soutenir que le volet « gouvernance » risque de mettre en place des FDS éprises de valeurs démocratiques mais incapables de remplir leur devoir d'Etat. Une armée n'est dissuasive que si elle est bien entraînée, bien équipée et combative. Une armée nationale qui n'est pas en mesure de défendre le pays ni d'assurer le maintien de la paix ne peut servir qu'à la parade et constituer à la longue une menace pour la population, pire un facteur supplémentaire d'instabilité.

La guerre n'est-elle pas ce monde à part dans lequel c'est la vie même qui est en jeu ? La guerre est, au sens propre, une question de vie ou de mort, la route vers la sécurité ou la ruine. Dans la guerre, on n'offre pas d'autre alternative que la vie ou la mort pour la population et les soldats, la sécurité ou la ruine pour l'Etat... Elle est donc une entreprise sérieuse requérant un degré élevé de préparation aussi bien qu'une bonne capacité de décision et de réflexion. C'est dans ce sens que Fréderic le Grand disait que « *la guerre n'est pas une affaire de hasard. Une bonne dose de savoir-faire, d'étude et de méditation est nécessaire pour bien la mener* ».

La guerre est une entreprise beaucoup trop sérieuse pour être improvisée. La victoire ne peut sourire qu'à ceux qui s'y préparent avec minutie. Le savoir s'acquiert par la formation, l'entrainement et l'étude. Seul un soldat capable de conjuguer l'aptitude au combat et la réflexion dans le même temps est excellent. Dans cette perspective, Sir William Francis Butler soutenait que « *la nation qui tient absolument à tracer une ligne de démarcation importante entre le combattant et l'homme qui pense risque de s'apercevoir que ses combats sont menés par des idiots et que ses penseurs sont des poltrons*[165] ».

La réforme doit donc permettre de mettre en place une armée professionnelle, bien préparée, mieux équipée, disciplinée et en mesure d'utiliser des matériels modernes. Cette nouvelle armée doit se préparer non seulement à l'éventualité d'une guerre conventionnelle de haute intensité, en posture offensive ou défensive et à faire payer dans un cas ou dans l'autre

---

[165] Cité par Aaron P. Jackson, « Doctrine, stratégie et culture militaire : Évolution de la doctrine militaire stratégique de l'Australie, du Canada et de la Nouvelle-Zélande entre 1987 et 2007 », Section de la production du Centre de guerre aérospatiale des Forces canadiennes, 2007.

l'ennemi d'avoir choisi l'option militaire, mais aussi à des menaces asymétriques.
Les forces de défense et de sécurité opèrent dans un environnement complexe, changeant et marqué par l'incertitude. Les gouvernants doivent en tenir compte dans leur préparation.

Développement de documents stratégiques

Dans plusieurs pays en situation de sortie de crise, les documents stratégiques tels que la politique nationale de défense et de sécurité et les politiques sectorielles sont inexistants ou devenus caducs.

Pour être cohérente, la réforme du secteur de la sécurité doit être guidée par un document d'orientation qu'on pourrait appeler stratégie ou politique nationale RSS. Cette stratégie doit être développée de manière participative et validée par la plus haute autorité du pays.

Quant au développement de la politique nationale de défense et de sécurité, il doit être précédé par une évaluation globale de l'environnement sécuritaire du pays. Ce document identifie les menaces et les opportunités pour la sécurité et la défense du pays. Il définit également les capacités militaires, non militaires et matérielles nécessaires pour protéger l'indépendance du territoire national, assurer la sécurité des citoyens et des biens et le respect des engagements internationaux de l'Etat.

La stratégie nationale de sécurité intègre également les buts sécuritaires majeurs, les politiques, la responsabilité et l'action dans un ensemble cohérent. Elle s'articule autour de concepts opérationnels tels que la connaissance et l'anticipation, la prévention, la dissuasion, la protection et l'intervention.

L'incertitude stratégique qui caractérise le monde actuel depuis le 11 septembre 2001 amène les Etats à se doter de moyens pour *connaître et anticiper* les menaces.

La stratégie de combat des guerres conventionnelles privilégiait la recherche et la destruction de la source de puissance, du centre de gravité de l'ennemi. Mais face aux adversaires asymétriques, le centre de gravité est difficilement identifiable. On pourrait supputer qu'il se trouve dans le lien de ces groupes avec la population ou au centre des réseaux intérieurs et extérieurs de ces forces du « mal », pour reprendre l'expression du président Georges W. Bush. Face à de tels adversaires, la stratégie des guerres traditionnelles se révèle très courte. Le renseignement de sécurité est donc devenu la première ligne de défense de chaque pays. Il permet aux autorités de prendre en temps utile des décisions informées pour anticiper les menaces et les opportunités. Cela suppose une bonne organisation et l'équipement des services pour leur permettre de récolter, d'analyser et diffuser l'information de sécurité en temps réel.

Les missions diplomatiques représentent une source inénarrable d'informations. Les universités, les grandes écoles, les écoles militaires et les académies policières peuvent développer une démarche prospective au sein de chaque Etat en vue d'anticiper les menaces contre les intérêts nationaux afin de permettre aux autorités de préparer à temps leur réponse.

La connaissance exige également la maîtrise de l'information. Elle consiste à accéder en temps réel à l'information et à en faire un usage opérationnel efficace.

La mission première de tout gouvernement est la protection de la nation et de la population. Un Etat qui se dérobe à cette mission peut être qualifié d'Etat failli. La stratégie de protection implique une surveillance et un contrôle accrus des frontières et des intérêts vitaux de la nation ainsi que le développement de la capacité de réaction rapide et de résilience. La formation et l'équipement des forces de défense, de sécurité et des civils s'imposent comme actions prioritaires. Le recours à la force n'intervient que lorsque tous les moyens pacifiques sont épuisés.

Renforcement du cadre institutionnel et juridique

Dans certains pays, les forces de défense et de sécurité incluant les services de renseignement de sécurité opèrent parfois en dehors de la loi.

Il est nécessaire de réviser et d'actualiser le cadre juridique régulant les forces de défense et de sécurité pour traiter les insuffisances et les défis institutionnels. Cette action s'assure également que le mandat de chaque élément du secteur de sécurité est bien défini.

La tâche la plus importante des militaires est la défense de l'indépendance et de la souveraineté du territoire. L'armée nationale peut également combattre aux côtés d'un pays allié. Les « nouveaux conflits » ont changé la typologie actuelle des guerres qui n'opposent plus des Etats. La plupart des menaces sont désormais intérieures. Les plus grands défis auxquels sont confrontées les armées consistent à se battre sur leur propre territoire pour mater les rébellions. L'armée défend le territoire contre les menaces extérieures en faisant un usage légitime de la force ou en déployant l'appareil proactif de l'Etat.

Cette fonction de défense nationale de l'armée « *ne doit pas être diluée par des tâches auxiliaires dont seraient investies les forces armées, sauf dans des cas exceptionnels*[166] ».

L'intervention des militaires dans des opérations de sécurité intérieure doit être une exception et non la règle. La portée de cette participation doit être

---

[166] Contrôle démocratique du secteur de la sécurité dans les Etats membres. Recommandation 1713 (2005) de l'Assemblée parlementaire du Conseil de l'Europe, 23 juin 2005, http://assembly.coe.int/Documents/AdoptedText/TA05/EREC1713.htm (consulté le 10 avril 2011, version anglaise).

définie et limitée par la Constitution, la loi et les textes gouvernementaux. Les forces armées ne peuvent intervenir dans la sécurité intérieure que lorsque la police et la gendarmerie ne parviennent plus à maintenir la loi et l'ordre.

La réquisition de l'armée pour le maintien de l'ordre constitue dans certains cas un moyen pour les régimes autoritaires de régler leurs comptes avec leurs adversaires politiques et avec les syndicats par la répression des manifestations pacifiques. L'utilisation de l'armée dans des missions de police peut, à la longue, conduire à sa politisation.

Toutefois, la réquisition des FDS peut être requise dans des circonstances telles que la menace d'attentats terroristes, le trafic de drogue, les crimes organisés ou toutes autres menaces sérieuses qui dépassent la capacité des forces de l'ordre. Cette réquisition doit être ponctuelle et faite en conformité avec la loi. La Côte d'Ivoire se souviendra pendant longtemps de la descente musclée des militaires en pleine nuit, à la cité universitaire de Yopougon (Abidjan). Cette descente a eu des conséquences très graves : viols d'étudiantes, vols, coups et blessures graves voire mortels.

L'Afrique du Sud postapartheid a mis en place de solides balises concernant l'utilisation interne des forces de défense. Selon le *Livre blanc de la défense*, l'armée sud-africaine ne peut être déployée dans des missions de police que si et seulement si l'ordre public est complètement désorganisé et que la police seule ne peut pas faire face, ou pour des raisons de sécurité nationale. Ce livre blanc insiste également sur le contrôle parlementaire d'un tel déploiement qui doit respecter les droits fondamentaux de l'homme reconnus par la Constitution.

La South African National Defence Force (SANDF) ne peut être déployée que dans les circonstances les plus exceptionnelles telles qu'une désorganisation complète de l'ordre public dépassant les capacités des structures de la police sud-africaine ou pour des raisons de défense nationale [...]. L'utilisation interne de l'armée doit être soumise au contrôle du parlement et conforme aux dispositions de la Constitution relatives aux droits fondamentaux. Enfin, elle doit être conforme à la législation.

Il vaut mieux ne pas envoyer les militaires pour le maintien de l'ordre mais lorsqu'on ne peut pas faire autrement, la mission de l'armée devra être définie et limitée par la loi. La législation doit prévoir les circonstances pour lesquelles l'on peut faire appel aux militaires, la nature, les limites et la durée de leur intervention. Une armée constituée de membres de toutes les ethnies du pays joue un rôle intégrateur et contribue à l'édification de la nation. Elle offre de l'emploi aux jeunes. Le recrutement de citoyens valides issus de toutes les ethnies du pays remplissant les conditions d'enrôlement peut favoriser la réconciliation nationale. Des militaires sont parfois engagés dans les travaux publics (construction de ponts, de routes).

En cas de catastrophe naturelle ou provoquée (tremblement de terre, tsunami, écrasement d'avion, incendie à grande échelle...), les autorités civiles peuvent faire appel aux militaires pour assister les victimes.

L'image du militaire, dans les pays qui ont connu des guerres civiles très sanglantes comme en Sierra Leone ou au Liberia, s'est beaucoup détériorée à cause de la brutalité et de la violation grave des droits humains commis par les hommes en treillis.

Le Liberia est l'un des rares pays africains où les jeunes refusent aujourd'hui d'entrer dans l'armée ou dans la police pour les raisons que nous venons d'évoquer. Dans ce genre de cas, la participation des forces de défense et de sécurité à des actions humanitaires peut contribuer à améliorer et rétablir leur image auprès de la population. Cette troisième tâche n'est pas toujours bien perçue étant donné que l'utilisation des militaires au maintien de l'ordre n'est pas sans conséquences. N'étant pas habituellement équipés et entraînés pour accomplir des missions de police auprès de la population civile, ils risquent de commettre des abus.

Dans des pays où les militaires et les policiers n'ont pas d'atomes crochus, les amener à travailler ensemble comporte certes un risque de conflits d'intérêts entre les deux corps, mais par ailleurs, leur collaboration pourrait contribuer à améliorer leurs relations. Tout dépend des circonstances. Il est malheureux que des rivalités opposent des corps commis à la défense et à la sécurité d'un même pays.

Dans beaucoup de pays en développement, les hôpitaux militaires sont plus accueillants et délivrent presque gratuitement les soins. Cependant, la bonne image des militaires est quelquefois écornée par les attitudes indélicates de certains de leurs frères d'armes qui se livrent au racket ou prêtent leurs armes à des bandits.

Au Nigeria, sous le règne du général Sani Abacha, certains militaires étaient de véritables hommes d'affaires détournant à leur profit les ressources pétrolières de l'Etat.

De nos jours, les guerres entre Etats sont de plus en plus rares. Les militaires doivent être préparés à de nouvelles missions telles que le maintien de la paix. Selon l'Union interparlementaire et le Centre pour le contrôle démocratique des forces armées de Genève (DCAF), la participation des militaires aux missions internationales de paix peut être motivée par au moins deux raisons. D'abord, pour éviter les conflits et empêcher les répercussions possibles sur d'autres pays, notamment la déstabilisation d'une région, les perturbations économiques et l'apparition de flux incontrôlés de réfugiés.

Ensuite, pour promouvoir la sécurité humaine et protéger les populations civiles dans les régions déchirées par un conflit.

Les militaires peuvent également participer à la lutte contre la désertification et à la protection de l'environnement.

La protection des frontières, de l'espace aérien et des eaux littorales est un autre rôle dévolu aux forces armées de certains Etats.

Par ailleurs, les armées nationales participent de plus en plus aux opérations de maintien de la paix et de gestion de crises dans le cadre des Nations Unies ou des organisations régionales.

La plupart des pays en développement engloutissent chaque année des milliers de dollars dans l'achat d'armes mais leurs armées sont toujours mal équipées et à la merci du premier quarteron d'insurgés. Cette situation s'explique en partie par le manque de planification adéquate conduisant à des dépenses *ad hoc*. Il convient donc de développer une loi de programmation militaire. Celle-ci représente un outil de référence qui détermine les grands axes et les moyens pour mener cette politique de défense.

Dans certains pays africains, les soldats, vaillants serviteurs de l'Etat, vivent dans des conditions précaires. Leurs salaires ne leur permettent pas d'offrir une vie décente à leurs familles. Cette situation amène certains militaires peu scrupuleux à s'adonner à des comportements contraires à l'honneur militaire pour satisfaire leurs besoins sociaux. Ils résistent difficilement aux vendeurs d'illusions et autres chants de sirène. La clochardisation des défenseurs de la cité ne représente pas un compliment pour les gouvernants. Ces derniers doivent s'atteler à améliorer les conditions de vie et de travail de l'ensemble des forces de défense et de sécurité.

Les réformes sectorielles

Il importe de souligner d'entrée que le système correctionnel et pénitentiaire ainsi que les services de renseignement sont les compagnons les moins courtisés de la réforme du système de sécurité. A défaut de mieux, ils ne se contentent que de quelques œillades flatteuses. Cette attitude frisant la négligence soulève la question de l'utilité des prisons et du renseignement.

Les prisons sont des institutions de protection de la société. « *La sécurité humaine est essentiellement réalisée par la détention des auteurs de crimes graves. Les prisons servent à protéger les communautés, à décourager les délinquants potentiels, à exécuter un juste châtiment et à réinsérer les criminels*[167] ».

Le système carcéral, la police et la justice s'influencent mutuellement. Comme le médecin qui soigne ensemble le malade atteint de maladie sexuellement transmissible et son partenaire, on ne peut pas envisager séparément la réforme de l'une des entités que nous venons d'évoquer sans risquer une nouvelle contamination du patient pris en charge.

---

[167] Manuel de l'OCDE, *La réforme des systèmes de sécurité : soutenir la sécurité et la justice*, OCDE, 2007, p. 214.

L'inadéquation des lois, la faiblesse des cours de justice et les méthodes policières inappropriées étiolent le brillant des perles précieuses dont se pare le système carcéral, limitant ainsi son attractivité. Par effet domino, le manque de soins et le peu d'attention accordée au système carcéral nuisent aux efforts des réformes judiciaires et policières.

La réforme judiciaire peut être handicapée par l'absence d'organismes capables de superviser les peines de substitution à la détention.

L'évasion et la libération arbitraire des prisonniers remettent en cause l'ensemble du processus judiciaire. La surpopulation carcérale en Afrique s'explique en partie par les faiblesses du système judiciaire, notamment les retards excessifs des tribunaux dans l'instruction des affaires, les longues détentions provisoires et les longues peines pour des offenses mineures.

Le système latino-américain privilégie la confession écrite au détriment des autres éléments de preuve. Cette pratique conduit inéluctablement à des abus.

L'utilisation inappropriée des sanctions non privatives de liberté doit également être prise en compte. En Europe, les amendes, les peines de prison avec sursis et la probation sont largement utilisées.

Les maladies congénitales des prisons dans les pays émergents incluent le surpeuplement, la vétusté, la violence, les suicides, le manque d'hygiène et d'accès aux soins. Les détenus sont souvent incarcérés sans jugement. Ces lieux sont des terreaux favorables à la propagation des maladies infectieuses comme la tuberculose.

Les prisons sont des mouroirs publics où les prisonniers meurent de maladies bénignes à cause du manque de soins.

Les établissements pénitentiaires représentent des lieux de crucifixion constante de la dignité humaine. Les rapports des associations de défense des droits de l'homme déplorant les carences du système pénitentiaire s'accumulent dans certains pays sans émouvoir pour autant les autorités.

La corruption a également installé ses quartiers dans de nombreuses prisons. Elle est pratiquée comme une secte ésotérique, à huis clos, loin des regards curieux. Certains membres du personnel carcéral, sans foi ni raison, extorquent de l'argent aux détenus ne disposant d'aucun recours. Les violations des droits des détenus soulèvent rarement l'indignation du public.

Le personnel des maisons d'arrêt et de correction est souvent mal rémunéré. Il est donc vulnérable à la corruption. Pour lutter contre ce fléau, les gouvernements devraient améliorer le salaire du personnel carcéral, confier les prisons à des administrateurs intègres et déterminés. Il importe de mettre en place des mécanismes de contrôle et d'obligation de rendre compte.

L'usage généreux des peines de détention préventive et d'emprisonnement à long terme par les juges occasionne le surpeuplement des prisons. La loi doit encourager les magistrats à utiliser des peines alternatives à la prison pour des délits mineurs.

La dépénalisation de certains délits et la réduction des peines prévues pour d'autres peuvent également contribuer à décongestionner les prisons.

Il importe de renforcer les capacités du personnel de l'administration pénitentiaire. Les prisons doivent préparer la réinsertion des prisonniers en fin de peine.

La RSS concerne également la sécurité des frontières. Les mouvements des biens et des personnes à travers les frontières en temps de guerre comme de paix existent depuis les temps anciens. La douane est l'agence gouvernementale chargée de contrôler et de faciliter non seulement ces mouvements mais aussi ceux des avions, des bateaux et de tout autre mode de transport entrant ou sortant du territoire national.

Les douaniers sont chargés de la mise en œuvre de la loi sur l'exportation, l'importation et le transit des biens et leur mode de transport. La douane est un organe fiscal. De manière non limitative, elle s'assure du paiement des droits de douane, de l'identification et de la comptabilité des biens à leur entrée sur le territoire national.

Elle applique les lois sur les restrictions des biens dangereux et prohibés à l'entrée ou à la sortie du pays pour protéger la santé des personnes, des animaux et des plantes ; elle protège les trésors nationaux à valeur artistique, historique ou archéologique et la propriété intellectuelle, industrielle ou commerciale.

Mais la concrétisation de cette noble mission est loin d'être acquise. Misère, désespoir et révolte colorent le quotidien des voyageurs traversant les frontières terrestres de nombreux pays africains face à des forces de sécurité intéressées par le racket.

Les frontières des pays en développement sont poreuses. Les conflits armés mettent davantage à mal la capacité des pays à contrôler leurs frontières. Cette situation favorise la contrebande. Les mécanismes de surveillance des frontières, la lutte contre la contrebande et autre commerce illicite sont souvent défaillants et ont besoin de cure dépurative et revigorante pour se refaire une santé.

Il importe de doter la douane et les autres forces chargées de la sécurité des frontières de ressources matérielles et humaines suffisantes, de logistique, notamment des moyens de surveillance vidéo, de déplacement, de communication, etc.

La garde des frontières est souvent confiée aux policiers ou aux gendarmes chargés entre autres de prévenir les activités criminelles transfrontalières et de détecter les menaces contre la sécurité nationale. Elle contrôle les personnes et les véhicules qui franchissent les frontières. La police d'immigration s'assure que les voyageurs sont munis de documents authentiques nécessaires au passage des frontières internationales. Elle identifie et aide les personnes qui ont besoin de protection, notamment les victimes de trafic, les demandeurs d'asile et les réfugiés.

De l'amélioration de la gouvernance des forces de défense et de sécurité

La constitution et les lois sur les forces de défense et de sécurité doivent définir l'entité publique chargée de nommer et promouvoir les chefs des forces armées, notamment le chef d'état-major, les commandants des différentes armes et les chefs de corps. Les conditions de promotion doivent également être définies par la loi en ce qui concerne les chefs des forces terrestres, aériennes et navales.

Le parlement est rarement sollicité pour cette décision dans les pays francophones. Dans certains pays comme l'Estonie, la Lituanie et le Liberia, le parlement doit approuver les noms proposés par l'exécutif. Le parlement devrait être investi du pouvoir d'exprimer son accord pour les nominations importantes afin que l'exécutif soit tenu responsable et que l'Etat de droit soit respecté dans les procédures de nomination. Par ailleurs, la participation du parlement est cruciale pour assurer une réelle transparence.

Le contrôle démocratique

Larry Diamond motive comme suit le contrôle démocratique des FDS par les représentants du peuple : « *le contrôle de l'Etat, de ses décisions fondamentales et de l'utilisation de ses ressources repose dans les faits comme dans la théorie constitutionnelle sur des élus (et non sur des acteurs dépourvus de responsabilité démocratique ou sur des pouvoirs étrangers), en particulier, le pouvoir militaire est subordonné au pouvoir d'élus civils*[168] ».

Dans un régime démocratique, les forces de défense et de sécurité doivent être soumises aux élus du peuple. Dans certains pays, surtout ceux qui font la mue d'un pouvoir autoritaire dirigé ou contrôlé par les militaires à un pouvoir démocratique, les soldats détiennent *de facto* ou *de jure* des privilèges et des espaces d'autonomie tutélaires. Souvent, la conservation de ces privilèges et autres avantages est la contrepartie exigée par les militaires pour faciliter la métamorphose du régime.

Valenzuela condamne ce type d'arrangement. Pour lui, « *instaurer une démocratie consolidée conduit très souvent à abandonner ou à modifier des arrangements, des accords et des institutions qui ont pu faciliter la première transition (en fournissant des garanties au régime autoritaire et aux forces qui l'appuient) mais qui sont contraires à la deuxième*[169] ». Pour sa part,

---

[168] Larry Diamond, *Developing Democracy Toward Consolidation*. Baltimore and London: The John Hopkins University Press, 1999, p. 11.
[169] Samuel Valenzuela, "Democratic Consolidation in Post Transitional Settings: Notion, Process, and Facilitating Conditions", in Scott Mainwaring, Guillermo O'Donnell, et J. Samuel Valenzuela, eds., *Issues in Democratic Consolidation: The New South American Democracies in Comparative Perspective* (Notre Dame: University of Notre Dame Press, (1992), p. 58.

Felipe Agüero pense que le renforcement du pouvoir des militaires peut menacer la survie de la démocratie[170].

Il note également que « *dans certains cas, il est possible que des gouvernements élus démocratiquement puissent perdurer très longtemps sans être renversés parce que leurs dirigeants auront pris soin de ne pas affronter les acteurs dont le pouvoir échappe au contrôle démocratique. La stabilité qui en résulte ne peut pas dans ce cas être assimilée à un progrès vers la création d'un régime pleinement démocratique*[171] ».

Ce genre de régime est une parodie démocratique, du moins une démocratie de délégation, selon le titre de l'article de O'Donnel[172].

Le contrôle des FDS par les autorités civiles favorise la consolidation de la démocratie. Le contrôle démocratique améliore les relations entre civils et militaires souvent caractérisées par une méfiance mutuelle, de profonds préjugés et des tabous fondés principalement sur l'ignorance et le manque de communication.

La nature et la typologie du contrôle dépendent de la culture et des traditions de chaque pays.

Les organes de contrôle et surveillance du secteur de la sécurité

Le contrôle des forces armées répond à la question : *qui garde les gardiens* ? Les forces de défense et de sécurité détiennent les armes du pays. Il serait donc opportun de contrôler l'emploi de la force afin d'éviter tout abus ou tout acte contraire aux dispositions constitutionnelles. Le contrôle sert aussi à empêcher les militaires d'utiliser le pouvoir de la force pour affaiblir les institutions démocratiques ou perturber l'ordre constitutionnel.

Aussi, la population, à travers ses représentants, doit-elle évaluer leur performance et les défis auxquels ils sont confrontés dans l'exercice de la mission qui leur a été confiée. La subordination des soldats aux élus est une caractéristique des régimes démocratiques. Le contrôle peut être *ex ante* ou *ex post*. Lorsqu'il intervient avant que l'action qui fait l'objet du contrôle ne se réalise, on parle de contrôle *ex ante* (exemple d'adoption de loi, du budget ou autorisation d'envoi des troupes à l'étranger). Le contrôle *ex post* intervient lorsque l'action faisant l'objet du contrôle a déjà eu lieu. Par exemple, il peut prendre la forme d'une interpellation ou de questions que le parlement adresse à des membres du gouvernement. Le contrôle *ex post* est exercé par diverses institutions dont l'appareil judiciaire, le médiateur, la Cour des comptes et le parlement.

---

[170] Felipe Agüero, "The Military and the Limits to Democratisation in South America", in Mainwaring, O'Donnell, and Valenzuela, eds., *Issues in Democratic Consolidation*, p. 155.
[171] Samuel Valenzuela, op.cit.
[172] Guillermo O'donnelL, "Delegative Democracy", *Journal of Democracy*, 5 (janvier 1994): p. 55-69.

Le contrôle et la supervision du secteur de sécurité peuvent être assurés par les trois pouvoirs (exécutif, législatif et judiciaire), par des acteurs indépendants (commissaires aux comptes), par la société civile et les médias.

Le parlement

La gouvernance et la régulation du secteur de la sécurité exigent un parlement actif, compétent et bien informé sur les questions de défense et de sécurité. Selon l'Union Européenne, « *les pouvoirs dont les parlements sont investis pour contrôler le secteur militaire englobent les pouvoirs de légiférer, d'approuver le budget, de donner des avis, de sanctionner et d'approuver certaines questions ou actions*[173] ».
Les compétences générales de la représentation du peuple incluent également, sans être limitées à l'élaboration de textes législatifs sur les questions de défense, l'examen et l'approbation du budget de la défense et la supervision des dépenses. Les parlementaires sont également chargés d'examiner et d'approuver la politique de défense et de sécurité du gouvernement, de donner un avis consultatif sur les traités internationaux. Ils valident l'emploi des forces et le déploiement des troupes. Ils approuvent dans certains pays les demandes d'achat d'armes et d'équipements.
Il incombe aux parlementaires d'évaluer la performance et la capacité opérationnelle des forces de défense et de sécurité pour s'assurer qu'elles sont capables de remplir leurs missions.
Compte tenu de la sensibilité de certaines questions sécuritaires, il convient d'avoir au sein de chaque parlement une commission « défense et sécurité » chargée des questions de défense et de sécurité, y compris les agences de renseignement de sécurité. Les Etats confondent souvent les questions secrètes et confidentielles. Les parlementaires ne sont pas les ennemis de la nation. Ils peuvent donc traiter les questions sensibles sans dommage pour la sécurité nationale.
Quelquefois, au lieu de servir l'Etat, les services de sécurité sont utilisés par certains gouvernants pour opprimer la population civile ou réprimer toute opposition.
Les représentants du peuple doivent veiller à ce que, dans l'exercice de leurs fonctions ô combien nobles, les forces de défense et de sécurité respectent la loi, les droits de l'homme et le droit humanitaire.

Du rôle du pouvoir judiciaire

Le type de contrôle des forces de défense et de sécurité est déterminé par les traditions juridiques de l'Etat, son système politique et les facteurs

---

[173] Union européenne, *Rapport sur le contrôle démocratique des forces armées*, adopté par la Commission de Venise lors de sa 74e session plénière (Venise, 14-15 mars 2008), p. 36.

historiques. Les pays de *Common Law* (Royaume-Uni, Canada, Nouvelle-Zélande, Australie) favorisent plutôt l'aspect judiciaire orienté vers la protection des droits individuels des citoyens, tandis qu'en Europe continentale, c'est le contrôle de type législatif, formel, de respect des prérogatives constitutionnelles des différentes institutions, qui est privilégié.
Certains pays ont institué des tribunaux militaires permanents ou *ad hoc* pour juger les infractions commises par les soldats. En général, il n'y a pas d'objection concernant le jugement des militaires par les tribunaux militaires si les conditions d'indépendance et d'impartialité sont respectées. Dans d'autres pays en revanche, l'appareil judiciaire étatique a compétence sur les affaires militaires et les questions de sécurité nationale.
Il doit exister également un mécanisme permettant aux victimes d'abus des FDS de demander justice et réparation. L'*ombudsman*, dans certains pays anglo-saxons, est chargé d'enquêter sur les plaintes des citoyens envers les services du gouvernement incluant les FDS.

Du rôle du Conseil constitutionnel

Le Conseil constitutionnel est la dernière voie de recours pouvant être utilisée à l'intérieur d'un Etat. Des affaires militaires sont portées devant lui lorsqu'un acte ou une décision des forces armées porte atteinte aux droits constitutionnels ou fondamentaux, affaiblit l'Etat de droit ou remet en cause l'ordre démocratique.
Les décisions du Conseil constitutionnel ne sont susceptibles d'aucun recours. Elles s'imposent aux pouvoirs publics, à toutes les autorités administratives et juridictionnelles et à tous les citoyens.

Les organisations de la société civile et les médias

Dans ce paragraphe, nous définirons ce qu'on entend par la notion de société civile, avant de déterminer comment les organisations de la société civile peuvent contrôler les forces de défense et de sécurité. Cette notion est très prisée mais ses contours restent encore flous. Il existe une multitude de définitions, mais retenons celle proposée par Fluri et Caparini. La société civile fait référence à des groupements associatifs volontaires au sein d'une société et à l'expression publique des intérêts, des priorités, des griefs et des valeurs autour desquels ces associations sont fondées.
Les organisations de la société civile sont différentes des partis politiques et des organisations à but lucratif. Elles incluent de manière non exhaustive les associations religieuses, communautaires, les mouvements sociaux, les ONG à but non lucratif, les groupes de pensée, etc.
L'élection confère aux leaders politiques une légitimité démocratique. Mais cela n'induit pas qu'ils représentent nécessairement la volonté populaire au cours de toute la durée de leur mandat ou sur tous les sujets.

Les organisations de la société civile représentent dans leur diversité l'opinion populaire. Certaines d'entre elles focalisent leurs intérêts sur des questions ou des évènements spécifiques. Une relation dynamique entre la société civile et les organismes gouvernementaux et étatiques est l'indicateur de la maturité des structures démocratiques. Ces relations sont souvent complexes.

Il existe des groupes radicalement opposés au gouvernement (les pacifistes, les groupes contre le nucléaire, etc.). Selon l'OCDE, « *étant donné la faiblesse des capacités de l'Etat dans de nombreux pays, il est particulièrement important que les groupes de la société civile puissent aller au-delà de la dénonciation des faiblesses des gouvernements en faisant des suggestions concrètes qui permettront de poursuivre le processus de réforme*[174] ».

D'autres entretiennent des relations de complémentarité avec le gouvernement en lui procurant l'expertise, les conseils et des avis sur une question donnée pour l'aider à prendre les meilleures décisions possibles. Les OSC, telles que des ONG spécialisées peuvent jouer un rôle capital en stimulant les débats et en attirant l'attention du public sur les sujets politiques. Elles appuient la diffusion de l'information sur les questions et les politiques publiques pour donner l'occasion à la population de participer au processus de délibération et ce, en utilisant largement les médias locaux, nationaux et internationaux pour une couverture maximale.

Les médias contribuent au contrôle démocratique en dénonçant d'une part, les abus des FDS et d'autre part, en suscitant les débats et des propositions pour l'amélioration de la politique de sécurité.

Les FDS limitent souvent l'accès à l'information sur leurs activités. Il est admis que les exigences de sécurité nationale justifient quelques mesures de confidentialité. Cependant, un secret excessif peut se révéler contre-productif ou favoriser de mauvaises pratiques comme par exemple la mauvaise gestion financière ou des activités prohibées. Les organisations de la société civile interagissent avec l'exécutif et le parlement aussi bien qu'avec le système judiciaire dans le contrôle démocratique des forces de défense et sécurité sur plusieurs plans, notamment en influençant les processus de prise de décision et d'exécution des décisions, en défendant les normes constitutionnelles et les droits humains, en contribuant à la réforme et à l'examen de la législation.

Nous reprenons à notre compte ici les points autour desquels les organisations de la société civile contrôlent la politique gouvernementale, le parlement et le système judiciaire sur les questions de défense et de sécurité. Selon Ian Leigh, les organisations de la société civile doivent confronter l'exécutif, le parlement et le judiciaire sur les questions sécuritaires.

---

[174] OCDE, *Security System Reform and Governance*, DAC, Guidelines and Reference Series, 2005, p. 39.

Elles doivent pour ce faire, en ce qui concerne la confrontation de l'exécutif, mener des recherches et rassembler des données sur la politique et les pratiques du secteur de sécurité ; compiler des données comparatives d'autres pays ou de modèles théoriques et produire des rapports pour influencer les décideurs et stimuler le débat public. Elles peuvent détacher des experts auprès des ministères et des institutions de sécurité et offrir une formation spécialisée aux armées, à la police et à d'autres OSC.

Les organisations de la société civile font du lobbying auprès des parlementaires ou pétitionnent sur une question spécifique. Elles peuvent offrir à la commission parlementaire « Défense et sécurité » l'expertise sur des questions de sécurité. Dans certains cas, elles critiquent de façon constructive les lois en discussion et proposent des amendements.

Les OSC estent parfois en justice pour dénoncer les abus des FDS et exiger qu'elles rendent compte. Elles renforcent dans la même perspective les capacités des magistrats sur les questions sécuritaires.

Le contrôle administratif et le rôle de l'exécutif

Les forces de défense et de sécurité font partie intégrante de l'administration et le chef de l'Etat en est le chef. Dans la plupart des pays, le président de la République, le monarque ou le Premier ministre, selon le type de régime en place, est le chef suprême des armées. Les systèmes présidentiels donnent davantage de pouvoirs au chef de l'Etat.

En France, le président dispose de plusieurs pouvoirs. Il est le chef suprême des armées et préside les conseils et les comités supérieurs de la défense nationale.

Ces pouvoirs exigent néanmoins le contreseing des membres du gouvernement (le Premier ministre ou le ministre compétent).

Le président dispose également de pouvoirs exceptionnels lorsque les institutions de la République, l'indépendance de la nation, l'intégrité du territoire ou l'exécution des engagements internationaux sont menacées d'une manière grave et immédiate.

La constitution de la plupart des pays africains francophones ne définit pas de manière spécifique les fonctions du ministre de la Défense. Dans certains pays comme le Mali, le Premier ministre est responsable de la défense nationale et de la mise en œuvre de la politique de défense nationale. Il peut, dans certains cas, déléguer ses pouvoirs aux ministres[175].

En Pologne, selon l'article 134.2 de la Constitution, le président de la République, en temps de paix, exerce le commandement des forces armées, par l'intermédiaire du ministre de la Défense nationale. Souvent, le ministère de la Défense est largement dominé par le personnel militaire.

---

[175] Constitution du Mali, article 55.

Faut-il confier le ministère de la Défense à un militaire ou à un civil ? En France, madame Alliot-Marie a géré avec succès le portefeuille de la Défense sous Jacques Chirac.

Du Conseil national de sécurité et de défense

Ce ne sont pas tous les Etats qui ont mis en place un Conseil national de sécurité. Cet organisme interministériel chargé de la coordination et de la réponse aux questions liées à la sécurité nationale exerce également un contrôle administratif sur les FDS. Il est souvent présidé, comme en Côte d'Ivoire, par le chef de l'Etat. Pour Alain Bauer, « *la conduite des affaires de défense et de sécurité étant devenue une manœuvre permanente d'appréciation de situations et de prises de décisions, il apparaît éminemment souhaitable que soit instaurée une entité qui puisse, en permanence, appuyer les décideurs du plus haut niveau, le président de la République et le Premier ministre, dans cet exercice*[176] ».

Les fonctions et l'organisation du Conseil national de sécurité dépendent de chaque Etat. Généralement, le Conseil est responsable de la défense nationale, organise, examine et coordonne les activités de défense et de sécurité de l'Etat, ainsi que la participation aux systèmes internationaux d'alliance, de défense collective et de maintien de la paix.

En Géorgie, au terme de l'article 74, alinéa 4, le président de la République en nomme les membres et une loi organique détermine ses compétences et sa procédure. Le Conseil de la sécurité nationale doit soumettre des propositions sur la structure et le périmètre des forces armées pour approbation par le président de la République et le Parlement (article 98.3 de la Constitution). En Lituanie, le Conseil de la défense nationale est composé du président de la République, du Premier ministre, du président de l'Assemblée nationale, du ministre de la Défense nationale et du chef d'état-major des armées et dirigé par le président de la République. Sa tâche principale est de coordonner et d'examiner les principales questions liées à la défense.

La dimension régionale ou géopolitique de la RSS et la coopération militaire

La réforme du secteur de la sécurité a une dimension régionale. La prolifération des armes légères, les nouvelles menaces notamment le terrorisme, les crimes transfrontaliers, la déstabilisation des Etats par des rébellions à partir de pays voisins exigent la prise en compte du contexte régional dans la mise en œuvre de la RSS.

---

[176] Alain Bauer, « Réflexions sur les systèmes de défense » ; CREST, *Cahier* n°12, novembre 1993.

Le conflit nomade de l'Afrique de l'Ouest a fait circuler un nombre impressionnant d'armes légères dans la région. Les combattants passent d'un conflit à un autre après leur démobilisation. Nous avons rencontré, au Liberia, un groupe de jeunes qui se vantaient d'avoir combattu dans tous les conflits de la sous-région. La lutte contre les armes légères, les programmes DDR et la RSS doivent prendre en compte le contexte régional. Au niveau de l'Afrique de l'Ouest, un mémorandum sur les armes légères a été signé mais sa mise en œuvre tarde. La mise en place des accords de coopération militaire au niveau régional est très importante pour la stabilité des pays, surtout ceux émergeant d'une guerre.

L'approche régionale s'explique par le fait que les pays font souvent face aux mêmes besoins dus à la nature transfrontalière de certains défis sécuritaires qui demandent une réponse régionale. Il importe donc de développer un cadre régional de réforme du secteur de la sécurité ainsi qu'un mécanisme régional de coordination des efforts des Etats dans ce domaine. Dans cette perspective, la CEDEAO vient de mettre en place un programme régional de lutte contre la prolifération des armes légères et de petit calibre impliquant le Nigeria, le Mali, le Niger, la Côte d'Ivoire et le Liberia.

La réforme des sociétés privées de sécurité et militaires

De nos jours, la privatisation embrasse tous les secteurs, même celui de la sécurité. Les sociétés privées de mercenaires et de gardiennage fleurissent partout dans le monde. Selon certains analystes, la multiplication de ces compagnies de sécurité est due à l'incapacité de l'Etat de faire face à tous les besoins sécuritaires de ses citoyens.

En effet, dans beaucoup d'Etats africains, la police est soit mal équipée, soit corrompue, ce qui ne lui permet pas de lutter efficacement contre le grand banditisme. A Douala au Cameroun, un chef de brigade complice des braqueurs a été abattu lors d'un vol armé. A Abidjan, il est fréquent de rencontrer des policiers, des gendarmes ou des militaires parmi les bandits de grands chemins.

L'Etat semble être impuissant voire démissionnaire dans la sécurisation des individus et de leurs biens. Pour parer aux insuffisances de l'Etat, des compagnies privées à but lucratif proposent leurs services.

« *Par entreprise de sécurité privée, on entend une entreprise qui fournit, dans un but lucratif, des prestations matérielles ou de service concernant la protection ou la surveillance de personnes ou de biens, notamment dans les domaines suivants : la surveillance et la garde de biens mobiliers ou immobiliers (surveillance d'aéroports ou d'ambassades); la protection de personnes (personnalités officielles); le transport de fonds ou de personnes (prisonniers), l'escorte de convois d'aide humanitaire ; l'entraînement de corps de police pour la protection de personnes et de biens ; le conseil en matière de sécurité, d'organisation et de logistique ; la logistique, telle que la construction de camps de réfugiés, de centres de détention ou d'hôpitaux ; la gestion d'établissements de détention (prisons) ; l'investigation, telle que l'activité de détective privé*[177] ».

Sociétés militaires privées : l'association de ces mots est troublante car la guerre, qui n'est que la continuation de la politique par d'autres moyens selon la désormais célèbre formule de Clausewitz, relève des prérogatives de l'Etat et non des acteurs privés.

Une « société militaire privée » s'entend comme une entreprise qui fournit, dans un but lucratif, des prestations de nature militaire telles que le conseil, la logistique et le combat militaire. On peut distinguer trois types de compagnies.

Nous avons d'une part, les entreprises militaires qui accomplissent des tâches de logistique telles que l'hébergement des troupes, l'approvisionnement, le transport, le ravitaillement et autres prestations semblables.

Ensuite, les entreprises militaires de conseil, qui fournissent des prestations en matière de conseil et d'entraînement d'institutions policières, militaires et paramilitaires. Ces entreprises sont également spécialisées dans l'appui organisationnel, stratégique et opérationnel des forces de défense et de sécurité.

D'autre part, il y a les entreprises militaires de combat qui fournissent un soutien actif sur le plan militaire. Elles opèrent directement dans les zones de combat en mettant, par exemple, à disposition des unités, des spécialistes ou des pilotes de combat[178]. Ces sociétés proposent une gamme importante de services à leurs clients. Le professionnalisme et le sérieux de nombreuses entreprises de sécurité privées ne sont plus à démontrer. Mais il y a des risques qu'à travers elles, des individus aux intentions douteuses s'introduisent dans la profession.

Le terme « mercenaire » fait référence à des « soldats étrangers qui combattent pour un salaire ». Les mercenaires, à la différence des soldats d'une armée nationale, ne combattent pas pour la protection des intérêts de leur propre pays, ni pour sa souveraineté, ni même pour l'honneur, mais pour des raisons financières. La première définition officielle du mercenaire a été fournie par le Protocole I du 8 juin 1977 additionnel aux Conventions de Genève du 12 août 1949 relatif à la protection des victimes des conflits armés internationaux. Selon cet article, pour être considéré comme mercenaire, il faut réunir les six conditions suivantes : « *être spécialement recruté dans le pays ou à l'étranger pour combattre dans un conflit, prendre*

---

[177] Geneva Center for the Democratic Control of Armed Forces (DCAF), *Privatizing Security: Law, Practice and Governance of Private Military and Security Companies*, Geneva, 2005, p. 26-33.
[178] Geneva Center for the Democratic Control of Armed Forces (DCAF). *Privatising Security: Law, Practice and Governance of Private Military and Security Companies*, Geneva. March 2005.

une part directe aux hostilités, prendre part aux hostilités essentiellement en vue d'obtenir un avantage personnel auquel on est effectivement promis, par une partie au conflit ou en son nom, une rémunération matérielle nettement supérieure à celle qui est promise ou payée à des combattants ayant un rang et une fonction analogues dans les forces armées de cette partie, n'être ni ressortissant d'une partie au conflit, ni résident du territoire contrôlé par une partie au conflit, n'être pas membre des forces armées d'une partie au conflit, ne pas avoir été envoyé par un Etat autre qu'une partie au conflit en mission officielle en tant que membre des forces armées dudit Etat[179] ».

Le terme « mercenaire » fait donc clairement référence à des « soldats étrangers qui combattent pour un salaire[180] ».

Les sociétés militaires privées représentent un défi remarquable pour le droit international humanitaire.

Justification de l'emploi des sociétés privées de sécurité

Dans les conflits armés actuels, les États transfèrent souvent des fonctions de sécurité à des entreprises privées de sécurité. Ce n'est certes pas un phénomène nouveau, mais depuis quelques années leur nombre augmente et leurs activités changent de nature. Il arrive même parfois que ces entreprises participent directement aux combats.

Les gouvernements et les institutions internationales n'ont pas encore clarifié les fonctions de sécurité qui peuvent être déléguées à ces sociétés militaires privées. La supervision et le contrôle des activités de ces entreprises restent également fragmentaires.

La présence des mercenaires sur le continent noir ne date pas d'aujourd'hui. Evoquons arbitrairement la Force Omega dirigée par le Français Bob Denard qui avait tenté de renverser le président Mathieu Kérékou du Bénin pour le compte de ses opposants. Le coup a été déjoué au prix d'un lourd bilan humain. Contrairement au Bénin, Bob Denard avait réussi son coup dans les îles Comores[181]. Il faut ajouter aux actions des mercenaires en Afrique, l'agression, le 28 septembre 1995, de Bob Denard contre le régime du président Mohamed Saïd Djohar de la République Fédérale Islamique des Comores[182].

Ballesteros affirme que les conflits angolais (de 1992 à 1998), sierra léonais (1991 à 1998), libérien (1995 à 1997), congolais (1994 à 1996), de la région

---

[179] Le Protocole additionnel I aux Conventions de Genève du 12 août 1949 relatif à la protection des victimes des conflits armés internationaux
[180] Le concept de « Mercenaire » in *Multi Dictionnaire*.
[181] Rapport de la Chambre des Communes : *Private Military Companies : Options for Regulations*, 12 février 2002, p. 28-30.
[182] François Dominguez et Barbara Vignaux, « La nébuleuse des mercenaires français », *Le Monde diplomatique*, octobre 2003, p. 4-5. Cet article est disponible à l'adresse www.mondediplomatique.fr/2003/08/DOMINGUEZ/10303 .

des Grands Lacs (depuis 1996) et récemment la guerre civile ivoirienne[183] ont été les champs d'activités des « chiens de guerre ».

L'Afrique possède ses propres entreprises privées de sécurité. *Executive Outcomes* d'Afrique du Sud est un exemple parmi tant d'autres. En 1995, cette compagnie a déployé plus de trois cents mercenaires, parmi lesquels de nombreux pilotes ukrainiens et biélorusses, des hélicoptères de combat MI-17 et MI-24, des avions de chasse MIG-23 et des avions légers Swiss Pilatus militarisés pour repousser les rebelles de Fodey Sankho aux portes de Freetown, la capitale sierra léonaise[184].

La situation est devenue plus inquiétante au début du vingt-et-unième siècle avec des vagues de fusions-acquisitions au cours desquelles nombre de grandes entreprises du secteur militaro-industriel ont procédé au rachat de sociétés militaires privées et ont pris des participations significatives dans l'actionnariat de celles-ci[185].

Jean-Didier Rossi note que « *désormais, ces entreprises maîtrisent donc la quasi-totalité de la chaîne des services aux armées allant de la conception de systèmes d'armements et de réseaux informatiques complexes à leur mise en œuvre sur le terrain, en passant par la formation et la mise à disposition d'experts techniques et par toute la gamme des activités militaires*[186] ».

L'emploi des sociétés privées de sécurité est justifié par des raisons économiques, politiques et technologiques. Contrairement aux militaires de l'armée nationale qu'il faut entretenir durant toute leur carrière, les agents des firmes privées ne sont rémunérés que lorsqu'ils sont employés. Le bureau du Congrès américain chargé du budget a estimé que la réduction des effectifs militaires depuis 1989 a engendré une diminution du fonds des pensions de plus de 12 milliards de dollars[187].

En 1996, le Conseil d'administration de la Défense américaine avait estimé que le recours aux compagnies militaires privées permettait un gain annuel de 30 milliards de dollars[188]. Concernant les raisons d'ordre

---

[183] Enrique Bernales Ballesteros, *Rapport sur la question de l'utilisation de mercenaires comme moyen de violer les droits de l'homme et d'empêcher l'exercice du droit des peuples à disposer d'eux-mêmes,* Commission des Droits de l'Homme (référencé E/CN.4/2003/16), 29 novembre 2002, par. 33.

[184] Chapleau P. (2005), *Sociétés militaires privées. Enquête sur les soldats sans armées*, Monaco, Editions du Rocher, p.136.

[185] Northrop-Grumman a acquis Vinnel Corp., L3 Communications s'est emparé de Titan et de MPRI, CSC et DynCorp LLC ont créé DynCorp International Ltd, le groupe Falck a procédé à de multiples acquisitions au cours des dernières années et notamment à celles de Wackenhut Corporation, de Securicor et du Groupe 4 Sécuritas.

[186] Jean-Didier Rossi, « Sociétés militaires et de sécurité privée : les mercenaires des temps modernes ? », in *Les Cahiers du RMES*, volume IV, numéro 2, hiver 2007 – 2008, p. 116. http://www.rmes.be/CDR%208/CDR8_Rosi.pdf, consulté le 30 avril 2011.

[187] Idem.

[188] Schreier F. et Caparini M. (2005), « Privatising Security: Law, Practice and Governance of Private Military and Security Companies », Centre for the Democratic Control of Armed Forces, *Occasional Paper*, n°6, p. 80.

technologique, l'entretien de matériels de plus en plus sophistiqués exige des compétences techniques que les armées régulières n'ont pas forcément. La plupart des grandes firmes privées étant liée aux constructeurs, la maintenance du matériel se fait donc en interne.
La troisième raison est d'ordre politique. Dans la plupart des démocraties, l'envoi des troupes à l'étranger requiert l'aval de l'Assemblée nationale. L'emploi des sociétés militaires privées permet à certains gouvernements d'échapper à cette lourdeur administrative. Aussi, la mort d'un soldat privé suscite-t-elle moins d'émotion que s'il s'agissait d'un membre de l'armée nationale.

Les menaces

Le recours aux soldats privés soulève de nombreuses questions auxquelles bien peu de réponses définitives ont été apportées à ce jour.
Il existe des risques sérieux d'utilisation abusive de la force ou de la contrainte par les agents de sécurité privée n'ayant pas suffisamment de connaissances sur les droits de l'homme et les libertés individuelles. Des entreprises de sécurité privées peuvent remettre en cause la prérogative de la détention monopolistique de la violence légitime pour faire respecter l'ordre juridique et les droits fondamentaux des citoyens garantis par la constitution.
Selon un rapport du Conseil fédéral russe, « *le premier problème à signaler est celui des pouvoirs d'intervention de l'agent de sécurité, des mesures de contrainte qu'il peut prendre à l'encontre d'une personne et des moyens qu'il est en droit d'utiliser (matraques, menottes, armes à feu, vaporisateurs pour se défendre, chiens, etc.). A ce propos, on peut notamment se demander si un agent de sécurité a par exemple le droit d'interpeller une personne, de la retenir en utilisant si nécessaire, des entraves, de la soumettre à une fouille corporelle et de lui séquestrer ses biens, ou si ses compétences doivent se limiter à des tâches de protection et de surveillance, au maintien de l'ordre public et à la prévention d'infractions*[189] ».
Enrique Bernales Ballesteros évoque quelques-unes des menaces que ces entreprises militaires représentent pour les Etats. Pour lui, « *les pays faibles qui pourraient, à cause de leurs problèmes institutionnels, être tentés de devenir des clients de ces puissantes compagnies, pourraient bien avoir donné le premier coup de grâce à leur propre Etat. [...] Elles peuvent devenir une véritable menace du fait des activités qu'elles mènent, parce qu'elles possèdent des experts hautement entraînés, des armes sophistiquées et des renseignements classifiés, parce qu'elles opèrent avec des gouvernements légitimes mais aussi avec des mouvements d'opposition*

---
[189] Rapport du Conseil fédéral suisse sur « Les entreprises de sécurité et les entreprises militaires privées » (donnant suite au postulat Stähelin 04.3267 du 1er juin 2004. Entreprises privées chargées de tâches de sécurité).

armée, parce qu'elles interfèrent dans l'économie du pays qu'elles aident et enfin parce qu'elles utilisent la violence et des tactiques de déstabilisation en lien avec d'autres compagnies[190] ».

Ballesteros soutient également que les sociétés internationales de sécurité mettent en danger la souveraineté des Etats contractants.

Il affirme que « *transférer ces responsabilités à des compagnies privées provenant de pays tiers restreint la souveraineté du gouvernement qui signe un contrat tel que les pouvoirs de police, de défense du territoire et de la population sont délégués. [...] Cela peut être dangereux pour l'Etat d'assumer ainsi les abus qui pourraient être commis par les compagnies de sécurité à l'encontre de la population civile dans sa chasse à l'opposition politique, ou les violations des droits de l'homme ou du droit humanitaire, ou enfin si les firmes privées profitent de leurs relations avec des multinationales minières, pétrolières, chimiques ou autres pour étendre leurs intérêts et utiliser leurs ressources militaires pour établir une hégémonie politique, économique et financière pour leurs partenaires d'affaires. [...] [Ces Etats] paveraient ainsi la voie du néo-colonialisme du XXème siècle*[191] ».

L'article 6 de la Convention de l'Organisation de l'Unité Africaine (OUA) sur le mercenariat prohibe le transit des mercenaires par l'Afrique. Cet article engage les Etats à décourager et à éliminer les activités des mercenaires sur leur territoire. Les signataires de cette convention pour l'élimination du recours aux mercenaires en Afrique ont pris l'engagement de promulguer des lois réservant « *la peine la plus sévère prévue dans leur législation* » aux mercenaires. Cette convention encourage les Etats à apporter toute l'assistance nécessaire aux pays victimes d'une action mercenaire, particulièrement en ce qui concerne l'enquête (article 10) et l'extradition (article 9).

L'une des faiblesses de la convention est qu'elle porte exclusivement sur la question du déploiement extraterritorial de mercenaires et reste muette sur leur déploiement interne. Or, de nos jours, la plupart des conflits sont internes ; il est donc nécessaire de développer un protocole additionnel qui en tienne compte. Ce protocole pourrait également se pencher sur la question des compagnies militaires privées.

Il est difficile d'établir la différence entre un mercenaire et un soldat d'une armée privée. Les sociétés militaires privées représentent bel et bien des associations organisées de mercenaires.

Les « employés » des entreprises militaires privées font partie d'entités légalement constituées qui encadrent leurs activités. Ils sont redevables à des

---

[190] Enrique Bernales Ballesteros, Rapport spécial sur « Les mercenaires » pour le Haut-Commissariat aux Droits de l'homme des Nations Unies, 20 février 1997.
[191] Idem.

supérieurs, eux-mêmes liés à leurs clients par des contrats formels. En dehors de cette différence, ils jouent le même rôle que les mercenaires.

Des instruments juridiques internationaux peu pertinents

Il existe trois instruments internationaux sur le mercenariat : l'article 47 du Pprotocole additionnel de 1977 aux Conventions de Genève de 1949, la Convention de l'Organisation de l'Unité Africaine pour l'élimination du recours aux mercenaires en Afrique (1977) et la Convention internationale contre le recrutement, l'utilisation, le financement et l'instruction des mercenaires, adoptée par consensus par l'Assemblée générale des Nations Unies le 4 décembre 1989.

L'adoption de la Convention internationale contre le recrutement, l'utilisation, le financement et l'instruction des mercenaires fut facilitée par l'assassinat, le 26 novembre de la même année, du président comorien Ahmed Abdallah par les mercenaires de Bob Denard. Elle n'est entrée en vigueur qu'en 2001, à la suite de sa ratification par 24 Etats.

Les mercenaires ne jouissent pas du statut de combattant et donc de prisonnier de guerre. Capturés, ils seront jugés comme des criminels de droit commun et vont encourir les peines prévues par le droit national en vigueur, y compris la peine capitale. Il convient néanmoins de rappeler que le statut de prisonnier de guerre ne s'applique que dans le cadre des conflits armés internationaux.

Dans les conflits internes, seuls les combattants capturés dans le cadre d'une « guerre de libération nationale » (qui a alors le statut de conflit armé international) peuvent bénéficier du statut de prisonnier de guerre et ne peuvent par conséquent être poursuivis pour le seul fait d'avoir pris les armes.

Au cours de l'histoire, de nombreux Etats ont eu recours aux mercenaires, par habitude ou par nécessité. Le mercenariat, depuis quelques années, progresse de manière vertigineuse en Afrique au Sud du Sahara. Les Etats ont de plus en plus recours à ces services. Au cours des années 1990, les sociétés de mercenaires se sont organisées sous la forme de sociétés internationales de sécurité (SIS) avec une base légale. L'Afrique, avec ses nombreux conflits intraétatiques, représente un marché très lucratif pour les SIS.

La détermination de mécanismes de contrôle et la définition d'un cadre juridique clair régulant les activités des compagnies privées sont d'une importance capitale pour protéger l'intérêt public. Il est nécessaire de définir les activités des sociétés privées de sécurité et de gardiennage.

Le port d'uniformes, d'insignes militaires et d'armes constitue un sujet de préoccupation majeure. Il existe également des risques que des agents d'entreprises privées de sécurité se transforment en milice privée à la solde d'un groupe d'intérêt particulier. Les Etats doivent fixer les conditions minimales que devrait remplir une entreprise de sécurité privée exécutant des tâches de sécurité.

Le financement de la RSS

S'il est vrai qu'il ne faut pas mettre toutes les maigres ressources du pays dans l'armement, il n'en est pas moins vrai qu'une armée sans équipement ne peut servir qu'à la parade.
Le budget de la défense et de la sécurité doit être proportionnel aux menaces auxquelles est confronté le pays ou auxquelles il est susceptible d'être confronté.
Le financement de la RSS incombe en premier lieu à l'Etat. Mais ayant souvent des moyens limités pour faire face à des priorités concurrentes, les pays en situation de sortie de crise doivent mobiliser des fonds auprès des bailleurs pour relever les défis financiers.
La gestion du budget militaire représente dans certains pays une caisse noire à la disposition des autorités militaires et civiles. Pour éviter cette situation déplorable, un mécanisme de contrôle et de supervision de l'exécution du budget militaire doit être mis en place. Les ministres de la Défense et de la Sécurité qui ont l'initiative du budget militaire doivent, en collaboration avec le ministre des Finances, en assurer la gestion transparente afin que l'argent des contribuables ne soit pas détourné à d'autres fins.

Certains pays africains n'ont pas de plan stratégique qui justifie les dépenses militaires. La plupart des dépenses sont réalisées *ad hoc,* favorisant le gaspillage des ressources. Le budget militaire devra être préparé sur la base d'une loi de programmation militaire et d'une politique nationale de défense et de sécurité.
Le général Len Le Roux notait qu'il ne peut y avoir de programmation ou de budgétisation significative en l'absence d'un plan stratégique ; il n'y a pas non plus de plan significatif en l'absence de guide politique[192].
Le budget est en principe rédigé en fonction des besoins essentiels de sécurité et de défense de la population et de l'Etat déterminés par l'évaluation des besoins de défense et de sécurité.

Genre et RSS

L'inclusion de la problématique genre dans les processus RSS permet d'évaluer les effets des actions planifiées, des politiques législatives et des programmes sur les femmes comme les hommes à tous les niveaux et dans tous les domaines du secteur de sécurité. Cela induit la participation des

---

[192] Len Le Roux, "The military budgeting Process: an Overview (defense planning, programming and budgeting)", Prepared for SIPRI / ADSR workshop on the military budgeting process, Accra, 25-26 February 2002.

femmes et des hommes de la phase de planification, à la mise en œuvre et à l'évaluation de la RSS. Cette réforme doit être le fruit d'une large concertation de toutes les couches sociales. Prendre en compte la perspective genre permet d'avoir des forces de défense et de sécurité plus représentatives et plus respectueuses des besoins spécifiques des femmes et des hommes.

La fin du conflit n'induit pas la fin des violences sexistes. Les femmes sont victimes de violences sexuelles tandis que les hommes subissent d'autres formes de violence du fait de leur sexe notamment les crimes de gangs, les recrutements forcés et parfois les viols. L'inclusion des femmes dans les forces de défense et de sécurité permet de surmonter certains obstacles opérationnels comme par exemple les fouilles à l'aéroport et dans les autres postes de contrôle.

L'installation de *gender desk* dans les commissariats permettra entre autres de recueillir et de traiter de manière adéquate les plaintes pour violences sexuelles.

Les FDS de sexe féminin travailleront plus facilement avec les associations de femmes pour recueillir des informations utiles pour leur mission. Il est également nécessaire d'améliorer l'accès des femmes aux institutions de défense et de sécurité y compris les postes de responsabilité en vue de créer un équilibre entre les sexes.

La RSS doit être soutenue par une stratégie opérationnelle de communication conjuguant le droit à l'information de la population et la nécessité de protéger certaines informations de sécurité.

Le suivi et l'évaluation de la RSS

Toute réforme induit un changement. Pour s'assurer que ce changement atteigne les objectifs et l'impact escomptés, la mise en place de mécanismes de suivi et d'évaluation est nécessaire. Cet exercice vise à relever les progrès accomplis, les limites, les contraintes et les mesures correctives à prendre. Le processus de suivi-évaluation permet de faire le point des réformes entreprises, de relever les défis et de proposer des mesures correctives. En somme, ce processus permet d'améliorer la qualité des services fournis.

L'évaluation se fait sur la base des indicateurs préalablement définis, c'est-à-dire de données mesurables et vérifiables.

9.2 De la reconstruction des institutions

Les institutions électorales, les finances, le parlement, la justice, l'armée et la police sont souvent les cibles majeures des efforts de la communauté internationale dans les Etats faillis. Généralement, les experts internationaux imposent des modèles prêts-à-porter issus des leçons apprises dans d'autres parties du monde avec quelques adaptations superficielles sans tenir compte de la culture et de l'histoire particulières de chaque Etat. La reconstruction des institutions postconflit comporte généralement quatre dimensions : le social, la sécurité, l'économie et les institutions politiques.

La dimension sécuritaire embrasse entre autres le processus DDR, la lutte contre l'insécurité postconflit et la réforme du secteur de sécurité. La dimension politique implique un ensemble de compromis autour des questions liées aux élections, à la consolidation de la paix, à la constitution, au partage du pouvoir, etc.

Le parlement, la justice et l'administration générale doivent être renforcés pour répondre aux normes minimales d'un Etat de droit. Au lendemain de la crise, les institutions de certains pays ne fonctionnent presque plus. Pour redémarrer la machine, la gestion du pays est souvent confiée par les accords de paix à un gouvernement de transition ou de réconciliation nationale dont le pouvoir prend fin après l'élection démocratique et transparente des nouvelles autorités.

La démocratie, seule voie par laquelle la société peut être dirigée par le droit plutôt que par la force, est cruciale pour les Etats fragiles.
Mais quel est le contenu de ce terme ? Celui-ci a tellement été galvaudé qu'il a perdu de sa force. La Chine ne prétend-elle pas être un Etat démocratique ? Pour éviter cette confusion orchestrée par des facilités de langage, les discours politiques et certains systèmes politiques qui rendent difficile tout effort de clarification du terme, Éric Weil préfère parler d'Etat constitutionnel au lieu de démocratie. Pour le philosophe, l'Etat constitutionnel est l'Etat dans lequel les gouvernants et les gouvernés sont soumis à loi.

Dans ce type d'Etat, le citoyen dispose d'un recours légal contre les actes de l'administration soit devant les tribunaux ordinaires soit devant des cours spéciales (tribunaux administratifs).

L'indépendance des tribunaux constitue une condition indispensable à l'émergence d'un Etat constitutionnel. Celui-ci ne naît pas *ex nihilo*. Il est *« le résultat d'une révolution ou d'une lutte, d'un refus de gouvernement autocratique*[193] *»*.

Les démocraties modernes naissent du refus de l'arbitraire, du pouvoir despotique, de la dépendance envers les caprices ou les volontés obscures des puissances en place. L'Etat constitutionnel est caractérisé entre autres par la séparation des pouvoirs exécutif, législatif et judiciaire. Un Etat constitutionnel est, selon Eric Weil, *« fondé sur une Constitution qui définit les pouvoirs, organise les relations pour qu'aucun de ces pouvoirs ne puisse s'exercer sans le concours et le contrôle des deux autres (législatif, exécutif, judiciaire)*[194] *»*.

---

[193] Eric Weil, *Philosophie politique,* p. 158.
[194] Idem.

9.2.1 Des institutions organiques du pouvoir politique

La constitution

La constitution d'un Etat ou d'un ensemble d'Etats est l'acte à la fois politique et juridique qui régit de manière organisée et hiérarchisée l'ensemble des rapports entre gouvernants (dont elle légitime le pouvoir et l'action) et gouvernés au sein d'un même espace humain et sur un territoire géographique donné. La loi fondamentale d'un Etat est créée par un pouvoir constituant originaire. Elle peut être ensuite révisée par le pouvoir constituant dérivé et institué.
Les conflits sont souvent provoqués par l'exclusion, l'injustice et la confiscation du pouvoir par une minorité. Souvent, pour attaquer le mal à la racine, les accords de paix prévoient une révision constitutionnelle ou le développement d'une nouvelle constitution. Les accords de Linas-Marcoussis signés entre les protagonistes de la crise ivoirienne en janvier 2003 vont dans ce sens. La table ronde de Linas-Marcoussis a considéré que l'article 35 de la Constitution ivoirienne relatif à l'élection du président de la République doit éviter de se référer à des concepts dépourvus de valeur juridique.
Le développement d'une nouvelle constitution offre l'opportunité d'une vision commune de l'Etat, d'un accord sur les valeurs nationales et d'une feuille de route pour y parvenir. L'inclusion de toutes les franges de la population, y compris les minorités, dans ce processus favorise le consensus national et le dialogue entre les différentes factions. Le processus de mise en place d'une nouvelle constitution n'est pas une panacée pour tous les maux du pays, néanmoins si le processus est bien mené, il peut transformer le conflit, faciliter la négociation, la coopération et la collaboration.
Il est impératif d'éviter qu'un groupe d'intérêt domine le processus. En Afghanistan, l'on a pris des précautions pour éviter que le processus ne soit confisqué par les islamistes et les seigneurs de guerre.
La question se pose de savoir s'il faut mener concomitamment les négociations de paix et le développement de la constitution. Des exemples offerts par l'histoire peuvent nous éclairer à ce propos. En Namibie, l'accord de paix a précédé la rédaction de la constitution. Les accords de paix avaient planté le décor pour la réflexion sur le futur de la nation.
Dans le cas de la Bosnie et du Zimbabwe, les accords et négociations de paix et le projet de constitution étaient menés concomitamment. Dans le cas bosniaque, les accords de Dayton de 1995 étaient dominés par la satisfaction des intérêts des groupes qui étaient susceptibles de continuer la violence. L'emphase avait été mise sur la fin des hostilités. Les parties au conflit n'ont pas pu s'entendre sur le futur de la nation. Les désaccords ont été creusés et les positions tranchées. La conséquence directe est que la constitution ne peut pas assurer la longévité du système politique.

Il en était de même au Zimbabwe. La nature militaire du conflit a rendu confus le processus de paix et le développement de la Constitution de 1980. Les Blancs étaient plus préoccupés par la protection de leurs fermes.

Le processus du développement de la constitution suscite des dilemmes souvent insolubles. Comment concilier les exigences contradictoires des parties ou du système en place qui se complairaient dans le *statu quo* protégeant leurs intérêts et les autres groupes qui veulent voir un jeu plus ouvert ?

Le contenu de la loi fondamentale a un impact certain sur le processus de consolidation de la paix. Cette loi doit donc favoriser l'expression plurielle, protéger les droits fondamentaux et mettre en place des mécanismes de reddition des comptes.

Le modèle constitutionnel est crucial pour la consolidation de la paix. Dans les pays profondément divisés par des problèmes ethniques, communautaristes ou religieux, le modèle de la démocratie majoritaire stricte a montré ses limites.

Dans les sociétés où règnent de profondes divisions ethniques et qui ont peu d'expérience de gouvernement démocratique et de l'Etat de droit, la démocratie majoritaire stricte peut être vouée à l'échec.

Dans ces sociétés où les identités ethniques ou religieuses sont fortes et l'identité nationale faible, le vote des populations est largement motivé par leur appartenance. La domination d'un groupe peut conduire à une tyrannie de la majorité[195].

La question se pose de savoir s'il existe une alternative moins confligène au modèle mentionné ci-dessus. Le modèle de partage consociatif du pouvoir et la gouvernance intégrative sont souvent présentés comme une alternative à la démocratie de majorité stricte. Le partage consociatif du pouvoir prône le partage du pouvoir entre des groupes coopératifs et autonomes, tandis que le second modèle transcende les différences et encourage les groupes à coopérer autour d'un but politique commun[196].

Quel que soit le modèle adopté, le processus doit être inclusif afin de transformer le conflit et assurer la longévité de la nouvelle constitution. En Ethiopie, l'opposition s'était sentie exclue du processus et a dénié toute légitimité à la commission chargée de rédiger la nouvelle constitution. Elle a même demandé sa démission. Le fait que cette commission constituante ait travaillé la porte fermée, sans la participation d'acteurs-clés, n'a pas permis de traiter les questions à controverse notamment l'ethnicité, le fédéralisme, etc.

---

[195] Rapport de la Commission Carnegie sur « La prévention des conflits meurtriers » : *Preventing Deadly Conflict.* Final Report 100 (1997).
[196] Kirsti Samuels, "Post-conflict peacebuilding and constitutions making", *Chicago Journal of International Law,* vol. 6, no 2.

Le pouvoir exécutif

Le pouvoir exécutif est l'organe de ceux qui gouvernent, de ceux qui prennent des décisions. Le gouvernement est l'organe représentatif de ce pouvoir. C'est lui seul qui parle au nom de l'Etat aussi bien à l'intérieur qu'à l'extérieur.

Il s'appuie sur l'administration pour l'exécution de ses décisions. Dans un Etat démocratique, l'action du pouvoir exécutif est contrôlée par le pouvoir législatif. En ce qui concerne les représentants de l'exécutif, qu'ils soient élus directement par la population ou choisis par un collège de délégués des citoyens, leur action est soumise au contrôle du parlement. Les élections présidentielles mobilisent beaucoup de passions surtout dans les périodes de transition. En République Démocratique du Congo, les partisans de Jean-Pierre Bemba et ceux de Joseph Kabila s'étaient affrontés entre les deux tours des élections. Après les conflits, tous les protagonistes veulent devenir président de la République, ce qui est un désir noble. Encore faut-il respecter les règles démocratiques. Pourquoi toute cette passion ? Est-ce le souci du bien commun du peuple qui guide les « leaders » africains ? Il est difficile de donner une réponse affirmative.

Peut-on prendre des armes pour détruire, tuer, piller un pays et une population dont on veut faire le bonheur ? Quel paradoxe !

Dans beaucoup d'Etats africains, les richesses du pays n'allant qu'à ceux qui en ont la gestion, tout le monde veut le pouvoir pour se les approprier. Tous les discours des politiciens sur la moralisation de l'administration, sur la corruption restent des vœux pieux jetés aux orties de l'oubli une fois qu'ils accèdent au pouvoir. Il y a des ministres qui, le jour de leur nomination, ont de la peine à se payer un taxi pour se rendre au premier conseil, mais qui, après deux ans d'exercice, n'ont rien à envier à Crésus. Le poste ministériel est-il une entreprise qui rapporte à son propriétaire ? « Violente question » dira Nguess Bon, chansonnier ivoirien. Un des leaders africains pour qui nous avions beaucoup d'admiration, avait choqué plus d'une personne lorsqu'à la question du journaliste, à la fin de la cérémonie de présentation des vœux du nouvel an, sur ce qu'il comptait faire pour mettre fin à l'enrichissement illicite de son entourage, répondit que « la roue tourne » et que les anciens tenants du pouvoir « bouffaient » et donc que c'est à leur tour, à ses partisans et lui, de « bouffer » mais qu'il compte intenter des procès contre ceux qui s'enrichissent illégalement.

Souvent, pour mettre fin à la violence, les accords de paix prévoient au lendemain des conflits le partage de pouvoir à travers des gouvernements d'union nationale pour la période de transition. La question se pose sur l'impact de ce partage dans le moyen terme. L'expérience a montré qu'en dehors de la période susmentionnée, le partage formel de l'exécutif conduit à une paix fragile, souvent sans violence mais sans que les parties ne se réconcilient ou traitent les sources de tension.

Dans les sociétés profondément divisées, le partage du pouvoir radicalise les divisions. Tout est fonction de la bonne foi et du degré d'engagement des leaders. Le partage du pouvoir demeure fragile si les parties sont poussées à le faire. Travailler pour le consensus requiert un engagement substantif et un compromis qui sont difficiles à atteindre dans une société fortement divisée. Les accords de partage de pouvoir ne représentent généralement pas l'alternative préférée des parties. En Bosnie-Herzégovine par exemple, les perceptions mutuelles et les relations entre les communautés sont dominées par un profond sentiment de blessure, de trahison et de méfiance.

L'Afrique du Sud (post-transition) et l'Ouganda ont également adopté le partage du pouvoir exécutif, mais avec quelques différences importantes. En Afrique du Sud, après la période de transition, le Congrès national africain au pouvoir a continué à proposer aux partis de l'opposition le partage du pouvoir sur une base volontaire. Le Parti national, ex-parti de l'apartheid avait quitté le gouvernement de transition pour l'opposition en 1996. Il l'a récemment rejoint.

En Ouganda, un modèle de gouvernement inclusif d'un système sans parti politique a été adopté par le président Museveni après la guerre. Bien que le système soit devenu moins accommodant pour les opinions divergentes ces derniers temps, il a fourni pendant plus d'une décennie un gouvernement inclusif relativement efficace.

La réforme de la justice

Il n'est nullement besoin de montrer le rôle important que peut jouer la justice dans la consolidation de la paix dans les pays en situation de sortie de crise. L'institution judiciaire est l'un des piliers de l'Etat constitutionnel. Les magistrats, contrairement aux détenteurs du pouvoir exécutif et législatif, ne sont ni élus par les citoyens, ni choisis par des délégués.

Les juges sont nommés par le gouvernement. La nomination des magistrats n'est cependant pas abandonnée aux humeurs des gouvernants. Il existe des critères rationnellement définis : une qualification, une formation, en un mot, une compétence. Dans beaucoup de pays francophones, le magistrat est titulaire d'au moins une maîtrise en droit et formé à l'école de la magistrature.

Dans un Etat démocratique, le gouvernement (de même que l'administration), est soumis aux juges et les organes du gouvernement sont tenus d'exécuter les décisions judiciaires.

Les juges, n'ayant pas de mandat électoral à défendre, n'ont pas à rendre compte à un quelconque électeur. Ils jouissent donc d'une autonomie qui se traduit par leur constant souci du respect de la loi. Cette autonomie du magistrat ne veut pas dire qu'il crée la loi. Il est chargé de dire le droit, d'interpréter la loi votée par le législateur. Le magistrat participe à l'évolution du droit par la jurisprudence.

Dans les pays sortant d'un conflit armé, l'institution judiciaire est souvent détruite ou affaiblie. Les magistrats sont quelquefois partisans ou corrompus. En République Démocratique du Congo, le président Laurent Désiré Kabila avait suspendu et démis de leur fonction plusieurs magistrats pour corruption.

En Côte d'Ivoire, Assalé Tiémoko, président d'une ONG de lutte contre l'injustice avait dénoncé dans une fiction la corruption de la justice dans son pays. Sa prise de position, quoique noble, lui a valu plusieurs mois de prison. La corruption judiciaire affaiblit l'Etat de droit, pilier de toute démocratie pluraliste et favorise l'impunité. La lutte contre la corruption judiciaire doit être par conséquent une priorité de tous les Etats et particulièrement les pays en situation de sortie de crise.

Selon le Groupe d'Etats contre la corruption, « *des systèmes judiciaires inefficaces et partiaux entravent la lutte contre la criminalité y compris contre la corruption et ébranlent la confiance du public dans les actions entreprises par les autorités. La justice doit être rendue et il faut que l'on voie qu'elle a été rendue*[197] ».

La corruption des magistrats ne s'explique pas seulement par la dépendance du pouvoir judiciaire vis-à-vis de l'exécutif, en dépit des discours politiques vulgarisant leur indépendance, ni par le traitement salarial mais la plupart du temps par la cupidité et la faillite morale de certains fonctionnaires.

Dans certains Etats, des magistrats se gardent de dire la loi par peur des représailles. En Côte d'Ivoire, des magistrats ont été bastonnés par les membres de la FESCI pour avoir voulu appliquer la loi à des étudiants convaincus de crime.

L'amélioration des conditions de travail des magistrats par la réhabilitation contribuera à l'amélioration de la qualité du service.

Le législatif

Comme le souligne Eric Weil, le parlement est l'institution qui caractérise principalement l'Etat constitutionnel. Il exprime les désirs et la morale vivante d'une société particulière. Sa tâche consiste, d'une part, à contrôler l'action rationnelle et raisonnable du gouvernement et d'autre part, à éduquer le peuple[198]. Le pouvoir législatif est la représentation du peuple. Sa fonction, selon Eric Weil, ne se comprend que par rapport au gouvernement devant lequel il représente la nation. Le parlement gêne l'action du gouvernement et l'activité de l'administration. C'est en cela précisément que réside sa fonction positive. Les députés sont également chargés d'organiser

---

[197] Groupe d'Etats contre la corruption (GRECO), http://assembly.coe.int/Documents/WorkingDocs/Doc10/fdoc12446.htm
[198] Eric Weil, *Philosophie politique*, p. 167.

la discussion sur les choix politiques du gouvernement. C'est le parlement, par exemple, qui vote le budget, autorise la guerre, etc.
Le parlement joue bien d'autres rôles aussi importants les uns que les autres tels que : le contrôle civil de l'armée, l'opposition aux libertés prises à l'encontre de la constitution et face aux dérives totalitaires du pouvoir. Les débats parlementaires diffusés en direct à la télévision sont très suivis par la population qui a soif de démocratie et de libéralisation de la parole.
Le temps où le parlement n'était qu'une caisse de résonance de l'exécutif est presque révolu dans beaucoup de pays africains.
Même si le pouvoir en place a la majorité à l'Assemblée nationale comme au Cameroun ou au Tchad, le petit nombre de députés de l'opposition n'est pas à négliger dans les débats parlementaires.
Cependant, l'une des plaies des députés est leur faiblesse face aux espèces sonnantes et trébuchantes.
Certains parlementaires n'hésitent pas à changer de casquette politique en cours de législature. Souvent, ils rompent avec leur parti pour le parti au pouvoir.
Les députés manquent souvent de capacités pour donner un avis informé sur les questions de sécurité et de gouvernance, d'où la nécessité de renforcer leurs compétences.
Dès que possible, il importe d'organiser des élections législatives justes et ouvertes à tous les partis politiques. Dans certains pays, pour avoir la majorité à l'Assemblée nationale, le pouvoir en place procède à un découpage électoral fantaisiste accordant des représentants à des bourgs qui lui sont favorables et qui ne remplissent pas les critères légaux.

9.2.2 La légitimation du pouvoir par les élections

Les élections provoquent très souvent des crises politiques, voire certains conflits armés internes en Afrique. Mais la sortie de crise ne peut se faire sans la légitimation des nouvelles autorités à travers les urnes. Les élections sont la pierre angulaire de la démocratie. Elles jouent plusieurs rôles significatifs dans l'enracinement de l'Etat de droit.
Tout d'abord, elles donnent de la légitimité au gouvernement par le choix des gouvernants par la volonté générale. Elles enseignent aux parties en conflit que l'affrontement politique sans violence, l'affrontement argumentaire sont les seuls moyens qui permettent la compétition de manière pacifique.
Les élections font partie de la plupart des accords de paix. Elles les valident et encouragent la participation politique. Les élections libres et transparentes représentent une solution aux conflits postélectoraux.
Elles permettent également l'alternance au pouvoir. Les coalitions pendant les consultations enrichissent le débat politique. Elles sont tellement

importantes que même des autocrates se sentent obligés d'en organiser pour au moins avoir un semblant d'onction populaire.
L'Union Soviétique n'en avait-elle pas organisé ? Des militaires africains après les coups d'Etat ne légitiment-ils pas leur pouvoir par des élections ? Les exemples de Blaise Compaoré (Burkina Faso), François Bozizé (RCA), Idriss Déby (Tchad) illustrent nos propos.

L'organisation d'élections dans un pays en situation de sortie de crise est sinon difficile du moins délicate pour la consolidation de la paix. Bien souvent, elles ont lieu dans des conditions sécuritaires délétères alors que les armes circulent encore.
En République Démocratique du Congo, des éléments armés de la milice de Jean-Pierre Bemba, vice-président de la transition, candidat malheureux au deuxième tour des élections d'octobre 2006, ont attaqué la Cour suprême et emporté avec eux des documents qui devaient servir à la confirmation ou à l'infirmation du scrutin présidentiel.
Les élections postconflit sont organisées dans un environnement risqué où la confiance entre les parties n'est encore qu'embryonnaire. La situation reste très précaire sur le plan de la sécurité et les problèmes sont encore émotionnellement sensibles ; les institutions prévues pour organiser les élections sont dans un état piteux.
Pour minimiser les risques de nouveaux conflits, il faut mettre en place des normes et des institutions démocratiques, par exemple les partis politiques, les commissions électorales, les listes électorales, les institutions chargées de régler les conflits, etc. L'on doit toujours avoir à l'esprit que la démocratisation mal négociée peut conduire à la résurgence des conflits. Les élections, surtout en Afrique, ont fait émerger les haines ethniques et religieuses.

9.2.2.1 Critique des élections africaines

Des élections démocratiques et transparentes avaient toujours été jusqu'ici perçues comme l'aboutissement d'un processus de paix devant confirmer l'établissement d'un Etat de droit. L'expérience de la Côte d'Ivoire nous enseigne qu'elles peuvent replonger un pays dans le chaos à la suite de leur mauvais déroulement et avec la contestation de leurs résultats.
La contestation est la chose la mieux partagée par les élections africaines : 90% des scrutins, surtout présidentiels, entraînent des protestations plus ou moins fondées. Pourquoi tous ces bruits autour des élections ?

Manipulation des constitutions

Depuis 1990, l'on peut se féliciter de la tenue croissante d'élections en Afrique. Chaque année, de nouvelles élections se tiennent sur le continent. Cette succession d'élections n'est que l'arbre qui cache la forêt.

Elle ne démontre en rien l'enracinement des valeurs démocratiques en Afrique, lesquelles sont, par euphémisme, dévoyées. Si la tenue d'élections régulières semble être un acquis, leur crédibilité continue de poser des problèmes. Tout se passe comme si les chefs d'Etat voulaient par des élections truquées bénéficier d'une caution démocratique.

La tendance actuelle de certains chefs d'Etat est d'arranger à leur avantage les articles de la constitution qui limitent le mandat présidentiel pour se garantir une éventuelle présidence à vie : Idriss Déby au Tchad, Paul Biya au Cameroun et bien d'autres ont emprunté ce chemin.

Alors que le mandat présidentiel était de cinq ans en Côte d'Ivoire, le président Bédié[199] l'avait fait passer à sept ans. Son intention était de s'éterniser au pouvoir, mais un coup d'Etat dirigé par le général Guéï a mis fin à ses ambitions démesurées. La nouvelle Constitution ivoirienne du 23 juillet 2000 a ramené à cinq ans le mandat présidentiel.

Le colonel Lansana Conté, autoproclamé général, est arrivé au pouvoir en 1984 à la mort de Sékou Touré. Il organise, dix ans après son accession au pouvoir en 1993, la première élection présidentielle multipartite en Guinée. Il remporta ce scrutin contesté. Il fut « réélu » le 23 décembre 1998 avec 56,11 % des suffrages. Il organisa une autre élection en 2003. Toutefois, grâce à la manipulation de la constitution, son mandat de 2003 devait être de 7 ans au lieu de 5 comme les précédents. Il est décédé au pouvoir fin 2008.

Olusegun Obasanjo a été élu président de la République fédérale du Nigeria en 1999 et réélu en 2003. La constitution limitant le nombre de mandats présidentiels à deux, il n'avait plus le droit de se présenter aux élections de 2007. Mais, comme beaucoup de ses pairs africains, il avait engagé une réforme constitutionnelle pour s'autoriser à briguer un troisième mandat présidentiel. Le Sénat nigérian ne voulant pas se faire complice du dévoiement des valeurs démocratiques a rejeté ce projet de réforme constitutionnelle.

Le chef de l'Etat fédéral du Nigeria n'a pas eu la chance des présidents Idriss Déby (Tchad), de feu Gnassingbé Eyadema (Togo), de Blaise Compaoré (Burkina Faso), de feu Omar Bongo (Gabon), pour ne citer que ces cas récents.

Au terme de deux mandats, ils ont fait retoucher, par une Assemblée nationale acquise à leur cause, la clause de la limitation du mandat présidentiel. Espérons que l'exemple nigérian inspirera d'autres parlementaires pour mettre fin au cycle infernal du dévoiement des constitutions.

La manipulation de la loi fondamentale permettant à certains chefs d'Etat de se faire élire indéfiniment est dommageable pour la démocratie africaine.

---

[199] Le président Henri Konan Bédié est le père de l'« ivoirité », concept qui avait servi de prétexte aux insurgés du 19 septembre 2002.

Les commissions électorales

Dans la plupart des pays francophones, les élections sont organisées par le gouvernement par l'entremise du ministère de l'Administration territoriale ou de l'Intérieur. Du fait de sa trop grande proximité avec le parti au pouvoir, la capacité du ministère en question à organiser des scrutins sincères et fiables est remise en cause.

Toutefois, il existe certaines administrations africaines ayant organisé des élections qui ont permis l'alternance au pouvoir. Au Congo, le président Sassou Nguesso avait perdu les élections et a quitté le pouvoir avant de le reprendre par la guerre. Au Mali comme au Bénin, il y a eu plusieurs alternances après des élections organisées par l'administration. C'est la preuve que toutes les administrations africaines ne sont pas corrompues. Néanmoins, ces bons exemples ne doivent pas nous faire oublier le parti pris en général des administrations pour le pouvoir en place.

Pour éviter les contestations, l'organisation des élections est confiée à des commissions électorales indépendantes. Selon la décision du 23 décembre 1994 de la Cour constitutionnelle du Bénin : « *la création de la Commission électorale nationale autonome (CENA), en tant qu'autorité administrative indépendante, est liée à la recherche d'une formule permettant d'isoler, dans l'administration de l'Etat, un organe disposant d'une réelle autonomie par rapport au gouvernement, aux départements ministériels et au Parlement, pour l'exercice d'attributions concernant le domaine sensible des libertés publiques, en particulier des élections honnêtes, libres et transparentes*[200] ».

Elle ajoute que « *la création d'une commission électorale indépendante est une étape importante de renforcement et de garantie des libertés publiques et des droits de la personne ; elle permet d'une part, d'instaurer une tradition d'indépendance et d'impartialité en vue d'assurer la transparence des élections et d'autre part, de gagner la confiance des électeurs et des partis et mouvements politiques*[201] ».

La Commission électorale béninoise joue trois grands rôles : celui de garante des libertés politiques et du droit des personnes, de la transparence des élections et enfin, de rendre possible la confiance des acteurs politiques et des électeurs.

Lors des élections de 1996 au Niger, le général Ibrahim Baré Maïnassara avait dissous la CENI à quelques heures de la fermeture des bureaux de vote. Il accusa cette institution d'être manipulée par l'opposition. Il la remplaça au pied levé par la CEN. Après la mise en résidence surveillée des leaders de l'opposition, le général s'autoproclama vainqueur à 52,22%. Ce score lui évita un deuxième tour qui aurait été fatal à son gouvernement.

---

[200] Décision du 23 décembre 1994 de la Cour constitutionnelle du Bénin.
[201] Idem.

Claude Emeri assigne deux grandes fonctions aux commissions électorales : la légitimation du processus électoral lui-même et l'assurance des conditions morales de cette légitimation. Elles « *remplissent initialement deux missions : la première est la légitimation du processus électoral, seule voie reconnue d'accès au pouvoir dans un régime démocratique ; la seconde est corollaire de la première : elle consiste à assurer les conditions morales et matérielles de cette légitimation, notamment en assurant de manière efficace la gestion pratique du processus électoral*[202] ».

Il est presque impossible de parler de transparence des élections en Afrique sans faire cas des commissions électorales neutres et impartiales. L'opposition, comme le gouvernement, veut monopoliser cette institution. Les autorités dirigeantes mettent très souvent tout en œuvre pour avoir le contrôle de la commission en nommant ses responsables. Au Zimbabwe, la loi fondamentale confie la supervision des élections à l'*Election Supervisory Commission* (ESC) dont les membres sont choisis par le chef de l'Etat. Quatre de ses cinq membres, dont le président, sont ou ont été membres actifs de la ZANU-PF de Robert Mugabe. Ce dernier est finalement le seul maître des élections dans son pays. Il peut les gagner pendant longtemps.

Au Cameroun, sous la pression de l'opposition, le président Biya a créé l'Observatoire national des élections (ONEL). Les 11 membres de cette institution ont été nommés par lui. L'organisation matérielle des élections est pilotée par le ministère de l'Administration territoriale. Cette situation affecte très souvent la crédibilité du scrutin.

Au Bénin, la Commission électorale nationale autonome jouit d'une bonne réputation depuis sa création dans l'organisation d'élections libres et transparentes.

Au Botswana, la *Supervisory of Elections* est une institution créée par la constitution. Elle n'est soumise à aucune autorité. Elle jouit même d'un budget statutaire qui la met à l'abri des pressions. Dans les pays africains où les accusations de fraude sont fréquentes, la mise en place d'une commission électorale indépendante pour limiter les contestations du processus est vitale. Les membres de cette commission sont parfois menacés et intimidés lorsqu'ils veulent jouer honnêtement leur rôle. Tous les espoirs placés dans les commissions n'ont été satisfaits que partiellement.

Les commissions électorales sont également fragilisées par l'affrontement entre les partis politiques en leur sein, ce qui pose aujourd'hui la question de l'utilité de la représentation des partis au sein des commissions électorales. Leur représentation est considérée comme un moyen pour assurer la neutralité, l'impartialité de l'institution et de ses activités, mais des expériences malheureuses montrent que la présence des partis dans les commissions conduit parfois à une contre-performance.

---

[202] Emeri Claude, « Elections et référendums », in Grawitz Madeleine, Leca Jean (dir), *Traité de sciences politiques,* volume 2, *Les régimes politiques,* PUF, Paris, 1985, p. 342.

Comment peut-on confier à une organisation la double qualité de juge et de partie ? Quel est le critère de choix des partis politiques qui sont représentés au sein d'une telle commission ?

En Côte d'Ivoire, compte tenu peut-être du contexte particulier du conflit, tous les partis politiques qui ont des députés à l'Assemblée nationale en plus du RDR d'Alassane Ouattara et des mouvements rebelles ont des représentants au sein de la Commission électorale indépendante(CEI). Cela suppose qu'à chaque législature, il faut changer les membres de la commission.

Fraude ou technologie électorale

Depuis quelques années, il commence à y avoir en Afrique des élections sans contestation. Du moins, la contestation ne porte que sur l'organisation matérielle et non sur la transparence du scrutin. Les cas du Mali, du Bénin et du Sénégal illustrent bien ces propos. Malgré les espoirs suscités par la lente, mais sûre marche de la démocratie dans certains pays africains, des zones d'ombre persistent dans d'autres.

Des leaders du Parti démocratique de Côte d'Ivoire (PDCI) qualifiaient la fraude électorale de « technologie électorale ». La fraude commence dès le fichier des listes électorales et devient plus visible le jour du vote. Dans un pays qui sort d'une guerre, il est impérieux de sécuriser l'état civil. Pourquoi ne pas l'informatiser ?

La tendance actuelle dans bon nombre de pays est le recours au bulletin unique avec la photo ou le sigle de tous les candidats. Cela permet de minimiser les fraudes et surtout la disparition ou l'indisponibilité des bulletins de certains candidats dans des bureaux de vote. Le recours à la réglementation ne peut à lui seul venir à bout de la corruption électorale. Il est nécessaire de lancer des actions de sensibilisation, de formation et d'information de tous les acteurs sur les conséquences de ce phénomène sur la société.

La fraude électorale est un ennemi de la démocratie susceptible de conduire le pays jusque dans la guerre civile. L'analphabétisme (surtout politique) et la paupérisation des populations contribuent énormément à l'expansion de la corruption électorale dans les pays africains.

« *L'Africain n'a pas en général de culture politique à cause du taux élevé de l'analphabétisme qui est un handicap pour le multipartisme ; celui-ci ne vote pas en général pour le programme d'un candidat, mais le fait plutôt en fonction de son appartenance tribale. Du coup, la démocratie n'est plus respectée et cela a souvent défavorisé sa bonne marche. Des urnes, sont aussi sortis des dictateurs. Pourquoi, en attendant que la culture de la démocratie s'installe très bien sur le continent, on ne pourrait pas faire voter uniquement les intellectuels qui comprennent mieux « ce qu'on leur demande de choisir » ? Il sied de dire que 80 % des électeurs en Afrique sont des illettrés naïfs que les hommes politiques peuvent facilement manipuler et corrompre en se servant souvent du tribalisme et du régionalisme pour assouvir leur dessein*[203]».

Nous ne partageons pas totalement l'avis de Kodia selon lequel on devrait accorder le statut d'électeur seulement aux soi-disant intellectuels. Qui est intellectuel et qui ne l'est pas ? Est-ce celui qui est bardé de diplômes universitaires ? Est-ce celui qui sait lire et écrire ? Savoir lire et écrire est-il synonyme de détenir la science politique infuse ? La fraude électorale, l'exaltation des sentiments tribaux à des fins électorales ne sont pas le fait des villageois. Ce sont ceux que l'on appelle « intellectuels » qui se livrent à ce jeu dangereux.

Les vendeuses de beignets, les cireurs de chaussures et les villageois ont souvent le même niveau de culture politique que nos intellectuels.

Il s'avère donc nécessaire d'éduquer politiquement la population. La naïveté est-elle l'apanage des illettrés seulement ? Sont-ils les seuls que les politiciens peuvent manipuler ? L'expérience montre que les universitaires sont plus vulnérables à la corruption que le pauvre cultivateur au village.

Si on n'accorde le droit de vote qu'aux lettrés, il y n'aura que 20 % d'électeurs en Afrique.

Le vote des citoyens en général est plus guidé par leur appartenance tribale que par un programme de futur gouvernement. La capacité des candidats à récompenser financièrement l'électeur a une influence sur l'issue du scrutin.

Il est aisé de comprendre que la corruption et la fraude électorale trouvent leur terrain de prédilection dans un contexte d'analphabétisme politique et de pauvreté généralisée. Pour limiter les contestations postélectorales, chaque acteur doit jouer pleinement son rôle.

9.2.2.2 Les rôles des différents acteurs

Les acteurs du processus électoral sont nombreux. Nous n'en examinerons que quelques-uns.

Le législateur a un grand rôle à jouer dans le processus électoral. Sa tâche va de la détermination des attributions des différents acteurs et des compétences des commissions électorales aux dispositions pour gérer d'éventuels contentieux électoraux.

L'un des corps de métier les plus prestigieux dans la société est celui des magistrats. Cependant, le comportement « hérétique » de certains juges a profané le temple de Thémis. Certains magistrats sont partisans et sacrifient la vérité sur l'autel de la solidarité ethnique, religieuse ou pour le culte de Crésus. Les cours constitutionnelles et les cours suprêmes africaines entérinent avec une facilité déconcertante des élections frauduleuses. Dans

---

[203] Noël Kodia, « La démocratie, un luxe pour les Africains ? » in *Développement et Coopération* n° 6, novembre-décembre 2002, p. 26-29.

de nombreux pays, les résultats de la mascarade électorale sont validés par des juges au point de jeter le discrédit sur tout le corps des magistrats.

Dans un contexte postconflit, les juges doivent remplir leur mission conformément à leur serment pour mériter la confiance de leurs concitoyens. Il est nécessaire que les juges en fonction ne s'impliquent pas dans la politique. Le métier de juge est un sacerdoce parsemé de difficultés et de défis qu'il faut relever chaque jour.

Concernant les partis politiques en Afrique, la grande majorité s'est constituée sur des bases ethniques. Cette situation explique en partie l'exaltation des haines ethniques ou tribales au cours des compétitions électorales.

Dans un pays en situation de sortie de crise où les haines tribales ou religieuses sont encore brûlantes, les partis politiques doivent s'engager à préserver et renforcer la cohésion sociale. Ils doivent respecter un code de conduite tant au cours de la campagne électorale que pendant et après les élections.

Les organisations de la société civile ont également un rôle crucial à jouer, notamment informer et attirer l'attention des électeurs sur leurs droits. Les électeurs doivent être encouragés à ne pas monnayer leurs voix. Leurs choix devraient être davantage guidés par des programmes politiques que par d'autres raisons, notamment la richesse, la parenté, l'ethnie, la religion, la détention du pouvoir, etc.

Les médias, considérés comme le quatrième pouvoir après l'exécutif, le judiciaire et le législatif, ont un rôle très important à jouer dans l'enracinement de la démocratie.
La presse a le devoir d'éclairer, d'informer et d'éduquer la population. C'est à travers les médias que les candidats et leurs supporters font campagne. Les médias participent à la transparence du scrutin en dénonçant les tentatives de fraude. L'Etat doit prendre les mesures nécessaires pour permettre à tous les partis politiques engagés dans le processus électoral d'avoir l'opportunité de voir leurs manifestations couvertes par les médias, surtout par ceux de l'Etat.
Généralement, la communauté internationale apporte son appui technique et financier aux pays en développement pour soutenir le processus électoral. Il convient avant tout qu'elle fasse une évaluation générale de la situation, des clivages, des sources de conflit dans un pays donné. Elle devrait abandonner les clichés qui soutiennent que tous les conflits africains ont des bases ethniques ou religieuses. L'interprétation erronée des vraies causes du conflit peut limiter le succès des efforts déployés.
La communauté internationale devrait appuyer l'organisation d'élections crédibles pour renforcer les acquis des efforts de sortie de crise.

9.2.2.3 La supervision et le contrôle des élections

La présence des observateurs peut dissuader ou limiter les manœuvres frauduleuses ou les irrégularités pouvant entacher la transparence du processus électoral qui comprend l'établissement des listes électorales, la distribution des cartes d'électeur, l'affichage des listes, le déroulement du scrutin, etc.
L'on distingue deux types d'observateurs : les partisans et les indépendants. Les observateurs partisans sont des représentants des partis politiques ou des candidats prenant part au scrutin. Les observateurs indépendants sont des représentants de la société civile, des organismes internationaux et des bailleurs de fonds. Ils sont supposés travailler selon les principes suivants : impartialité, neutralité et transparence.
La présence des représentants des partis politiques dans les bureaux de vote est importante pour garantir la transparence du scrutin. Le code électoral doit définir leurs compétences et leur rôle.
Selon le code électoral burkinabé[204] en son article 61, « *chaque organisation ou parti politique présentant des candidats a le droit de contrôler l'ensemble des opérations électorales depuis l'ouverture des bureaux de vote jusqu'à la proclamation et l'affichage des résultats* ».
Les représentants des candidats ont le droit d'être dans les bureaux de vote et d'exiger l'inscription au procès-verbal de toutes leurs observations et constatations.
Toutefois, il est déplorable que les représentants des candidats déployés dans les bureaux de vote n'aient aucune formation. Pire, par manque de moyens, tous les candidats ou partis politiques ne sont pas en mesure d'avoir des observateurs dans tous les bureaux. Il faut donc trouver un mécanisme pour faciliter la représentation des partis politiques dans tous les bureaux.
Nous distinguons deux catégories d'observateurs indépendants : les nationaux et les internationaux. Les observateurs internationaux sont invités dans le pays où se déroulent les élections par les autorités ou par la commission nationale électorale. Ils sont quelquefois rattachés aux pays ou institutions ayant pris part au financement de l'élection ou à des organismes internationaux ou régionaux. Ils n'interviennent pas dans le processus. Leur rôle se limite à observer de manière impartiale puis à rapporter le résultat de leur observation.
Les observateurs internationaux sont souvent en nombre insuffisant. Ils arrivent dans le pays parfois à deux jours du scrutin. Le jour du vote, ils s'éparpillent dans la capitale ou dans les grandes villes.
Malgré leur bonne volonté, certains observateurs sont parfois peu ou mal informés sur les enjeux politiques du pays ; ils ne peuvent pas couvrir tout le pays du fait du nombre élevé de bureaux de vote. De plus, certaines régions

---
[204] Loi n° 021/98/AN du 07 mai 1998.

du pays sont parfois inaccessibles. Le soir du scrutin, les observateurs concluent au bon déroulement du scrutin sur la foi du peu qu'ils ont vu.

En outre, des observateurs internationaux sont quelquefois complaisants vis-à-vis du pouvoir en place dont ils se sentent les obligés. Des magistrats français prétendant être des observateurs étaient en fait les invités personnels du chef de l'Etat gabonais El Hadj Omar Bongo, lors de la présidentielle du 6 décembre 1998.

Les missions d'observation des élections contribuent à prévenir toute tentative de fraude ou de perturbation du processus électoral. Elles évaluent de manière indépendante le processus électoral. Leur présence renforce la confiance du public dans le processus électoral. Elles donnent leur avis sur l'organisation, le déroulement du scrutin et la fiabilité des résultats.

L'observation doit couvrir toutes les phases du processus électoral allant de l'inscription sur les listes électorales aux opérations de vote, au dépouillement, à l'affichage, à la transmission des résultats et autres documents à la CENI et à la cour suprême en passant par la campagne électorale.

L'observation des élections est un travail qui demande du temps. Malheureusement, les observateurs internationaux ne viennent qu'à quelques jours des élections.

Les observateurs nationaux peuvent contribuer à combler cette lacune. Ils peuvent être rattachés à la commission électorale nationale indépendante comme c'est le cas au Ghana ou des organismes de la société civile sont présents. Avant d'être déployés sur le terrain, les observateurs nationaux doivent recevoir une formation adéquate.

9.2.2.4 Le concept d'élection libre et transparente

L'expression « élection libre et transparente » est à la mode. Elle est employée dans presque tous les discours politiques postélectoraux.

Les observateurs internationaux n'hésitent pas à décerner le certificat d'élection libre et transparente à la plupart des scrutins qu'ils couvrent. L'expression est tellement galvaudée que l'on ne sait plus ce qu'elle veut dire exactement.

Une élection est dite libre si un minimum de critères sont remplis notamment la liberté de discours et d'expression des électeurs, des partis, des candidats, des médias, la liberté d'association, la liberté de rassemblement pour faire campagne, la liberté d'avoir accès aux informations politiques et électorales, la liberté de s'inscrire comme candidat, électeur ou parti, l'assurance de ne pas être intimidé, violenté, la liberté d'accès aux urnes par les électeurs, les candidats et les agents des partis accrédités et les observateurs, la liberté de poser des questions, de rapporter les plaintes ou objections sans répercussion négative sur soi.

Une élection est dite transparente lorsque les éléments suivants sont pris en compte : une organisation indépendante et non partisane pour conduire les élections ; la garantie des droits, libertés individuelles et protection reconnus par la constitution et le code électoral ; le traitement équitable des électeurs, des candidats et des partis par les administrateurs des élections, le gouvernement, les forces de l'ordre et la justice ; des urnes et un processus de comptage des voix transparents ; des lieux de vote accessibles, un accès équitable aux ressources financières et matérielles pour tous les partis et candidats en lice ; un traitement équitable et équilibré de l'événement par les médias ; un suffrage universel.

L'enregistrement des votants

Le succès d'un processus démocratique repose en grande partie sur la saine participation des citoyens aux consultations électorales. La fiabilité des listes électorales et la saine gestion des cartes électorales sont de ce fait des éléments de base du succès de toute opération électorale. Il est fondamental de mettre en place un guide clair concernant l'inscription sur la liste des électeurs.
Tous les citoyens, quelle que soit leur appartenance ethnique, politique ou religieuse, ont le droit de figurer sur la liste électorale. Les erreurs éventuelles que cette dernière contient doivent être corrigées à travers un mécanisme convenu et approuvé par tous les protagonistes.
Dans certains pays, le gouvernement en place réduit au minimum la participation des électeurs favorables à leurs adversaires aux élections. Pour dissimuler leur jeu, ils enregistrent normalement tout le monde et la sélection se passe au moment de la distribution des cartes d'électeurs.
La tendance actuelle est à l'informatisation des listes dans le souci de donner à la question électorale toute la transparence exigée.
Le système informatique offre plus de garanties pour une liste électorale complète avec la possibilité de repérer les doubles inscriptions et les cas d'homonymie. L'informatisation de l'état civil permet également la mise à jour automatique pour les citoyens ayant atteint l'âge électoral et facilite les corrections ou la radiation des électeurs décédés. L'inscription sur les listes électorales suscite beaucoup de passions.
Il convient pour chaque Etat de redéfinir les conditions d'inscription sur les listes électorales et de mettre en place une structure chargée de la gestion du fichier électoral.

La carte d'électeur

La carte d'électeur est une pièce d'identité délivrée aux électeurs inscrits sur les listes électorales. Elle permet au votant d'avoir accès aux urnes pour exprimer son choix.

Le délai de finalisation des listes électorales a une influence sur la confection et la distribution des cartes selon les dispositions de la loi. Il est souhaitable que les votants reçoivent leur carte d'électeur au moins trois mois avant les élections pour permettre le cas échéant d'adresser des réclamations.

La logistique électorale

Selon Amina Ouédraogo, vice-présidente de la Cour suprême du Burkina Faso, la logistique électorale est l'ensemble des moyens matériels et équipements qui concourent à une bonne organisation des opérations de vote et conduisent à assurer une régularité et une transparence du scrutin[205]. Il s'agit de toutes les dispositions prises pour permettre à l'électeur d'accomplir sans heurt son devoir de citoyen. Entre autres moyens, nous citerons : les cartes d'électeur, les listes électorales, les bulletins, l'encre indélébile, les urnes, les isoloirs, les guides, les documents électoraux (différents procès-verbaux, décharges, etc.), les cachets, etc.

Nous pouvons ajouter les ressources composées du personnel responsable de l'administration électorale au niveau local, des forces de sécurité (police, gendarmerie), des représentants des candidats et autres observateurs, etc.

Les moyens de communication et de transport jouent un grand rôle dans le processus, surtout dans le déploiement et l'acheminement des documents électoraux.

Le contentieux électoral

Sous l'expression « contentieux électoral », nous regroupons toutes les irrégularités dans le processus électoral, depuis les actes préparatoires jusqu'à la proclamation des résultats définitifs en passant par le déroulement du scrutin et le dépouillement des votes. Les contentieux liés au déroulement du scrutin se déclinent comme suit : l'emplacement des bureaux de vote, les mesures de pression ou d'intimidation, l'insuffisance ou la non-conformité des bulletins de vote, le non-respect de la procédure de dépouillement, etc. Le code électoral de chaque pays définit la procédure du dépouillement.

Le non-respect de cette procédure peut être source d'irrégularités. Chaque pays essaye de mettre en place des structures de règlement des contentieux électoraux. Au Burkina Faso, l'article 154 de la Constitution du 2 juin 1991 donne compétence à la Chambre constitutionnelle pour veiller à la régularité des élections, examiner les réclamations et proclamer les résultats. En complément à la loi fondamentale du « pays des hommes intègres », le code

---

[205] Amina Ouédraogo, « La logistique électorale », in Institut international pour la Démocratie et l'Assistance électorale, Rapports du séminaire sur « *Le dialogue pour le développement démocratique au Burkina Faso* » et de l'atelier sur « *La démocratie et les élections : la réforme du système électoral au Burkina Faso* », International IDEA, 29 juin -1er juillet 1999, p. 88.

électoral précise que le contentieux des élections présidentielles est de la compétence de la Cour suprême, particulièrement en sa chambre constitutionnelle.

Quant aux élections législatives, elles sont du ressort du tribunal de grande instance en charge du pourvoi en cassation, de la chambre administrative et de la chambre constitutionnelle.

9.3 La réforme de l'Etat et l'administration

Il y a plusieurs tentatives de définition de l'administration publique. Nous ne retiendrons que celle donnée par le PNUD. Selon cette agence onusienne, l'administration publique est :

« *1. L'ensemble des fonctions et services (politiques, règles, procédures, systèmes, structures organisationnelles, personnels, etc.) financés par le budget de l'État et chargés de la gestion et de la direction des affaires du pouvoir exécutif et de ses interactions avec les autres parties prenantes de l'État, de la société et de l'environnement extérieur.*
2. La gestion et la mise en œuvre de l'ensemble des activités du gouvernement ayant trait à la mise en application des lois, règlements et décisions du gouvernement et les activités de gestion liées à la fourniture de services publics[206] ».

Il ressort de cette définition des éléments pertinents de l'administration publique.

Le premier considère l'administration comme un ensemble de fonctions, de services, de procédures, permettant à l'Etat d'appliquer sa politique.

Aussi, l'administration est-elle une gestion et une mise en œuvre des activités de service public fournies par l'Etat.

L'administration a en charge la bonne marche de l'Etat. Son poids s'explique par la mission d'intérêt général qu'elle remplit. Elle désigne toutes les activités ayant pour objet de satisfaire l'intérêt général, à savoir l'application des lois et la marche des services publics conformément aux instructions du gouvernement. Elle regroupe l'ensemble des personnes et des organes chargés de remplir ces fonctions. Dans les pays francophones, l'administration est rattachée au pouvoir exécutif et lui est subordonnée. Au niveau national, nous avons l'administration d'Etat dont les compétences s'étendent à tout le territoire national.

Au niveau local, il y a l'administration territoriale dont les pouvoirs sont limités aux collectivités que sont la région, le département ou la commune et les établissements publics aux compétences spécialisées.

L'administration se répartit dans un certain nombre de services publics (comme l'éducation et la santé) et dispose de moyens propres.

---

[206] Programme des Nations Unies pour le Développement, *La réforme de l'administration publique*, Note de Pratique.

Le fonctionnement de l'administration des pays sous-développés ou sortant de crise est handicapé par plusieurs maux, notamment une centralisation excessive des compétences et des moyens ; la politisation de la fonction publique ; la complexité des circuits et procédures administratives ; l'absence de proximité, la difficulté d'accès à l'information, le mauvais accueil et les agissements contraires à l'éthique (l'irresponsabilité, le laisser-aller ou la corruption de fonctionnaires).

La réforme de l'Etat vise à bâtir une administration efficace, resserrée sur ses missions essentielles, dotée de ressources répondant à ses besoins réels et offrant un service public de qualité et à moindre coût.

La réforme de la fonction publique implique le renforcement de ses capacités pour lui permettre de remplir son mandat. Elle comprend les questions du recrutement, de l'avancement, de la rémunération, des effectifs, de l'évaluation des performances et les questions connexes.

9.3.1 L'amélioration de l'élaboration des politiques

Les pays en situation de sortie de crise ont besoin du soutien technique des organismes internationaux et des bailleurs de fonds dans l'élaboration des politiques de réforme de l'administration publique. Cette politique doit intégrer les éléments suivants : la définition du rôle de l'État, la formulation d'une vision de l'administration publique réformée, l'élaboration de stratégies pour réaliser cette vision et forger un large consensus à cette fin au sein du gouvernement.

9.3.2 Les ressources humaines

Le contrôle des effectifs

Les ressources humaines sont au cœur de toute gestion de la fonction publique. Il importe de déterminer le type d'employés à embaucher, leurs tâches et le montant de leur rémunération. La plupart des pays en développement ou en situation de sortie de crise ne maîtrisent pas l'effectif du personnel de la fonction publique. Les recrutements se font sur une base clientéliste. Dans beaucoup de pays, l'effectif du personnel est géré par le bureau central des ressources humaines du ministère de la Fonction publique en étroite collaboration avec le ministère des Finances.

Le recrutement du personnel et la gestion des carrières

Dans la plupart des pays en développement, la promotion et l'avancement des fonctionnaires ne sont pas toujours guidés par le mérite. Cette pratique risque d'encourager la corruption, la médiocrité et la fuite des cerveaux.

Le processus de recrutement et de promotion doit être sans équivoque et organisé de manière à assurer la transparence. Il est nécessaire de limiter le pouvoir discrétionnaire des politiciens en matière de sélection. Le processus de recrutement doit être exclusivement confié à un comité non partisan. Cette procédure permettra de limiter le clientélisme.
Dans certains pays, il y a des candidats admis à des concours de la fonction publique sans qu'ils ne se soient présentés au concours.
La réforme de la fonction publique vise également à assurer la neutralité et la loyauté des fonctionnaires. Ceux-ci ne doivent pas faire l'objet de discrimination en raison de leur sexe, origine ethnique, appartenance politique, de leurs convictions politiques, religieuses, philosophiques, culturelles ou sociales.

La rémunération

Du fait de la destruction du tissu économique, la fonction publique est dans les premières années qui suivent la fin des hostilités l'entité la plus à même d'offrir du travail à la population. Mais souvent, les salaires sont tellement médiocres que la population préfère travailler dans les ONG et le secteur privé. La population active libérienne préfère travailler dans les ONG plutôt que dans la fonction publique où les rémunérations ne permettent pas à une famille moyenne de subvenir à ses besoins.
Il est donc nécessaire de revaloriser les statuts de la fonction publique (aussi bien en termes de missions qu'en termes de rémunération). La faiblesse de la rémunération est due à plusieurs facteurs parmi lesquels le nombre pléthorique de fonctionnaires et les ressources limitées de l'Etat. Cette situation mène à un manque de motivation, à la corruption, à la perte de personnel compétent et à des prestations de services insuffisantes dans les régions reculées, ce qui limite l'effet des investissements dans la formation.

9.3.3 La réforme de la structure administrative

La réforme de l'appareil gouvernemental concerne les règles, les institutions et la structure de l'administration nécessaires pour appliquer les politiques gouvernementales.
La décentralisation est le type de réforme de la structure gouvernementale le plus courant.
Par ailleurs, de nouveaux instruments, notamment ceux qui font appel aux technologies de l'information et de la communication modernes, apportent de nouvelles possibilités d'amélioration de la coordination des différents pouvoirs et d'établissement de liens plus directs entre l'administration et les administrés.
La déconcentration consiste en une gestion administrative plus près de la vie des citoyens. C'est en un mot le rapprochement de l'administration des

administrés. Ce processus de déconcentration administrative est conforme au principe de subsidiarité. La réforme implique également la décentralisation qu'il ne faudrait pas confondre avec la déconcentration. La déconcentration est un processus administratif. Ses autorités tiennent leur légitimité de l'Etat central. La décentralisation en revanche est un processus politique qui donne aux collectivités humaines de base une certaine autonomie juridique (personne juridique distincte) par rapport à la personne-Etat.

Ce dernier accorde aux populations qui composent chacune de ses collectivités une marge d'initiative pour administrer et gérer la collectivité à travers des responsables qu'elles se choisissent librement. C'est ainsi que dans certains pays, nous avons les conseils généraux.

En Côte d'Ivoire, ces conseils sont dotés d'un budget annuel par l'Etat. Ils ont en charge de planifier le développement local en tenant compte des besoins spécifiques de la population. La politique de décentralisation « *part du constat d'un certain manque d'efficacité de la gestion centralisée et au contraire d'une meilleure perception des problèmes des populations et de leurs demandes sociales, tout autant qu'une meilleure adaptation et souplesse des réponses quand les décisions sont prises au plus près des populations et de leurs lieux de vie*[207] ». La décentralisation est donc une politique à encourager surtout dans les pays qui émergent d'un conflit armé.

La réforme de l'Etat concerne également la simplification administrative.

La guerre civile désorganise très souvent l'administration. L'une des tâches du nouveau gouvernement est la réorganisation, le recrutement du personnel compétent et la lutte contre la corruption dans l'administration.

9.3.4 La réforme du système de gestion des recettes et des dépenses publiques

Les pays en situation de sortie de crise ont besoin de moyens pour financer la reconstruction du pays. La mobilisation, l'allocation, la gestion des ressources et l'exécution transparente des dépenses publiques facilitent le processus de reconstruction et de consolidation de la paix.

9.4 De la diplomatie

Quelle diplomatie pour les pays en situation de sortie de crise ? Souvent, ces derniers sont sous le coup de sanctions internationales matérialisées par la suspension de l'aide au développement, de la participation aux organisations régionales et internationales. Les conflits armés détériorent l'image des pays dans lesquels ils ont lieu.

---

[207] Jean-Pierre Elong Mbasssi, *Les politiques de déconcentration et de décentralisation* : Actes de la table ronde préparatoire n°3 : « La bonne gouvernance : objet et condition du financement », Cotonou.

Pour réhabiliter leur image de marque et déconstruire tous les clichés qui leur ont été associés du fait de la guerre, ces pays doivent multiplier les opérations de charme en vue de signer effectivement leur retour sur la scène internationale. Les Etats détiennent plusieurs cartes pour atteindre les objectifs visés. La diplomatie publique, les sommets, la coopération bilatérale et multilatérale représentent une gamme de stratégies pouvant être utilisées.

9.4.1 Restructurer le département des Affaires étrangères

Il est impérieux pour les pays en situation de sortie de crise de diversifier et de densifier leurs relations diplomatiques en renforçant celles qui existent et en explorant de nouvelles voies. Le nouveau gouvernement ne poursuit pas une politique diplomatique « à somme zéro ». Il doit poursuivre une politique extérieure indépendante dans laquelle il se révèle comme l'ami de tous et l'ennemi de personne, comme un partenaire fiable et comme un membre de la communauté internationale. Sa stratégie de coopération doit s'étendre aux organisations régionales, interrégionales et internationales.

La réforme en profondeur du ministère des Affaires étrangères doit figurer en bonne place dans l'agenda des réformes en vue d'insuffler une nouvelle impulsion à la diplomatie.

L'appareil diplomatique de certains pays en situation de sortie de crise souffre du manque de personnel qualifié. Pour juguler cette situation, un programme de renforcement, de recyclage et de développement des capacités des agents diplomatiques s'impose.

9.4.2 La diplomatie des sommets et les visites d'Etat

Vivre en autarcie constitue une voie de suicide pour les pays en situation de sortie de crise.

L'ampleur de la tâche est telle qu'elle requiert l'effort conjugué de tous. Le chef de l'Etat et le Premier ministre doivent s'impliquer pour contribuer au rayonnement de leur pays et le repositionner.

La diplomatie des sommets se justifie à plus d'un titre. La première raison tient à l'interdépendance économique, énergétique, environnementale croissante entre les pays ; la deuxième tient à la nécessité pour tous les Etats d'entretenir un dialogue politique permanent. La diplomatie des sommets constitue un mécanisme d'impulsion essentiel pour l'intégration régionale. Elle offre des opportunités de discussion des questions d'actualité.

Les sommets sont des forums pouvant permettre aux pays en situation de sortie de crise de faire inscrire à l'agenda international leurs préoccupations de l'heure notamment la présence de mercenaires ou d'opposants sur le territoire d'un Etat tiers, la circulation illégale des armes légères, la drogue, etc. Les chefs d'Etat ont également l'occasion de rencontrer leurs pairs en marge des sommets. On distingue généralement trois sortes de sommets : les sommets des communautés d'intérêts partagés, les sommets à vocation économique et les sommets de concertation politique.

Les sommets et les visites d'Etat ne sont pas les seules formes de diplomatie *ad hoc* pouvant être employées. Des visites à plusieurs niveaux, autant à l'étranger que les envoyés de gouvernements étrangers, peuvent soutenir l'offensive diplomatique d'un pays donné. Ces visites peuvent épouser plusieurs formes : bilatérale et multilatérale.

Il faut également admettre que les sommets ne résolvent pas tous les problèmes. La diplomatie des sommets rencontre quelques problèmes qui n'entament en rien leur raison d'être. Quelquefois, les chefs d'Etat et de gouvernement ne parviennent pas à un consensus sur les objectifs définis par l'agenda. Cette situation peut être mise sur le compte des lacunes de la préparation et du suivi collectif des grands projets multilatéraux. On peut également regretter que les effets positifs des sommets internationaux ne soient pas toujours directement perçus par les populations.

9.4.3 Les diplomates

Les diplomates et les soldats sont les agents traditionnels de la mise en œuvre de la politique étrangère des Etats. Le diplomate moderne doit faire montre de certaines qualités personnelles incluant le sens du discernement rapide des situations, aussi complexes soient-elles, le don des relations humaines et sociales, la maîtrise de soi, la discrétion extérieure, etc. Il doit adopter un comportement respectable et respectueux en toutes circonstances. Les fonctions exercées par les diplomates incluent la représentativité et la négociation. En vertu de l'article 2 du traité de Vienne concernant les relations diplomatiques, le diplomate représente son pays à l'étranger. Il veille pour ce faire à l'intérêt public et à ceux de ses citoyens. Le diplomate doit être pour son pays la source d'informations la plus crédible, la plus fiable et la plus sûre. Il suit avec attention l'évolution de la situation dans le pays hôte et en informe régulièrement son gouvernement.

Il négocie avec les autorités du pays hôte, les industriels, etc. A côté des missions diplomatiques et politiques, les diplomates doivent appuyer avec discernement les intérêts économiques et financiers de leur pays à l'étranger. Une autre mission du diplomate est de porter assistance à ses compatriotes séjournant ou résidant à l'étranger et qui sont confrontés à des problèmes personnels.

Le diplomate, particulièrement le consul général, assure des tâches administratives comme le notariat et la fonction d'officier d'état-civil.

Dans les pays en situation de sortie de crise, le poste d'ambassadeur ou de diplomate représente un canal par lequel le nouveau pouvoir récompense ses compagnons de lutte sans nécessairement tenir compte de leurs compétences. La question se pose de savoir s'il ne faut nommer que des diplomates de carrière aux postes d'ambassadeurs ou non. Le diplomate de carrière a à son actif la formation, l'expérience et le profil du métier, tandis que le non-diplomate doit se former aux règles et à l'art du métier sur le terrain. Nous ne préjugeons pas que les non-diplomates de carrière soient moins performants que leurs collègues, mais la prudence conseille de privilégier la nomination de diplomates de carrière. Ces derniers doivent recevoir lors de leur prise de fonction les termes de référence et le cahier des charges sur la base desquels ils seront évalués.

9.4.4 La diplomatie publique

La diplomatie publique vise à promouvoir l'intérêt national d'un pays donné par l'information et l'influence des publics étrangers pour affiner son image de marque. L'expression diplomatie publique a émergé au milieu des années 1960 pour décrire la conduite d'une politique extérieure qui s'adresse aux peuples étrangers, soit à travers des médias émettant dans leur langue et sur leur territoire, soit à travers diverses relations culturelles et autres canaux de communication. L'enjeu de la diplomatie publique est d'accroître la crédibilité et d'améliorer l'image d'un pays donné auprès des publics étrangers. La différence entre la diplomatie traditionnelle et la diplomatie publique se situe à plusieurs niveaux.
La première se déploie autour de la relation officielle matérialisée par des échanges de missions diplomatiques soutenus par une série de communications plus ou moins formelles entre deux pays. La diplomatie traditionnelle fait appel à un certain degré de confidentialité. Le public cible de la diplomatie traditionnelle n'est pas nécessairement le gouvernement hôte mais la population. Les acteurs de cette diplomatie peuvent être soit des diplomates, des fonctionnaires, soit des agents du secteur privé.
Comme le souligne Hans N. Tuch, la diplomatie publique est un processus de communication d'un Etat avec le public étranger dans sa tentative de faire comprendre ses idées, ses idéaux nationaux, ses institutions et sa culture aussi bien que ses buts et sa politique[208]. La diplomatie publique consiste à séduire et convaincre un public étranger à travers la diffusion de messages et autres activités de séduction. Elle est souvent considérée comme une forme raffinée de propagande. La diplomatie publique essaie vaille que vaille de se démarquer de la propagande pour plusieurs raisons. L'évocation de la propagande, dont les supports sont la manipulation mentale, suscite une désapprobation auprès du public. Depuis la fin de la guerre froide, le terme de propagande a été frappé d'anathème. La vérité et la crédibilité sont les socles sur lesquels repose la diplomatie publique. Edward R. Murrow, directeur de USIA au temps de Kennedy, souligne la différence entre diplomatie publique et propagande.

---

[208] Hans N. Tuch, *Communicating with the World: US Public Diplomacy Overseas*, p. 3.

« *La vérité est la meilleure propagande et le mensonge est la pire. Pour être convaincants, nous devons être dignes de foi ; pour être dignes de foi, nous devons être crédibles ; pour être crédibles, nous devons être véridiques. C'est aussi simple que ça*[209] ». Ces subtilités rendent difficile la compréhension de la diplomatie publique[210].

Cette dernière constitue une sorte de marketing pour « gagner les cœurs et les esprits ». Les outils de cette diplomatie incluent mais ne se limitent pas aux banquets, aux inaugurations, aux congrès, aux rencontres culturelles, sportives et autres. Le succès d'un diplomate ne se mesure plus uniquement à la discrétion, au silence, mais à sa capacité de bien représenter son pays en toutes circonstances. Bruce Gregory, directeur de l'Institut de la Diplomatie Publique de l'Université George Washington, suggère trois approches de la diplomatie publique. La première est liée au cycle temporel (court, moyen et long terme). Dans le court terme, les diplomates et autres fonctionnaires de l'Etat doivent être au même diapason que les médias internationaux et les mécanismes de communication des groupes d'intérêt pour répondre aussi vite que possible aux flots d'informations ; dans le cas contraire, il leur sera difficile de maîtriser l'information.

Bruce Gregory souligne l'importance de l'investissement des diplomates dans les médias. Il affirme que « *si les diplomates et les leaders politiques ne s'investissent pas dans le cycle d'information, les autres le feront, habituellement au détriment de la diplomatie*[211] ». Le moyen terme peut s'entendre sur des mois voire des années. Dans ce laps de temps, les diplomates ou les autres acteurs de l'offensive de charme sont confrontés à des choix d'importance concernant, la teneur et le mécanisme de diffusion du message. Ils doivent se poser pour ce faire un certain nombre de questions. Pour assurer la réussite et l'atteinte de l'objectif visé, Mélanie Devirieux propose un ensemble de questions-guides pouvant aider les gouvernements à mieux préparer la campagne de séduction. « *Ils doivent premièrement choisir quel(s) message(s) diffuser, ensuite comment le(s) transmettre, comment l'(les) adapter aux différentes régions du monde ainsi qu'à leurs populations, quel(s) symbole(s) utiliser pour convaincre les audiences visées, quels catalyseurs employer, l'ambassadeur, le premier ministre ou les agences gouvernementales ?*[212] ».

Les acteurs peuvent également inscrire leurs actions dans le long terme. Les programmes d'échanges entre universités, entre artistes et bien d'autres sont

---

[209] John Brown, "The Purposes and Cross Purposes of American Public Diplomacy", *American Diplomacy.* http://www.unc.edu/depts/diplomat/archives_roll/2002_0709/brown_pubdipl/brown_pubdipl.html
[210] Pierre Cyril Pahlavi, "*Mass Diplomacy: Foreign Policy in the Global Information Age*" PhD diss., McGill University, p. 21.
[211] Bruce Gregory, "Not Your Grandparent's Public Diplomacy" p. 6.
[212] Mélanie Devirieux, « Étude et critique du concept de Diplomatie Publique », in *Journal of Policy Studies* Hiver 2011, p. 63.

des exemples d'activités pouvant être menées dans cette perspective. Selon la deuxième approche de Bruce Gregory, la diplomatie publique est un instrument à plusieurs composantes au service de la politique gouvernementale. Elle se situe dans cette veine au carrefour des instruments économiques, culturels et militaires.

« *Elle traverse les instruments politiques, économiques et militaires et elle est essentielle pour leur mise en œuvre et leur succès*[213] ».

La dernière approche est la reconnaissance de l'influence mutuelle et constante de la sphère nationale et de la sphère internationale. Selon les mots d'Evan H. Potter, la réputation ou le *soft power* d'un Etat a un ancrage dans la société[214]. Il met d'une part, l'accent sur le lien des affaires publiques et la société à la politique étrangère et d'autre part, celui des affaires publiques à diplomatie publique. On ne soulignera jamais assez l'importance de la diplomatie publique pour les pays en situation de sortie de crise en vue de déconstruire les clichés véhiculés sur eux du fait de la guerre. Ces pays pourraient faire un bon usage de cette communication stratégique pour influencer les populations étrangères en vue de changer leurs comportements, leurs perceptions, leurs attitudes et par ricochet indirectement celui de leur gouvernement.

9.4.5 Le rôle des ressortissants

Chaque citoyen a sa pierre à apporter à l'édifice de l'image de son pays. Il doit donc éviter les comportements pouvant porter atteinte à cette image à l'extérieur. Souvent, les ressortissants d'une nation donnée écopent d'une punition collective pour la mauvaise conduite d'un des leurs. Ce fut le cas des Nigérians à la suite de la tentative avortée d'attentat contre un avion de la Northwest Airlines aux Etats-Unis le 25 décembre 2009, attribué à Umarou Farouk Abdul Mutallab. Les Américains ont adopté des mesures de représailles comprenant l'inclusion du Nigeria sur la liste noire des pays à surveiller.

Ces mesures prévoient un contrôle renforcé de « tous » les passagers originaires ou en provenance de pays considérés comme étant des soutiens au terrorisme « ou de tout autre pays concerné ». Tout se passe comme si le comportement d'Abdul Mutallab reflétait celui des 150 millions de Nigérians et devait être utilisé comme une référence pour juger l'ensemble des Nigérians.

---

[213] Bruce Gregory, "Not Your Grandparent's Public Diplomacy" p. 6.
[214] Evan H. Potter, "Branding Canada: Projecting Canada's Soft Power through Public Diplomacy", p. 54.

CHAPITRE 10 :
REHABILITATION DES INSTITUTIONS ECONOMIQUES

L'extrême pauvreté est l'une des sources fréquentes d'insécurité dans le monde. La prévention des conflits doit par conséquent prendre en compte la satisfaction des besoins des citoyens par un partage équitable des ressources ou des biens vitaux afin d'éviter les frustrations de part et d'autre.
Hobbes écrit à ce propos que :
« *La nature a fait les hommes si égaux quant aux facultés du corps et de l'esprit que, bien qu'on puisse parfois trouver un homme manifestement plus fort corporellement ou d'un esprit plus prompt qu'un autre, néanmoins, tout bien considéré, la différence d'un homme à un autre n'est pas si considérable qu'un homme puisse de ce chef réclamer pour lui-même un avantage auquel un autre ne puisse prétendre aussi bien que lui*[215] ».

10.1 Répondre à l'urgence humanitaire

10.1.1 Du lien entre urgence, reconstruction et développement

La reconstruction est souvent perçue comme un entre-deux sur le continuum urgence-développement.
La nature mouvante des conflits internes contemporains explique en partie cette situation. Des opérations d'urgence sont en cours dans certaines régions du pays tandis que le conflit est toujours incandescent dans d'autres. Mais l'idéal serait que l'urgence, la reconstruction et le développement aient lieu simultanément. Certaines activités d'urgence et de reconstruction portent des objectifs de développement. Partant de là, la linéarité du continuum urgence-reconstruction ne se situe pas sur l'axe du temps. Ces distinctions ne sont pertinentes qu'au niveau des organisations non gouvernementales, des agences de développement et des bailleurs de fonds ; elles demeurent invisibles aux yeux des populations affectées.

Les bailleurs de fonds sont souvent méfiants envers les gouvernements de transition. Ils n'accordent l'aide au développement qu'aux autorités nationales reconnues et légitimes. Les appuis accordés à des pays en situation de sortie de crise ne remplissant pas les critères d'éligibilité à l'aide au développement sont classifiés comme aide humanitaire. Les actions humanitaires d'urgence sont développées en partenariat avec les acteurs locaux et internationaux afin de porter secours et assistance aux populations affectées par le conflit. Ces actions s'inscrivent généralement sur du court ou moyen terme, contrairement aux actions de développement. Souvent, leur durée dépend de celle de la crise. La crise humanitaire provoquée par les

---
[215] Thomas Hobbes, *Léviathan*, op.cit, 1971, chap. 8.

guerres civiles suscite habituellement un important élan de solidarité internationale pour faire face à l'urgence de la situation. Mais quand les caméras s'en détournent progressivement, se pose la question de la reconstruction du pays dévasté et donc du modèle de développement à adopter. La crise armée et ses corollaires renvoient brutalement les pays affectés à une sorte « d'année zéro » tanguant entre espoir et crainte : espoir de faire le bilan des tentatives antérieures de développement et en tirer les leçons qui s'imposent en vue de relancer la machine du développement ; crainte de retomber dans les travers du passé.

La question du développement se pose avec une acuité toute nouvelle. Il est impérieux d'envisager une nouvelle approche du développement allant au-delà de l'économique. Comme le disait si bien Jean-Paul II dans son encyclique *Centesimus Annus* : « *Il ne s'agit pas seulement d'élever tous les peuples au niveau dont jouissent aujourd'hui les pays les plus riches, mais de construire par un travail solidaire une vie plus digne, de faire croître réellement la dignité et la créativité de chaque personne, sa capacité de répondre à sa vocation et donc à l'appel de Dieu* ».

L'un de ses illustres prédécesseurs, le pape Paul VI, définissait dans *Populorum Progressio*, le développement comme « *le passage, pour chacun et pour tous, de conditions moins humaines à des conditions plus humaines* ».

En 1987, le pape Jean-Paul II dessinait dans *Sollicitudo Rei Socialis* les contours d'un développement digne de l'homme. Pour le Saint-Père, « *un développement qui ne respecterait pas et n'encouragerait pas les droits humains, personnels, sociaux, économiques et politiques y compris les droits des nations et des peuples, ne serait pas vraiment digne de l'homme* ».

10.1.2 Aide au développement et assistance économique

Les conséquences économiques des conflits intraétatiques vont au-delà de la simple baisse générale des revenus. La sinistre liste des dégâts embrasse un champ immense et presque intarissable de dévastations.

Ces ondes de choc craquellent au passage les infrastructures économiques si elles n'ont pas purement et simplement été détruites ; les moyens de transport fondent comme du beurre au soleil ; les plantations deviennent orphelines ; les usines sont pillées, bref : l'activité économique s'étiole sérieusement sous le poids de tous ces indicateurs négatifs. La fuite des capitaux représente un handicap de trop, prévisible mais difficile à parer. Comment ranimer cette économie agonisante ? Là est le grand défi auquel sont confrontés les Etats qui sortent de guerre. A situation particulière, réponse particulière.

Les Etats qui émergent d'une guerre ont besoin de réussir la reconversion d'une économie de guerre et d'une polarisation politique et sociale en une économie capable de répondre aux besoins de base de tous les citoyens.

La reconstruction des institutions économiques, gouvernementales et communautaires est une composante essentielle du protocole de soins établi pour la prise en charge de l'affection de longue durée touchant le champ socioéconomique du pays. L'absence de réponse adéquate aux besoins de la population est une bombe à retardement susceptible d'attiser les tensions sociales et l'accroissement du risque d'une nouvelle guerre. Le protocole de reconstruction serait incomplet s'il n'intégrait pas les besoins immédiats de la population (santé, éducation, nourriture, logement, etc.) et ceux de l'Etat mais aussi des projets de développement à long terme.

Les enfants, les femmes, les personnes âgées et les malades portent pendant longtemps les cicatrices de la tornade de la guerre qu'il faut endiguer le plus tôt possible.

La fonction publique, dans la plupart des pays sortant d'un conflit armé, se trouve désorganisée, incapable d'absorber un nombre important de chercheurs d'emploi. Sa désorganisation limite la capacité du gouvernement à lever les impôts et à assurer les services publics. La redynamisation du secteur privé et la promotion de l'auto-emploi sont des solutions alternatives.

Les gardiens de la doctrine économique ont proclamé *ex officio* un dogme triadique permettant d'accélérer la croissance : la mise en œuvre de politiques locales adéquates, l'aide internationale et l'accès aux marchés.

Qu'est-ce qu'une bonne politique économique ? Déblayons d'abord le terrain. Jetons par-dessus bord tout ce que l'expression qui nous occupe contient de vieilli. Dans sa nudité pudibonde, une mauvaise politique comprend une forte inflation, la mise en place de taxes douanières élevées, le recrutement de fonctionnaires par opportunisme clientéliste, la corruption, etc.

Même débarrassée de tous les oripeaux, l'expression « bonne politique économique » se laisse appréhender difficilement. Ce concept a cristallisé plusieurs débats économiques sans que les chercheurs ne parviennent à un regard concordant. Cette situation résulte certainement du fait que la plupart des ouvrages et des écrits traitant de cette question en ont une vision dogmatique ou sectorielle. Dans cette veine, l'économiste français J. Saint-Geours entend la politique économique comme étant « *une action générale du pouvoir politique central, consciente, cohérente et finalisée, s'exerçant dans le domaine de l'économie, c'est-à-dire portant sur ce qui touche à la production, à l'échange (à l'intérieur du pays et avec l'extérieur), à la consommation des biens et services et à la constitution du capital*[216] ».

L'une des faiblesses de cette définition est son omission volontaire de la visée eschatologique de toute politique qui est la recherche du bien-être des citoyens. Une autre définition de la politique économique est proposée par l'économiste Christian de Boissieu pour qui « forment la politique

---

[216] J. Saint-Geours « Principes de politique économique » in Christian de Boissieu, *Principes de politique économique*, Paris, Economica, deuxième édition, 1980.

économique les décisions de l'Etat (d'intervention ou d'abstention délibérée d'intervention) et des organismes de sa mouvance, ayant pour objet principal de régler les conditions de la production, de la répartition ou de l'affectation des ressources ».

Cette définition embrasse un champ plus large en incluant les actions des organismes autres que le pouvoir central et les décisions de non-intervention de l'Etat.

Pour sa part, Ferdinand Bakoup définit « *la politique économique comme étant la manière dont les pouvoirs publics utilisent les instruments dont ils disposent pour influencer la marche de l'économie nationale vers une amélioration du bien-être des citoyens*[217] ». Cette dernière approche a le mérite de donner un visage humain à la politique économique.

Une bonne politique économique n'est pas la juxtaposition de politiques sectorielles. Pour Bakoup, « *une bonne politique économique se caractérise par :(i) la poursuite d'objectifs finaux clairement et durablement ancrés sur la recherche de niveaux élevés d'emploi et de croissance économique, (ii) la recherche d'un développement du tissu productif national (l'offre nationale) et la stimulation de la demande adressée à l'économie nationale en tant d'objectifs intermédiaires, (iii) la poursuite d'un ensemble d'objectifs opérationnels contribuant directement aux objectifs intermédiaires et finaux, ainsi que (iv) la conception et la mise en œuvre à l'aide d'instruments, des mesures spécifiques de politique économique adaptées aux contextes locaux et qui s'inscrivent clairement dans la poursuite de ces objectifs*[218] ».

Une bonne politique économique est d'abord un choix d'objectifs (finaux, intermédiaires et opérationnels), ensuite des instruments à déployer pour atteindre ces objectifs, puis la catalyse des comportements de production et de demande de la part des agents économiques et enfin la stratégie pour surmonter les contraintes. La croissance et le développement de l'emploi semblent s'imposer comme objectifs finaux de la politique économique.

Ferdinand Bakoup soutient que le renforcement des capacités productives et la stimulation, par des moyens non inflationnistes, de la demande adressée à l'économie nationale doivent être les deux objectifs intermédiaires clés que les responsables de la politique économique devraient se fixer.

Les objectifs opérationnels sont multiples mais pour les besoins de la cause nous n'allons en retenir que quelques-uns. Retenons dans ce registre le gain de la confiance des agents économiques, l'exercice de la bonne gouvernance qui est un facteur de bonne transmission des mesures de politique économique, l'amélioration de la qualité des infrastructures, la recherche de la stabilité et de la cohésion sociale, la recherche de la stabilité macroéconomique.

---

[217] Ferdinand Bakoup, *Une bonne politique économique pour le renouveau de l'Afrique*, août 2007, http://www.uneca.org/aec/documents/Ferdinand%20Bakoup2.pdf.
[218] Ferdinand Bakoup, op.cit.

Le décor de la toile des objectifs opérationnels de la politique économique comprend également la modification des préférences des agents économiques en faveur des biens et services offerts par l'économie nationale, le financement de l'économie, l'amélioration de l'environnement des affaires, le renforcement du capital humain, la recherche d'un niveau de financement adéquat de l'économie et l'intégration régionale et multilatérale. L'opérationnalisation des objectifs définis plus haut requiert des instruments, c'est-à-dire des variables, ce que Christian de Boissieu appelle « les variables de commandes ».

Ainsi, le taux de l'impôt sur le revenu, le taux de droit de douane, le taux d'intérêt du marché monétaire sont autant d'exemples d'instruments de la politique économique, la politique budgétaire, la politique monétaire, la politique de change, la politique des échanges économiques extérieurs.

La vulgate des accords de paix consacre l'aide extérieure au développement pour la reconstruction des infrastructures, des institutions et de l'économie en espérant comme le sphinx faire renaître le pays de ses cendres. L'assistance au développement est une aide des bailleurs de fonds bilatéraux ou multilatéraux à un gouvernement central ou local, à des structures non gouvernementales d'un autre pays pour soutenir son développement socioéconomique et politique. Comme le caméléon, l'aide publique au développement est célèbre pour sa capacité à changer de couleur et à se camoufler dans son environnement pour revêtir selon les circonstances la forme de transfert d'argent, de biens, de parrainage de projets ou de programmes. Il est hors de doute que le développement de l'Afrique ne dépendra pas du volume de l'aide mais de la capacité des Africains ou des pays en situation de sortie de crise à transformer cette aide en résultats.

La plus grande aide au développement ayant donné des résultats inespérés et sans précédent dans l'histoire du monde est le plan Marshall. Après la Seconde Guerre mondiale, l'économie des pays européens était en ruine.

Le secrétaire d'Etat américain Georges Marshall proposa 13,3 milliards de dollars américains (à peu près 87 milliards en 1987) à 16 pays sur 4 ans.

Cette somme représentait à cette période plus de 10% de leur PIB. David Sogge montre que les conditionnalités du plan Marshall étaient avantageuses pour les pays européens. Il leur revenait de décider :

- *Quels pays devaient recevoir quelles sommes ;*
- *De surveiller, conjointement avec les Américains, les dépenses ;*
- *D'effectuer le remboursement en devises nationales ; puis, de décider, avec l'accord des Etats-Unis, quel usage faire des fonds de contrepartie ;*
- *De gérer leurs opérations de change et leur politique commerciale, y compris le renforcement d'importantes barrières contre les importations comme, entre autres, le tabac et les produits manufacturés américains ;*

> - *De concevoir et d'assurer le suivi de l'aide en tant que plan, une vision inspirée par la pensée keynésienne, comme un moyen de sauver le capitalisme en le réglementant ; il n'y avait pas de place non plus pour un règne du gangstérisme[219].*

L'une des caractéristiques des économies des pays européens bénéficiant du plan Marshall est que la plupart des investissements provenait de l'intérieur des Etats. La reconstruction européenne ne dépendait pas uniquement de l'aide extérieure. L'aide américaine était proposée aux Européens à des conditions avantageuses. En complément de l'aide humanitaire, nous avons la conviction que si la communauté internationale soutient la reconstruction des pays émergeant d'une guerre avec les mêmes conditions que le plan Marshall, l'on pourra obtenir des résultats satisfaisants.

Le constat est que l'aide, telle que conçue par les grandes institutions, est un terreau appauvri peu favorable au développement. Les conditionnalités ou les politiques douteuses telles que l'ajustement structurel appauvrissent en humus le développement.

Les pays en développement sont des cobayes utilisables à merci au service de la vérification des hypothèses de recherche des apprentis chercheurs des institutions financières internationales.

Les politiques d'ajustement sorties des laboratoires des grandes institutions financières n'ont apporté que malheur et désordre aux pays en développement. Ces institutions n'hésitent pas à brandir l'anathème pour museler les critiques face aux plans de rigueur impopulaires.

Pour s'auto-absoudre des crimes des politiques d'ajustement structurel dont elles avaient abreuvé jusqu'à l'ivresse les Africains, les institutions de Bretton Woods ont sorti de leur bois sacré la poudre magique de la réduction de la pauvreté. Elle est supposée soulager les exclus du banquet du développement du fardeau de pauvreté. Mais, avec son origine fortement idéologisée, elle risque de faire partie de ces mots fourre-tout dont abonde l'économie spectacle.

Un pays en situation de sortie de crise a besoin de la solidarité mondiale, d'une solidarité responsable qui va au-delà de l'aide humanitaire.

David Sogge résume en trois points les objectifs officiels de l'aide accordée par les institutions internationales telles que l'Organisation de coopération et de développement économiques (OCDE) et la Banque mondiale :

« *La réduction de la pauvreté matérielle, principalement par la croissance économique mais aussi au moyen d'infrastructures publiques et de services sociaux de base ; la promotion de la bonne gouvernance, principalement par*

---

[219] David Sogge, *Les mirages de l'aide internationale, quand le calcul l'emporte sur la solidarité*, trad. de l'anglais par Danielle Collignon et Marie-Claude Rochon, Editions de l'atelier / Eburnie, Paris / Abidjan), p. 20. L'auteur s'est inspiré d'une analyse de D. Ellwood, *Rebuilding Europe*, Longman, Londres, 1992.

des institutions assez efficaces, honnêtes et responsables démocratiquement pour gérer l'économie et l'ordre judiciaire, mais au moyen de la promotion des droits civils et politiques ; le renversement des tendances négatives en environnement[220] ».

Toutes ces bonnes intentions porteraient des fruits sur l'arbre du développement si elles étaient converties en actes. Malheureusement, l'aide internationale ressemble plus à un « mirage » qu'à autre chose. Selon l'expression de David Sogge, le calcul l'emporte sur la solidarité.

L'assistance internationale est de plus en plus dépendante du caractère « photogénique » de la crise ou de la calamité : les crimes au Darfour, les enfants faméliques mourant de faim en Ethiopie, les tremblements de terre, etc. La reconstruction des pays détruits par un conflit ne suscite pas souvent autant d'élans de solidarité.

L'accélération de la croissance économique requiert également l'accès des produits des pays développés aux marchés mondiaux. Dans cette perspective, les dispositions récentes prises par les Etats-Unis d'Amérique et l'Union européenne en faveur de certains pays pauvres sont à saluer. Les Américains ont mis en place l'*Africa Growth and Opportunity Act* (AGOA). Cette politique facilite l'accès des pays africains aux marchés des produits manufacturés. L'Union Européenne, quant à elle, a adopté la disposition *Anything but Arms* (Tout sauf des armes) en faveur des pays les plus pauvres.

L'économie de la plupart des pays africains est dépendante des matières premières qui constituent l'essentiel de leurs ressources d'exportation.

Les cours de ces matières premières étant volatiles, ces pays sont soumis à des chocs financiers constants. Selon l'économiste des conflits Paul Collier, chaque dollar perdu sur le revenu des exportations entraîne une perte supplémentaire de deux dollars sur le plan de la production.

Cette perte est dans la plupart des cas irrécupérable. C'est une vérité de La Palisse que de dire que l'effondrement des coûts des matières premières ralentit ou pire, stoppe la croissance. Cette situation peut accroître le risque du resurgissement des conflits.

Plusieurs solutions sont envisageables. La Banque mondiale, par exemple, a mis en place une politique de mise en commun des risques. Cette dernière consiste, entre autres, à assister financièrement les pays exportateurs de pétrole et les pays importateurs. La Banque mondiale adapte les montants du remboursement de cette aide au cours du pétrole, ce qui permet d'amortir efficacement les chocs. Le taux de remboursement des pays exportateurs est faible dans la période où les prix de vente de ce produit sont bas. Quant aux pays importateurs, leur remboursement est faible quand les prix du pétrole sont élevés.

---

[220] David Sogge, op.cit, p. 28.

Le Fonds monétaire international avait tenté d'offrir de son côté des facilités de crédit à travers la *Compensatory Financing Facility*. Cette voie a été très peu empruntée car elle n'est pas avantageuse. Est-il nécessaire pour un pays pauvre d'emprunter au taux du commerce lorsque s'annonce un choc financier d'une durée incertaine ? Partant de l'adage selon lequel « mieux vaut prévenir que guérir », il est plus souhaitable de chercher à réduire la fréquence et l'intensité des chocs que de les amortir.

Il convient de dénoncer, en ce sens, certaines politiques suicidaires pour les économies africaines adoptées par les pays de l'Organisation de coopération et de développement économiques. Certains de ces Etats ont tendance à subventionner les producteurs locaux pendant l'effondrement du coût des denrées.

L'augmentation de la subvention américaine aux producteurs locaux de coton a été désavantageuse pour les producteurs de coton en République centrafricaine, au Burkina Faso, etc.

La diversification de l'économie s'impose donc comme solution durable. Comme le dit la sagesse populaire, « il ne faut pas mettre tous ses œufs dans le même panier ».

La redynamisation de l'industrie et du secteur agricole est très importante dans la relance économique. La nature a gratifié la plupart des pays africains de sols fertiles et pourtant l'on meurt de faim sur le continent ! Révoltant. Certaines personnes ont tenté de justifier l'injustifiable par la sécheresse, l'exode rural, les conflits, la confiscation des terres par une minorité, la non-mécanisation du secteur agricole, etc. Ces arguments sont dans la plupart des cas limités et représentent de faux prétextes.

La nouvelle grammaire de la relance économique des pays en situation de sortie de crise ne devrait pas se décliner sans le secteur privé. Il faudrait parier sur son implication plus grande en mettant en place un cadre juridique et fiscal transparent et incitatif propice aux investissements et à l'expansion des petites et moyennes entreprises. Il apparaît opportun à ce stade de notre étude d'analyser la capacité de l'aide internationale au développement à prévenir, transformer les conflits et procurer le développement.

L'aide au développement peut être toxique et susciter des conflits lorsqu'elle n'est pas administrée et gérée dans les règles de l'art en prenant en compte les besoins sociaux et politiques. Elle sera par ailleurs auréolée de succès et remplira toutes ses promesses si elle réduit la violence, améliore le bien-être socioéconomique de la population et éradique les causes profondes du conflit.

La jauge principale du succès de l'assistance semble être le volume de fonds versés, plutôt que les résultats des programmes.

Les bailleurs de fonds veulent promouvoir la croissance économique et le développement sans s'embarrasser de considérations politiques et non économiques.

Une refondation du socle du développement économique allant au-delà de la stabilité macroéconomique globale et la croissance économique n'est-elle pas nécessaire pour couvrir entre autres des problématiques relatives à la distribution de potentiels revenus ?

James Boyce observe que l'augmentation de la taille du gâteau économique, sans tenir compte de la façon dont il est partagé entre les invités, est une approche « *singulièrement mal adaptée aux sociétés déchirées par la guerre*[221] ».

Les mécanismes de financement des bailleurs de fonds sont souvent inadéquats. Par exemple, la plupart des fonds sont octroyés sur une base annuelle, rendant difficile toute planification pluriannuelle. En général, selon les procédures des donateurs, le financement annuel octroyé doit être utilisé pour autoriser celui de l'année suivante.

Les règles et procédures, comme des dogmes, souffrent rarement de flexibilité. Les pays bénéficiaires ne sont pas autorisés à reporter sur un budget ultérieur l'argent non dépensé de l'année en cours, même s'il pourrait utilement l'être.

En général, la communauté internationale a une vue assez courte de la reconstruction postconflit, omettant que, par exemple, le retour des réfugiés et le processus de réconciliation prennent beaucoup de temps.

Les conditionnalités de l'aide

La conditionnalité de l'aide internationale est l'ensemble des contreparties exigées par les grandes organisations économiques internationales en échange de prêts aux pays en développement. Les pays en développement et les pays en situation de sortie de crise sont exclus des circuits traditionnels de prêt en raison de leurs problèmes de solvabilité. Pour vaincre l'hydre de la pauvreté, les institutions de Bretton Woods, avec un mélange curieux de condescendance et d'apathie, s'imposent comme leurs seuls interlocuteurs. Les taux d'intérêt proposés par ces institutions sont en principe relativement bas. S'il faut se réjouir de ce geste apparemment altruiste des institutions internationales, l'attention doit aussi résolument et rapidement se porter sur une autre question qui à notre avis est l'*ultima ratio* des prêts. Il s'agit de récupérer les sommes engagées, ainsi que les intérêts associés. C'est sur cette base que les gouvernements emprunteurs créent, conjointement avec les organisations de prêt, des programmes de réformes économiques et financières destinés à assurer la solvabilité future de leur pays.

La conditionnalité se justifie par le fait que les institutions de prêt veulent se convaincre de l'utilisation efficace des prêts en vue de leur remboursement.

---

[221] James K. Boyce, "Investing in Peace; Aid and conditionality after civil wars", *Adelphi Papers* 351, New York: Oxford University Press, 2002, p. 67.

En absence de ces garanties, les institutions financières refuseraient de prêter.

L'efficacité et l'effectivité de l'aide au développement

Nul ne peut nier l'importance de la solidarité internationale et de l'aide pour soulager les pays et les populations affectés par les conflits. Mais le problème est le risque de consécration de la dépendance permanente de certains pays envers l'aide internationale, comme c'est le cas du Soudan.
De nombreux débats ont été convoqués pour définir le cadre théorique et pratique de l'aide susceptible de faciliter le développement des pays en sortie de crise.
Certains économistes soutiennent que l'aide n'est efficace que dans un bon environnement macroéconomique. L'aide internationale doit compléter et non remplacer les mesures internes d'amélioration de l'économie.
D'autres soutiennent qu'aussi longtemps que l'agriculture et l'industrie dans les pays développés seront protégées par des subventions et des barrières commerciales, les pays les moins avancés ne pourront jamais accéder au rendez-vous de l'économie mondiale. Leur développement économique sera toujours ajourné.

10.1.3 Les écueils de l'aide humanitaire et de l'aide au développement

Dans ce paragraphe, nous montrerons qu'autant l'aide humanitaire permet de sauver des vies, autant elle peut faciliter la perpétuation des conflits. Nous essayerons de lever le rideau pour laisser découvrir quelques écueils risquant de limiter l'harmonie du spectacle de l'aide au développement.
Les conflits affectent directement et indirectement la population, créant du coup une situation d'urgence mettant en jeu la vie humaine.
L'aide humanitaire est l'ensemble des actions visant à (mais pas limitées à) éviter les pertes en vies humaines et assurer l'accès des survivants aux services de base notamment l'eau, la nourriture, la santé, l'hygiène, l'abri et la protection contre l'abus de leurs droits fondamentaux.
Les problèmes de sécurité limitent la couverture humanitaire des zones affectées. Les populations de ces régions sont otages des mines antipersonnel et des groupes armés incontrôlables. Ce fut le cas au Tchad où l'accès pour les survivants et autres victimes à certaines zones de l'Est n'était possible que sous escorte militaire.
L'action des humanitaires a permis d'alléger les souffrances des populations et de sauver la vie de bien d'autres en temps de conflit armé ou pendant les catastrophes. Les situations d'urgence constituent une aubaine pour les ONG et autres agences humanitaires qui, comme des vautours armés de leurs serres, se précipitent sur les charognes des zones affectées. Mais comme « travail réalisé n'est pas toujours synonyme de travail bien fait », leurs

activités ont peu d'impact sur le quotidien des populations. Ces agences se livrent quelquefois à une concurrence sans merci pour s'attirer la faveur des bailleurs de fonds.

Le champ humanitaire est parfois un panier de crabes, tous les coups y étant permis. Les agences des Nations Unies n'échappent malheureusement pas à cette concurrence inutile et nuisible à l'action humanitaire. Souvent, la bataille pour les fonds provoque une surmédiatisation indue de la crise et des exagérations.

Michael Maren s'appuie sur son expérience avec les organismes d'assistance humanitaire en Afrique pour démontrer que ces agences sont quelquefois plus nuisibles qu'utiles. Les arguments à charge ne manquent pas. Il dénonce la corruption et l'égoïsme des agences humanitaires qui sont, *prima facie*, plus préoccupées par le gonflement de leur part de marché et par d'autres questions relatives aux espèces sonnantes et trébuchantes. L'ouvrage de Michael Maren se concentre sur la Somalie mais offre des informations utiles sur d'autres pays africains[222]. Bien que les faits dénoncés par l'auteur ne soient pas faux, cela manque de nuances. Notre expérience dans l'humanitaire nous amène aux mêmes conclusions mais avec des nuances.

Toutes les agences humanitaires n'ont pas l'intention tordue de l'Arche de Zoé. Cette association française créée en 2004 avait déclaré avoir pour objectifs l'aide aux enfants orphelins et l'aide humanitaire. Elle fut mise sous le feu des projecteurs lorsqu'en octobre 2007, les forces de police du Tchad avaient arrêté ses membres qui s'apprêtaient à embarquer 103 enfants dans un avion affrété pour les amener en Europe.

Le comportement contestable de certaines ONG n'enlève rien aux mérites de ces braves hommes et femmes qui travaillent nuit et jour pour soulager les souffrances des populations affectées par des conflits ou autres catastrophes.

Des personnes aux intentions douteuses et peccamineuses profitent du manque de règles universelles de régulation et de critères d'évaluation de la performance des ONG pour s'introduire dans le parc humanitaire. Le CICR a développé depuis 1994 un *code de conduite* qui, bien que n'ayant pas de valeur contraignante, peut pallier cette absence de régulation. La rotation fréquente du personnel des organisations humanitaires et la nature des conflits court-circuitent la reconstitution d'une mémoire institutionnelle pouvant servir à l'amélioration des opérations d'assistance humanitaire et à l'intégration des leçons apprises dans les nouveaux projets.

Le déploiement massif des travailleurs humanitaires métamorphose le marché local. Le prix du logement, des hôtels, des produits vivriers et autres produits de première nécessité grimpent de matière exponentielle. Comme une nuée de sauterelles, les prostituées s'abattent sur les lieux de déploiement des travailleurs humanitaires.

---

[222] Maren, Michael. *The Road to Hell: The Ravaging Effects of Foreign Aid and International Charity*. Free Press, July 2002.

La présence massive des agents humanitaires et des militaires français a intensifié « la coopération technique camerounaise en matière de sexe business » au Tchad. Les zones comme Abéché, qui étaient jadis considérées comme aseptisées et à l'abri de ce type d'infection sociale, se sont ouvertes au plus vieux métier du monde.

La fermeture de la mission des Nations Unies en République centrafricaine et au Tchad (MINURCAT) a obligé la relocalisation de ces prostituées vers d'autres lieux.

Il est également reproché aux organisations humanitaires et particulièrement aux Nations Unies le style de vie de leur personnel. Une partie importante du budget mis à disposition pour des programmes d'assistance humanitaire va vers les salaires du personnel et des exigences techniques, plutôt qu'aux destinataires désignés.

Cette situation est source de tensions. Mais ce rideau de fumée ne doit pas masquer les conditions extrêmement difficiles, stressantes dans lesquelles travaillent les humanitaires. Certains analystes font le procès de l'aide humanitaire. Les éléments principaux convergeant vers sa présomption de culpabilité tournent autour de son implication dans la prolongation des conflits. Cette culpabilité édulcore les bonnes intentions de sauver des vies humaines et de soulager la souffrance des populations.

Le cas du Soudan représente un bon exemple. Raymond Bonner démontre que l'aide d'urgence perpétue le conflit au Sud Soudan. Il fait remarquer que depuis plus de dix ans, les organismes humanitaires assistent la population du Sud Soudan mais la situation ne semble pas s'être améliorée. C'est toujours le *statu quo*. Il relève que même les agences humanitaires s'expliquent difficilement la prolongation de l'urgence sur plus d'une décennie.

Selon les propos d'un diplomate, qu'il rapporte, un chef de guerre aurait affirmé que son mouvement a décidé de continuer la guerre et qu'il incombe à la communauté internationale de prendre ses responsabilités pour déployer l'aide humanitaire. Bonner conclut que sans une volonté d'intensification de la pression de la communauté internationale sur les parties au conflit, il n'y aura aucun progrès notable sur le chemin de la paix. La prise en charge des troupes permet aux chefs de guerre d'investir dans les engins de la mort.

10.2 De l'environnement macroéconomique

La sécurité plante le décor du développement économique durable. Bien que quelques activités économiques puissent avoir lieu pendant la guerre, un développement économique durable demande un minimum de sécurité. Les autorités doivent prendre des mesures pour briser la dynamique de la violence en désarmant, démobilisant et réintégrant les ex-combattants, les réfugiés et les groupes à risque.

10.2.1. Politique fiscale et institutions

S'il est une dévotion qui s'impose *de facto* aux Etats en situation de sortie de crise, c'est bien la question liée à la stabilité macroéconomique, l'emploi et la relance du développement. La guerre entraîne des changements profonds dans la structure de l'économie. Cette dernière ne s'effondre pas mais évolue. Cette évolution de l'activité économique reflète les changements structurels et les nouvelles motivations que le conflit a apportés. Minimiser le risque de reprise des hostilités doit être une préoccupation essentielle de la politique macroéconomique et plus largement du relèvement économique. En reconnaissant cet impératif, les régimes macroéconomiques et budgétaires doivent s'attacher à relancer l'économie et à créer des emplois tout en se montrant particulièrement attentifs à l'impact de ces politiques sur les inégalités entre les communautés et les régions. Le contrôle de l'inflation et de la dette amènera certainement les autorités à prendre des mesures d'austérité qui ne seront pas nécessairement favorables à la politique sociale et aux attentes de la population.

Ces mesures sont difficilement applicables dans des pays qui n'ont pas de ressources et ne reçoivent pas d'aide internationale. Dans ce cas, il conviendra de tolérer un niveau de financement déficitaire en vue de faire face aux besoins immédiats et aux besoins socioéconomiques critiques.

Les politiques macroéconomiques ont plusieurs objectifs, notamment la création des conditions nécessaires à une croissance soutenue, la stabilisation des prix et la maîtrise de l'inflation, la réduction du chômage, le lissage des cycles économiques, la stabilisation de la production, de l'emploi, la correction des déséquilibres globaux et sectoriels, la réduction de la pauvreté et la garantie d'une plus grande équité pour tous, notamment pour les plus démunis.

La recherche effrénée de la stabilité macroéconomique risque de reléguer au second plan les stratégies en faveur d'un développement durable et plus équitable.

Il existe une tension permanente entre les politiques de stabilité des prix et de création d'emplois. Les jurys tranchent souvent en faveur de la stabilité des prix lors de la correction des déséquilibres extérieurs.

Dans cette circonstance, le chômage et le sous-emploi généralisés nécessitent de la patience en attendant des jours meilleurs. Tout se passe comme si la création d'emplois productifs entraînait par effet domino le déséquilibre extérieur et l'instabilité économique.

10.2.1.1 La politique budgétaire

Les politiques budgétaires couvrent l'ensemble des stratégies des pouvoirs publics relatives à la collecte des recettes et aux dépenses. En

d'autres termes, elles incluent des problématiques liées à la fiscalité, la mobilisation des ressources, le poids et la structure des dépenses.
Elles facilitent la détermination du niveau et de la structure de l'activité économique. Les politiques budgétaires colorent de façon significative les perspectives de croissance comme la répartition du revenu.
La discipline budgétaire est un joug que supportent sans murmure les politiques budgétaires. Toutefois, elle doit être assez flexible pour tolérer un degré de souplesse possible et souhaitable variant en fonction de la situation spécifique de chaque pays.

10.2.1.2 Mobilisation des ressources

La politique fiscale

L'accroissement des ressources publiques et leur maintien à des niveaux élevés arment les Etats en situation de sortie de crise contre les énormes besoins de la reconstruction. Pendant la guerre, les recettes publiques sont sujettes à de sérieuses convulsions ; comble de malheur, elles sont amputées d'une partie des richesses du pays, souvent aux mains des prédateurs, notamment la nébuleuse des rebelles. L'acte d'agonie est signé par la suspension de l'aide publique au développement.

La réforme de l'administration fiscale est la première étape de la stratégie de redynamisation de la politique fiscale. Celle-ci doit permettre de rationaliser l'organisation, de mieux assurer le recouvrement de l'impôt et d'améliorer le contrôle fiscal et les services rendus aux contribuables. Le renforcement des capacités de l'administration fiscale englobe plusieurs axes dont la réorganisation de l'autorité fiscale centrale (le ministère des Finances), la dotation de l'administration fiscale d'une ressource humaine de qualité bien formée et respectueuse de la déontologie, l'informatisation et la modernisation de l'administration fiscale.

Dans ce contexte, les principales orientations poursuivies en matière de réforme fiscale concernent, sans pour autant s'y limiter, la prise en charge du recouvrement des autres impôts, la mise en place de procédures de recouvrement plus simples, notamment le versement par virement bancaire de la taxe sur valeur ajoutée (TVA) et de l'impôt sur les sociétés (IS), l'amélioration de la performance de l'administration douanière, la diversification de l'assiette fiscale et la lutte contre la fraude fiscale.

Il est connu que pour être efficace et durable, toute décision doit s'inscrire dans un cadre institutionnel et légal approprié. La politique fiscale doit donc épouser la logique. Le succès à long terme de la mobilisation des ressources internes dépendra en grande partie de l'existence d'un cadre légal, institutionnel et politique adéquat.

Les pays en situation de sortie de crise devraient privilégier les régimes fiscaux favorables à l'accroissement des recettes sans nuire de façon

disproportionnée aux pauvres et aux femmes et sans avoir d'effets régressifs. Ces régimes devront considérer entre autres les mesures suivantes :
- L'augmentation de la contribution des riches aux recettes de l'impôt sur le revenu des personnes physiques ;
- L'utilisation créative et souple des taxes sur les échanges commerciaux ;
- Le ciblage de la consommation des produits de luxe pour l'augmentation des taxes ;
- Les ressources fiscales collectées demeurent souvent insuffisantes pour assurer un équilibre durable des finances publiques. Les pays en situation de sortie de crise doivent tendre la main aux bailleurs pour combler le manque à gagner.

Utilisation efficace de l'aide étrangère au développement

L'importance de l'aide publique au développement (APD) est évidente, notamment pour les pays en situation de sortie de crise. Elle permettra de financer une part importante du déficit public ou même du déficit de la balance des paiements. Ces déficits étranglent la croissance et le développement.
Le soutien extérieur et l'aide publique au développement peuvent fournir l'espace vital nécessaire à la première étape du processus de relèvement, en particulier par un allègement anticipé et plus important de la dette. Cette APD doit cependant être utilisée d'une manière adaptée aux besoins et aux conditions spécifiques du pays bénéficiaire. Elle doit en soutenir les moteurs endogènes et éviter d'instaurer des systèmes parallèles.

Mesures suscitant le rapatriement des fonds

L'écoulement des capitaux des pays africains drainés vers les paradis fiscaux d'Europe et d'ailleurs se transforme en hémorragie pendant les crises armées. Les gouvernants, leurs alliés, de même que les seigneurs de guerre mettent à l'abri des sommes exorbitantes acquises quelques fois dans des conditions obscures. On estime que l'Afrique envoie chaque année environ 30 milliards de dollars, soit 15.000 milliards de francs CFA vers les paradis fiscaux.
Collier, Hoeffel et Pattillo (2001) estiment qu'en 1990, 38% de la richesse privée de l'Afrique était gardée à l'extérieur du continent[223]. Macindoe (2007) a mis à jour et revu ces estimations à la hausse. Ses

---

[223] Collier, P., A. Hoeffler, and C. Pattillo, 2001, "Capital Flight as a Portfolio Choice", *World Bank Economic Review.*

informations remontent à 2004 et prennent en compte beaucoup plus de pays que l'étude initiale[224].

Pour Paul Collier, « *la plus grande part des richesses privées placées à l'étranger à la fin d'une guerre civile peuvent constituer un potentiel substantiel pour accélérer la relance. En 1986 par exemple, quelque deux tiers de la richesse privée ougandaise étaient placés à l'étranger, si bien que le capital national pouvait être multiplié par trois par simple rapatriement des capitaux. Généralement, les économies d'après-guerre continuent de faire face à la fuite des capitaux, mais l'Ouganda du milieu des années 90 a connu un taux élevé de rapatriement de capitaux. Les situations plus favorables au rapatriement des capitaux sont celles où la guerre a été suffisamment longue pour que les portefeuilles soient susceptibles d'être entièrement réajustés*[225] ».

La concrétisation du rapatriement peut mettre à disposition d'importantes sommes pouvant soulager les pays africains. Le Nigeria a réussi entre 2004 et 2005 à rapatrier plus d'un milliard de dollars des fonds que l'ancien président Sani Abacha avait déposés en Suisse. Cette opération n'a été possible que grâce à la coopération de la Suisse, destinataire de ces fonds.

Il est heureux de célébrer le rapatriement des fonds mais il faut prendre garde que cette réjouissance ne nous détourne de la destination finale que doivent prendre les fonds rendus. La ministre nigériane des Finances, Ngozi Okonjo-Iweala, avait déclaré le 16 janvier 2005 à Davos que les fonds avaient déjà été utilisés, notamment dans les domaines de la formation et de la santé[226].

Un dicton sorti de la sagesse akan dispose que : « Koutou Kouakou (le loup) est allé seul au cimetière avec la dépouille de sa mère. Personne ne sait ce qu'il en a fait : s'il l'a dévorée ou l'a enterrée comme il le prétend ». Dans le cas nigérian, une coalition d'ONG suisses a demandé, sans succès, qu'un organisme indépendant soit chargé de surveiller l'utilisation des fonds rendus, afin de s'assurer qu'ils ne serviraient pas à de nouveaux circuits de corruption.

Bonne gestion des ressources naturelles

La plupart des pays africains en situation de sortie de crise (République Démocratique du Congo, Soudan, Liberia, Côte d'Ivoire, Sierra Leone...) sont une terre de cocagne riche en or, diamant, pétrole et autres ressources

---

[224] Macindoe, T., 2007, *Capital Flight*, M. Phil Thesis, Oxford.
[225] Collier, Paul, *Réhabilitation post-conflit : Comment les stratégies de la Banque africaine de développement devraient-elles être spécifiques ?* Centre d'étude des économies africaines Département d'économie, Université d'Oxford, juin 2007.
[226] « Suisse - Nigeria : le retour des fonds détournés » in *Alternatives Economiques* n° 234, mars 2005.

naturelles rares et précieuses. La RDC a été qualifiée pour ce faire « de scandale géologique ».

Mais la rente des matières premières fait peser des risques considérables sur les États qui la touchent. Elle leur ouvre quelquefois la boîte de pandore. C'est ce qu'il est désormais convenu d'appeler « l'énigme des pays riches peuplés de pauvres ».

Faisons rapidement un arrêt sur les trois principaux symptômes de cette énigme diagnostiqués par J. Michel Severino et Olivier Ray. Le premier est le « syndrome hollandais », maintenant bien connu des économistes.

Dans ce cas, le phénomène de *Dutch Disease* devient plus complexe et plus général. Il désigne alors l'ensemble des effets préjudiciables créés dans une économie par l'expansion du secteur qui produit la ressource naturelle. P. Daniel affirme qu'il « *se traduit par de brusques modifications dans l'attribution des ressources, avec une contraction des secteurs produisant des biens échangeables et une expansion des secteurs produisant des biens non échangeables*[227] ».

En d'autres termes, c'est un phénomène économique qui relie exploitation de ressources naturelles et déclin de l'industrie manufacturière locale.

Inspiré du cas des Pays-Bas des années 1960, le terme de syndrome ou maladie hollandaise est utilisé par extension pour désigner les conséquences nuisibles provoquées par une augmentation significative des exportations de ressources naturelles par un pays.

La seconde pathologie des Etats rentiers est la maniaco-dépression financière, qui consiste en une extrême volatilité des recettes publiques. La troisième pathologie est le « cholestérol institutionnel ».

Les auteurs expliquent cette pathologie par la large autonomie financière que les ressources naturelles assurent aux gouvernants par rapport aux citoyens.

Ce diagnostic de Severino et de Ray n'est pas complet. Nous ajouterons deux autres symptômes : la convoitise à l'agression des pays voisins et l'avidité des groupes rebelles. L'envahissement et l'agression de la RDC au grand mépris du droit international humanitaire et des règles élémentaires des droits de la personne, bafoués par le Rwanda et l'Ouganda, illustrent merveilleusement nos propos. Ces pays ont été attirés par les charmes du coltan et autres ressources du sous-sol congolais, incontournables pour la technologie de pointe, la fabrication et l'entretien des engins aéronautiques et spatiaux, les ordinateurs et la téléphonie cellulaire.

Concernant l'esprit prébendier, reprenons à notre compte les thèses de Paul Collier. Cet auteur fait une relecture économique des conflits. Pour lui, les mouvements rebelles sont caractérisés par la prédation et sont une « forme de criminalité organisée ».

---

[227] Daniel, P., « Problèmes d'ajustement consécutifs au mal néerlandais » in : *Afrique subsaharienne, de la crise au redressement, production minière en Afrique subsaharienne.* O.C.D.E, 1985.

Il établit une distinction entre rébellion armée et protestation pacifique, opposition qui recouperait celle entre *greed et grievance* (avidité/doléance). L'exploitation des ressources naturelles peut donner un coup de fouet aux économies des pays en situation de sortie de crise. La gestion de la rente tirée des ressources naturelles représente certes, une occasion unique, mais aussi un enjeu complexe en termes de politique économique et de politique de redistribution. La malédiction des ressources naturelles s'impose désormais comme un dogme. La découverte de l'or noir ou de matières précieuses lance irrésistiblement, comme tiré par une force mystique et à toute allure, le bolide africain vers les eaux territoriales de la guerre civile. Dans cet océan de malheur, se trouvent parsemées des îles de béatitude comme le Botswana où l'on respire à pleins poumons le bonheur que procure la pierre précieuse, quand on réussit à exorciser les démons qui s'y arriment. Ce pays d'Afrique australe est la figure de proue des rares pays africains ayant défié tous les pronostics de malheur liés aux ressources naturelles. L'on s'interroge sur les devins que ce pays, qui force l'admiration des afropessimistes, a consultés pour se préserver de la malédiction.

Les tradipraticiens botswanais ont concocté dans le bois sacré des décoctions rompant avec tous ces médicaments à effet placebo distillés à coups de publicité à un si haut niveau d'abstraction dans les aréopages des experts ou supposés spécialistes de l'Afrique des guerres, pour purifier leur pays. Le secret du miracle botswanais jaillit des sources de la transparence et du contrôle liés aux mécanismes de gouvernance démocratique ayant rendu difficile le détournement des revenus du diamant par les hommes politiques, dont le train de vie modeste au Botswana rompt avec la tradition des chefs d'Etat africains (dont les dépenses luxueuses ont souvent ruiné les budgets publics). Au Botswana, les revenus du diamant ont largement été investis dans l'éducation et la santé, ce qui a conforté la démocratie et favorisé la paix sociale.

Le Botswana remet en question le dogme de la malédiction congénitale des ressources proclamée ex cathedra.

La fin de la guerre élargit l'horizon des défis de la reconstruction. La production et l'exportation des ressources se déroulent dans un capharnaüm légal et social. Il est du devoir des nouvelles autorités de mettre de l'ordre dans ce désordre juridico-légal et fiscal dans lequel la poule ne trouverait pas ses petits. Les seigneurs de guerre signent souvent dans leur progression des contrats déséquilibrés avec les multinationales qu'il faut certainement revoir après que le calumet de la paix soit fumé.

Sous la pression de la Banque mondiale, le gouvernement congolais a promulgué un code minier régissant la libéralisation de l'exploitation minière. Comme il fallait s'y attendre, ce code consacre les abus, les bavures et autres dérapages. Le gouvernement congolais négocie en position de faiblesse avec les multinationales. Dans les bottes d'empêcheurs de tourner en rond, la société civile congolaise et les organisations non gouvernementales internationales ont mis une pression inouïe sur le gouvernement et les multinationales qui aboutirent finalement à la révision et au rééquilibrage des contrats.

Pour éviter l'hémorragie, il apparait nécessaire de mettre des gardes-fous comprenant les mesures suivantes : formulation d'une législation appropriée pour le développement et la gestion des ressources ; renforcement des données sur les informations géographiques des ressources naturelles ; actualisation de la documentation sur les inventaires des ressources minérales ; institution de mesures pour limiter la contrebande du diamant, de l'or et autres ressources ; protection des espèces sauvages ; encouragement au reboisement ; mise en place d'un code foncier juste et transparent.

L'adhésion à des initiatives comme le processus de Kimberley peut limiter le commerce illicite de l'or, du pétrole et du diamant et éviter de faire couler trop de sang.

Il faudra également encourager les multinationales à rendre compte de ce qu'elles payent aux gouvernements. Dans cette perspective, il faut saluer les efforts de l'initiative de transparence des industries extractives qui a établi des normes pour rendre compte des revenus provenant de la vente des ressources naturelles.

10.2.1.3 Les dépenses publiques

Structure des dépenses publiques

En général, les pays en situation de sortie de crise n'ont pas assez de moyens pour investir dans tous les domaines. L'importance de la détermination des priorités s'avère incontestable.

Sous la pression des bailleurs de fonds, les gouvernants privilégient les investissements publics présentant des répercussions plus importantes en termes de croissance au détriment des dépenses sociales.

Mais cette stratégie en vogue se révèle insuffisante pour appréhender l'approche holistique requise dans ce genre de cas pour couvrir sur une même gamme l'investissement et les services publics conformément au plan de reconstruction nationale.

La gestion de la dette publique

Les pays en situation de sortie de crise sont souvent insolvables, ce qui explique leurs relations quelquefois houleuses avec les institutions de Bretton Woods. Il reste hors de doute qu'une réforme macroéconomique impliquant des mécanismes de paiement de la dette est la seule susceptible d'attendrir les bailleurs de fonds pour faire bénéficier les pays en situation de sortie de crise de la mansuétude débouchant sur la réduction de la dette. La répartition de la dette entre ses composantes intérieure et extérieure doit être

faite de manière à éviter une forte dépendance du pays à l'égard des créanciers étrangers. Idéalement, l'essentiel de la dette publique doit être intérieure. Mais dans le cas des pays en sortie de crise, surtout au cours de la première année, il est difficile de mobiliser assez de ressources nationales pour faire face aux énormes besoins de l'Etat et de sa population. Un endettement extérieur supplémentaire pourrait mener à une situation non soutenable mais les Etats se trouvent parfois dans l'obligation d'y recourir.
Les stratégies suivantes peuvent être adoptées pour faciliter la gestion efficace de la dette publique :
- ✓ Assurer l'équilibre en engagement et en espèces du budget ;
- ✓ Assurer l'efficience de tous les secteurs de l'économie pour favoriser le développement ;
- ✓ Privatiser les entreprises improductives de l'Etat ;
- ✓ Renforcer la prudence du système bancaire ;
- ✓ Eviter les dépenses extrabudgétaires ;
- ✓ Réduire la corruption et l'enrichissement illicite.

En 2000, le stock de la dette publique extérieure de la Côte d'Ivoire se situait à 6.326 milliards et le service à 678 milliards. Quant au service de la dette extérieure, de 678,9 milliards en 2000, il absorbe près de 50% des recettes fiscales avec un encours représentant 101% du PIB[228].
Cette lourde dette ne permet pas au pays d'investir dans les services sociaux. La dette publique destinée purement à des fins de consommation doit être évitée à moins que des recettes fiscales bien plus élevées ne soient anticipées pour d'autres raisons (comme des changements démographiques).
Il est très difficile de fixer des normes strictes concernant le niveau souhaitable de dette publique étant donné que ceci dépend de conditions autres que le taux de croissance du PIB.

Faut-il tolérer les déficits budgétaires ?

L'équilibre des comptes nourrit beaucoup de débats. Le principe d'équilibre relativise le recours au déficit des finances publiques. Dans certains pays comme la France, le gouvernement est soumis à une règle plus coercitive avec le risque d'une déclaration d'inconstitutionnalité de la loi de finances s'il ne respecte pas l'équilibre des comptes.
Faut-il recourir au déficit pour financer le relèvement et tous les autres programmes de sortie de crise ? Le déficit n'augmente-t-il pas la dette de l'administration publique ? Jean Arthuis, ancien ministre français des Finances faisait dans une lettre adressée à tous les contribuables au début de l'année 1997, une analogie entre les parents et l'administration publique : « *Une nation, pas plus qu'un ménage, ne peut durablement vivre à crédit* ».

---

[228] Côte d'Ivoire, *Document de stratégie pour la réduction de la pauvreté-intérimaire*, janvier 2002.

Les déficits budgétaires doivent être une exception et non la règle. Selon Denis Clerc, « *en période de crise, les déficits peuvent être nécessaires pour relancer l'économie. Quand elle est courte, comme en 93-95, il n'y a aucun problème. Mais ce n'est pas forcément le cas... Combien de temps durera la récession que traversent actuellement les Etats-Unis ? Il faut donc que la programmation pluriannuelle soit suffisamment longue pour permettre un équilibrage entre les années de vaches maigres et grasses* ».

Parmi les arguments mobilisés contre le déficit budgétaire, les trois suivants font plus autorité que d'autres, à savoir : « *un déficit budgétaire peut être source d'inflation ou de déficits extérieurs et est donc déstabilisateur. Selon le second, un déficit budgétaire important « évince » des investissements privés préférables en réduisant les ressources disponibles pour le secteur privé et susceptibles d'être investies, et en relevant le taux d'intérêt sur l'emprunt. Enfin, selon le troisième, même si le déficit budgétaire n'est pas source d'inflation, il entraîne l'accumulation de la dette publique et l'augmentation des intérêts à payer à l'avenir par les pouvoirs publics et n'est donc pas viable*[229] ».

10.2.2. Politique monétaire

La politique monétaire préserve le pouvoir d'achat de la monnaie nationale, promeut l'équilibre interne et externe de l'économie nationale, encourage la mobilisation des épargnes et leur allocation efficace dans des activités économiques productives, facilite l'émergence de marchés financiers et de capitaux pouvant répondre aux besoins de l'économie nationale et réorganise le système monétaire, financier et de crédit.

Le renforcement de la position financière de la Banque centrale, l'appui à sa capacité de contrôle sur la restructuration du secteur financier et la mise en œuvre d'un régime de taux d'échange prudent lubrifieront efficacement les rouages de la politique monétaire.

Il incombe à la Banque centrale de réguler, de superviser, de suivre et d'évaluer les opérations des banques commerciales pour éviter les mauvaises pratiques, les distorsions du taux d'intérêt et les opérations risquées qui peuvent conduire à la banqueroute de certains établissements.

« *Une politique monétaire équitable exige des taux d'intérêt réels faibles, une tolérance vis-à-vis de taux d'inflation modérés et un accroissement de la masse monétaire qui concilie croissance et expansion des marchés financiers. Pour y parvenir, lorsque les banques privées fixent des taux d'intérêt exorbitants, il serait sans doute socialement plus équitable de financer des déficits budgétaires prudents par la monétisation plutôt que par*

---

[229] Jayati Ghosh, *Politiques macroéconomiques et de croissance*, Département des Affaires Economiques et Sociales des Nations Unies, New York, juin 2007.

l'émission d'emprunts d'Etat, qui redistribue les revenus en faveur des riches[230] ».

10.2.2.1 La politique de change

Les pouvoirs publics régulent les taux de change en vue de garantir la croissance et la stabilité.

La surévaluation d'une monnaie nationale est susceptible d'avoir des répercussions négatives sur le marché de l'emploi, tandis qu'une monnaie sous-évaluée sera vraisemblablement génératrice d'inflation. La valeur du taux de change ne doit être ni fixe, ni trop flottante. Les régimes de taux de change fixes sont trop rigides et retardent des mouvements nécessaires à terme du taux de change qui devient alors sujet à des variations très brusques avec les crises associées. Quant aux taux de change complètement flottants, ils sont souvent trop volatiles et peuvent entraver l'investissement à plus long terme en raison du fort climat d'incertitude qu'ils génèrent.

Bien que libéralisés, les taux de change doivent être régulés directement ou indirectement par les pouvoirs publics et non laissés uniquement au libre jeu du marché. Des régimes intermédiaires tels que le flottement contrôlé et la parité ajustable sont plus efficaces pour les pays en sortie de crise car ils permettent aux pouvoirs publics d'ajuster le niveau du taux de change en fonction de la conjoncture extérieure et des priorités du moment de l'économie nationale. « *Ces flottements contrôlés peuvent être appliqués de façon optimale grâce à une combinaison de mesures relatives au système bancaire et à la balance des opérations en capital, parallèlement aux opérations d'open market plus traditionnelles de la Banque centrale consistant à acheter ou à vendre de la monnaie sur le marché des changes* ».

10.2.2.2 Les institutions de Bretton Woods et la reconstruction postconflit

Les institutions de Bretton Woods (la Banque mondiale et le Fonds monétaire international) créées en 1944 ont un rôle important à jouer dans la reconstruction des pays en situation de sortie de crise. Mais l'appui habituel apporté aux pays en développement se révèle insuffisant pour les pays en situation de sortie, s'il n'intègre pas les défis socioéconomiques et les exigences de la reconstruction postconflit incluant, sans y être limités, le DDR, la réinsertion socioéconomique des populations affectées par le conflit, la réhabilitation des services et des infrastructures.

---

[230] Extrait de CESAO, Résumé de l'*Etude sur la situation économique et sociale pour l'Asie occidentale en 2005-2006 (E/2006/20), para.52-56)* voir : Jayati Ghosh, *Politiques macroéconomiques et de croissance*, Nations Unies, Département des Affaires économiques et sociales (daes/ un desa), 2007.

Ces activités ont d'importantes implications financières. Compte tenu de la complexité de l'urgence à laquelle sont confrontés les pays en situation de crise, l'objectif prioritaire qui s'impose à eux est de sauver des vies en venant en aide aux populations les plus vulnérables. Un tel choix prend à contre-pied le sacro-saint principe de l'équité fondant moralement toute activité consacrée au développement. Les efforts de reconstruction postconflit doivent être soutenus par des politiques.

CONCLUSION

Une des interprétations rigides de la théorie traditionnelle de la guerre juste postule qu'une guerre est juste lorsqu'elle satisfait aux dispositions du *jus in bellum* et du *jus in bello*, c'est-à-dire lorsqu'elle est déclarée conformément aux exigences du *jus in bellum* et combattue selon les principes du *jus in bello*.

Cette vision de la théorie de la guerre juste, du moins de la guerre justifiable au regard des faits, est limitée et ne prend pas en compte les défis d'après-guerre. Nous avons souligné les éléments manquants de cette théorie en relevant la nécessité d'y ajouter le *jus post bellum*.

La première partie de cette étude s'est penchée sur certaines questions importantes soulevées par le *jus ad bellum*, notamment la responsabilité de protéger, l'égalité morale des combattants, l'objection de conscience sélective, l'usage préemptif et préventif de la force.

Certaines préoccupations relatives au *jus in bello*, notamment les conditions de levée de l'interdit de tuer, l'immunité des non-combattants, le viol comme arme de guerre, l'attaque délibérée des journalistes et le recrutement des enfants, ont été abordées.

Ainsi, il est proposé d'intégrer ces violations, dont certaines ont été criminalisées par le statut de Rome, dans la composante *jus in bello* de la théorie de la guerre dite juste.

Il importe de reprendre ici quelques éléments saillants de conclusion sur certains points discutés ci-dessus.

Concernant la responsabilité de protéger, retenons qu'elle repose sur des bases morales saines qui pourraient permettre de sauver des vies humaines dans des situations de violations graves des droits de l'homme. Mais l'hypocrisie et la contradiction qui ont épousé sa première expérimentation l'ont dévoyée. Elle mettra du temps pour redorer son blason.

Il faut craindre que certains membres du Conseil de Sécurité, à force de crier au loup, rendent leurs cris même les plus stridents inaudibles par des Etats comme la Russie et la Chine, le jour où le loup attaquera vraiment.

Concernant l'égalité morale des combattants, nous soutenons que tous les combattants, qu'ils soient du camp prétendant posséder la cause juste ou du côté du supposé agresseur, sont égaux et jouissent des privilèges du *jus in bello*. Cela pour la simple raison que le *jus ad bellum* incombe aux décideurs et non aux soldats. Aussi est-il rare de trouver un Etat qui agresse un autre sans prétendre agir pour une cause juste.

L'objection de conscience sélective se situe dans la même veine. Si la possibilité était donnée à chaque soldat de choisir le conflit dans lequel il voudrait combattre, il serait difficile aux Etats de former une armée disciplinée. L'objection de conscience n'admet pas de demi-mesure. Le reste provient de calculs dépassant les convictions et les domaines de compétence des soldats. Le soldat ne rend compte que du *jus in bello*. Les lois internationales lui permettent de refuser d'obéir à un ordre manifestement illégal, notamment le génocide. Il n'a donc pas besoin de recourir à l'objection de conscience sélective.

L'usage préemptif de la force, c'est-à-dire une action militaire en réponse à une menace imminente visant à anticiper sa réalisation, représente un défi pour *le jus ad bellum*. Celui qui attaque le premier apparait donc comme l'agresseur parce que son action précède toute déclaration formelle de guerre. Michael Walzer propose trois voies justifiant l'usage préemptif de la force, à savoir : une intention évidente de faire des victimes, des préparations actives pour transformer cette intention en un danger et une situation dans laquelle le risque de la défaite sera grandement accru si l'attaque est retardée. Cette doctrine doit être manipulée avec beaucoup de précaution à cause des risques d'abus qu'elle contient. Elle peut constituer une pente glissante diluant la condamnation de l'usage de la force dans les relations internationales.

L'interdiction de tuer les non-combattants ne soulève en principe pas de débat. Toutefois, le problème se pose lorsqu'il s'agit d'attribuer le statut de non-combattant ou de combattant. Une personne peut être considérée comme un combattant sans nécessairement prendre activement part au conflit, par exemple des civils qui participent à la décision de guerre ou qui assurent la logistique militaire. Tandis qu'un soldat fait prisonnier ou blessé et des civils travaillant dans une conserverie ravitaillant en vivres les soldats sont considérés comme des innocents et donc bénéficient de l'immunité de ne pas être tués.

La deuxième partie de cette étude a été consacrée au *jus post bellum* qui adresse les principaux défis auxquels est confronté un pays qui émerge d'un conflit. En d'autres termes, comment marquer la rupture après que les kalachnikovs et autres engins de mort aient tu leur chant lugubre et endiablé, partition au cours de laquelle l'humain s'était éclipsé au profit de l'inhumain. Telles sont les questions examinées dans ce livre. Nous sommes partis du constat selon lequel il est facile de gagner une guerre lorsqu'on a des armes et une bonne armée. Mais gagner la paix est une autre paire de manches. Déterrer la paix ensevelie dans les tombeaux de la violence et lui insuffler un souffle nouveau relève quelquefois du supplice de tantale. L'articulation du passé traumatique, pouvant conditionner à jamais le présent et le futur des pays en situation de sortie de crise, semble se présenter parfois comme la quadrature du cercle. Les défis qui hantent ces pays et leurs partenaires sont multiformes.

Assaillis par des sollicitations diverses et tentés par des choix rivalisant d'urgence et aussi importants les uns que les autres, comme l'âne de Buridan, les gouvernants risquent de laisser mourir le pays entre les priorités de la reconstruction. Les conflits armés ébranlent les pays dans leurs racines les plus profondes. La haine s'est incrustée dans leurs fissures ; le mensonge et les crimes sont devenus leur ode ; la cupidité et la corruption sont partout ; la peur et l'angoisse violent la vie quotidienne des citoyens.

C'est dans les moments difficiles que sortent des tripes des peuples l'énergie insoupçonnée pour célébrer la vie. Mais en même temps, les périodes d'après-guerre représentent des opportunités pour fédérer toutes les énergies nationales au chevet de la mère-patrie malade.

Fondre la coupe, remplie de souffrance physique et psychologique, à laquelle s'étaient abreuvées à leur cœur défendant jusqu'à l'ivresse les communautés meurtries, humiliées, divisées et bafouées, exige des actes courageux. Un travail de fourmi s'impose pour transformer cette coupe de chagrin et de tristesse en espérance et en résurrection d'une nation réconciliée et prospère.

Les périodes postconflit ouvrent une voie de réflexion qui va au-delà du présent immédiat, mieux, une voie qui relie le présent à la lumière de ce qui s'est passé mais en vue de déblayer le chemin pour asseoir un avenir plus serein bâti sur l'humain pour conjurer à jamais les augures de la déliquescence des valeurs intrinsèques, notamment la chosification de la vie humaine reléguée en une simple pâture pour les charognards.

La troisième articulation de cet ouvrage s'est penchée sur les éléments manquants de la théorie de la guerre justifiable. Nous en avons énoncé cinq.

La conclusion juste du conflit en est le premier. La durabilité de la paix dépend de la manière dont le conflit se termine. Nous avons souligné la nécessité d'offrir l'opportunité de capitulation honorable à l'ennemi et la mise en place d'accords de paix inclusifs et globaux.

Le second principe est le vivre-ensemble. Il s'agit de se pencher sur les voies et moyens pour guérir les relations interpersonnelles et communautaires blessées par la laideur de la guerre. A la place de la réconciliation nationale, nous avons proposé le compromis national et les activités de renforcement de la cohésion sociale.

Le troisième critère est la reddition des comptes. Tous les crimes doivent être punis pour éviter la répétition. Mais la recherche de la paix requiert un savant mélange entre la justice-rétribution et les autres mécanismes de justice transitionnelle. L'approche des commissions vérité et réconciliation (CVR) se donne à lire comme une proclamation *urbi et orbi* de la culture de l'humain, comme résistance à l'empire de l'inhumain et de la barbarie. Ce retour au credo original en la valeur de la vie humaine célèbre le retour de l'enfant prodigue qui sommeille en tout homme et qui témoigne que l'homme a beau divaguer dans les contrées les plus lointaines de l'inhumain, il finira par percevoir des reflets de lumière l'invitant au retour à la maison. C'est fort de cette conviction atavique que les CVR offrent cet espace où se célèbre dans la communion, l'humanité commune des morts, des survivants et des coupables. Les CVR s'efforcent de réhabiliter les morts et de panser les blessures béantes et douloureuses tant physiques que morales des survivants. Les possibilités d'envisager le futur pacifique du pays à travers les vitres sans passer par le rétroviseur de la césarienne du passé sont réduites.

Cette chirurgie, loin d'être esthétique, permet de sectionner les éléments cancérigènes semés par le mensonge et les mémoires compétitives des évènements douloureux vécus par le pays pour y greffer la mémoire commune.

La présence de mémoires collectives contradictoires falsifie de manière apologétique la mémoire commune pour en faire un obstacle à la réconciliation nationale. La justification et la négation *a priori* de la souffrance de l'autre finissent par jeter dans l'oubli ou l'inconscient de la société un pan important de l'histoire douloureuse mais commune du pays.

Nous avons ramé à contre-courant de la *doxa* qui faisait peser sur les épaules de la réconciliation nationale des poids supplémentaires et inutiles rendant bancale sa démarche majestueuse. Nous avons montré que la réconciliation nationale n'est pas la somme des réconciliations entre groupes opposés ou individuels mais un ensemble de compromis politiques bâti sur les valeurs démocratiques et l'Etat de droit.

La réconciliation intercommunautaire ou individuelle ne se décrète pas mais s'assume à travers un processus de guérison. Les communautés ont besoin de mémoire commune de ce qui s'est passé et de compromis politique enraciné profondément dans des institutions démocratiques fortes, capables de faire triompher la culture de la vie sur celle de la mort et de la violence. Avec ces barrières et garde-fous, l'on peut échapper à la fatalité de la reproduction répétitive du conflit et roucouler à l'unisson le chant des survivants : *plus jamais ça*.

Nous avons également montré que le pardon étant un acte généreux et individuel, il ne peut être accordé que par la victime. C'est un des actes de la vie qui ne peuvent pas se poser par procuration. L'Etat abuse donc de ses pouvoirs quand il accorde l'amnistie, c'est-à-dire le pardon juridique à des crimes dont il n'est pas la victime. Le silence des tombes de morts connus ou anonymes crie de manière assourdissante justice. Les larmes des survivants s'y adjoignent. Accorder l'amnistie dans ces circonstances revient à jouer le jeu de la négation et de la falsification. Un Etat qui veut définitivement faire le deuil de la violence ne peut étouffer l'appel à la justice de ses citoyens. La justice n'est-elle pas l'épouse fidèle de la réconciliation ?

Le quatrième principe est le relèvement politique. Les conflits intraétatiques remettent en cause le fondement du pacte social, contraignant le *Léviathan* dans une situation dans laquelle il se trouve dans l'incapacité d'assurer la protection et la sécurité des citoyens. Le contrat social est dès lors soumis à des ondes de choc qui pourraient conduire à sa dissolution sinon à sa dénonciation dès l'instant où un gouvernement cesserait de protéger la population, celle-ci n'ayant plus de raison de s'y soumettre. L'Etat affaibli ou dissous sous les balles des groupes asymétriques n'est plus ce monstre froid ; mieux, il ne devient que l'ombre de lui-même, un tigre sans dent ni griffe.

Natura abhorret a vacuo (la nature a horreur du vide) : cet aphorisme d'Aristote a traversé les siècles sans perdre de sa vigueur. L'insécurité parade dans tous les hameaux du pays sans être inquiétée. C'est à travers la réforme holistique du secteur de la sécurité que se rythment en temps réel les pulsions de la sécurité et de la défense nationale. La sécurité est l'une des premières préoccupations de la population après la guerre. L'on escamote sans doute la RSS en faisant la part trop belle à la question *Quis custodiet ipsos custodes* au point de négliger d'affiner les instruments, les outils et la technicité des défenseurs de la cité qui sont finalement *l'ultima ratio regum*.

Il est bien connu que le contrôle démocratique des forces de défense et de sécurité demeure le maillon faible de la gouvernance des pays en situation de sortie de crise. Mais l'expérience montre à souhait comment le dépouillement de Pierre pour habiller Paul comporte des effets boomerang. La plupart des RSS, surtout celles qui sont soutenues par les institutions internationales, commettent malheureusement ce même péché mortel. Une RSS efficace est celle qui embrasse, dans un même élan et en une combinaison gagnante, le besoin de gouvernance démocratique et la préparation d'un appareil de défense et de sécurité capable de protéger la souveraineté et l'indépendance de l'Etat aussi bien que d'assurer la sécurité des citoyens et leurs biens.

L'on note avec exaspération que malgré tous les budgets faramineux consacrés aux dépenses militaires, la plupart des pays d'Afrique subsaharienne n'ont pas une bonne armée. Ils ont des armes mais n'ont pas de techniciens capables de les utiliser. Ceci explique le recours fréquent à des mercenaires. Les chefs d'Etat préfèrent former à coups de millions de dollars leurs gardes du corps au détriment de l'armée nationale. Cette situation expose le pays à la merci de n'importe quel chef bandit et de son quarteron de rebelles nostalgiques de films de western et rêvant d'un destin national.

La partition de la défense et de la sécurité se joue donc sur plusieurs claviers avec bien sûr un mode majeur et un mode mineur mais dans une symbiose harmonieuse de toutes les notes à savoir l'armée, la gendarmerie, la police, la justice, les forces paramilitaires, les renseignements de sécurité, etc.

Les démons de l'insécurité n'auront de cesse de rôder autour du pays si ceux qui détiennent illégalement les armes ne s'en débarrassent pas. Un des grands dangers qui guettent la période postconflit est l'attente extraordinaire que les ex-combattants ont de leur retour à la vie civile. Les déceptions qui alimentent l'échec des fantasmes du retour risquent de les plonger dans un tourment profond dont le dénouement n'augure rien de positif pour le pays.

Pour adoucir davantage les braises encore chaudes du conflit, la formation à un métier comme contrepartie au désarmement ne suffit pas. L'exemple encore brûlant du Liberia nous a ramenés à la réalité à la fois criarde et révoltante que les ex-combattants ont besoin d'un travail décent. Dans le cas contraire, ils se transformeront en semeurs ambulants de mort. Les ex-combattants ne trouvant pas de travail vendent leur kit de fin de formation pour errer comme des âmes en peine sur tous les points chauds du continent.

Les formations offertes variant entre trois et six mois ne les dotent pas d'assez d'habileté pour leur éviter de se noyer dans l'univers impitoyable de la concurrence sur le marché du travail.

A qui profite cette formation au rabais ? *In fine*, tout le monde est perdant en dehors des administrateurs de programmes et de leurs partenaires qui peuvent se gausser d'avoir formé des milliers de jeunes à risque. Le bailleur est le plus grand perdant. Pour flatter l'*ego* de ses contribuables, un rapport pompeux en porte-à-faux le plus souvent avec les réalités du terrain lui est servi sur un plateau d'or en témoignage de leur contribution. S'il savait ce qui se cache derrière cette forêt de rapports, il demanderait des comptes qui coûteraient certainement à leurs dirigeants leur matricule. Du côté des ex-combattants, la vague d'amateurisme consistant à ne leur faire renifler que l'odeur de la formation professionnelle sans les inviter au plat principal peut les entraîner sur un océan d'incertitude où tout espoir d'avoir un travail décent s'évanouit.

Comme si le lourd tribut payé, dont il porte encore les stigmates, ne suffisait pas, le pays risque de boire à nouveau jusqu'à la lie la coupe amère du cocktail diarrhéique d'insécurité concocté par l'échec du processus de réintégration socioéconomique des ex-combattants.

Abyssus abyssum invocat[231]. L'épée de Damoclès se suspend à nouveau solidement au-dessus de la tête du pays. Le désarmement, volet le plus photogénique du processus DDR, séduit plus les bailleurs de fonds que ses autres composantes. Les communautés payent cash cette négligence apparente de la réintégration socioéconomique des ex-combattants et autres jeunes à risque.

Une des caractéristiques des pays sortant de crise armée est la perte du monopole de la violence par l'Etat. Beaucoup de personnes non autorisées possèdent illégalement des armes. L'insécurité et le niveau élevé de violence armée qui en résulte érodent la capacité du gouvernement à maintenir l'ordre et à faire respecter la loi. Cette situation constitue une menace pour la paix, la sécurité et le développement durable. Le processus DDR se laisse quelquefois lire comme un hommage rendu aux ex-combattants pour les horreurs commises s'il ne prend en charge qu'eux. Parfois, les populations à risque oubliées par le processus DDR vivent avec frustration leur marginalisation et s'adonnent à des activités peu recommandables.

Les armes légères constituent la cerise sur le gâteau. Elles tutoient longtemps après les conflits le quotidien des communautés. En distribuant ces fleurs du

---

[231] « L'abîme appelle l'abîme », selon le psaume de David.

mal à de jeunes combattants dont certains n'ont pas encore fait le deuil de toutes leurs dents de lait, les seigneurs de guerre et autres gangsters politiques ne pensaient certainement pas que leurs ronces empesteraient la vie d'honnêtes citoyens lorsque l'arbitre aurait sifflé la fin du match cauchemardesque.

Le processus DDR doit donc s'accompagner de mécanismes de cueillette de ces fruits vénéneux essaimés dans la société.

La mauvaise gouvernance a été épinglée comme la mère de la faillite des Etats débouchant sur les violences armées. L'absence d'alternative et de culture démocratique, le patrimonialisme, l'instrumentalisation de l'ethnicité ou de la religion, la prédation sont quelques-uns des feux qui font bouillir le front social.

Les leaders (dont le niveau de culture politique ne dépasse parfois pas celui des personnes analphabètes) instrumentalisent l'ethnie et la religion pour des raisons électoralistes. L'éducation politique est un mécanisme important pour parer cette insuffisance aux conséquences désastreuses pour la stabilité des pays en développement.

Faut-il condamner les propos du président français Jacques Chirac qui disait que la démocratie est un luxe pour les Africains ?

Nous ne partageons pas cette idée dictée par le complexe de supériorité, même si le nombre de morts qu'a entraînée et continue d'entraîner la marche douloureuse des pays africains vers la démocratie, semble lui donner raison. Non ! La démocratie n'est pas un luxe pour l'Afrique.

Rien de beau dans ce monde ne se fait sans douleur. Les Africains ne sont pas stériles en démocratie. L'organisation de certains de nos royaumes (Akan, Mossi, etc.) conforte nos propos. La mutation de la conception traditionnelle du pouvoir en celle de l'Etat moderne où un pouvoir central doit régner sur des populations provenant d'horizons culturels et ethniques différents, est un processus long et laborieux. L'Afrique est enceinte de la démocratie ; aidons-la à accoucher dans de bonnes conditions. Les exemples du Ghana, du Botswana sont des signes précurseurs de l'enracinement de la démocratie sur le continent.

Nous nous sommes inscrits en faux contre ceux qui apportent de l'eau au moulin des ennemis de l'alternance au pouvoir, soutenant que la démocratie est un style de gouvernement prêt-à-porter importé d'Europe donc inadapté à l'Afrique. L'Afrique n'est pas un continent monoculturel. Il serait hasardeux voire dangereux d'imposer la manière de faire d'une culture particulière aux autres populations. La démocratie se présente en palliatif ; entre deux maux, ne faut-il pas choisir le moindre ? La démocratie véhicule des valeurs universelles qui s'adaptent à l'Afrique avec quelques ajustements.

Le relèvement économique est le cinquième principe que nous avons énoncé. Le paysage économique de certains pays en situation de sortie de crise est aussi triste qu'un lendemain de tsunami. Les ressources nationales ont été pillées par les gouvernants, les groupes armés et leurs alliés. Les seigneurs de guerre vendent illégalement les ressources naturelles. Mais il est possible de sonner le glas de cette pratique criminelle en engageant des procès en bonne et due forme contre les compagnies qui, comme des sangsues, se nourrissent des diamants du sang et de pétrole. Les initiatives, comme celle de Kimberley sur l'interdiction de l'achat de diamant provenant des zones de conflit, sont appréciables.

La plupart des infrastructures économiques sont en lambeaux. Les perfusions de l'aide extérieure ne changeront pas grand-chose à l'état du grand malade, si l'environnement interne n'est pas aseptisé.

TABLE DES MATIERES

REMERCIEMENTS 7
PREFACE DE DOMINIQUE BANGOURA 9
LISTE DES SIGLES ET ABREVIATIONS 13
SOMMAIRE 15
INTRODUCTION 17

PREMIERE PARTIE : DE LA THEORIE CLASSIQUE DE LA GUERRE JUSTE : LIMITES ET ECUEILS 23
CHAPITRE 1 : LA GUERRE PEUT-ELLE ETRE JUSTE ? 25
   I.1 Le réalisme et la justification de la guerre 30
      I.1.1 L'histoire de Mélos 31
      I.1.2 Hegel et la guerre 32
      I.1.3 La guerre comme continuation de la politique
      par d'autres moyens 35
   I.2 Le pacifisme et la condamnation de la guerre 36
CHAPITRE 2 : QUELQUES QUESTIONS SOULEVEES
PAR LE JUS AD BELLUM 39
   2.1 De la responsabilité de protéger 39
   2.2 L'objection de conscience sélective 43
   2.3 De l'usage préemptif ou préventif de la force dans les relations internationales 46
   2.4 L'égalité morale des combattants 49
CHAPITRE 3 : QUELQUES QUESTIONS SOULEVEES PAR LE JUS IN BELLO 57
   3.1 Suspension de l'interdit de tuer et immunité des non-combattants 57
   3.2 Le viol comme arme de guerre : violation grave du jus in bello 60
   3.3 Le phénomène des enfants associés aux forces et groupes armés : violation grave du jus in bello 62
   3.4 L'attaque délibérée contre les journalistes en période de conflit armé et le jus in bello 64

DEUXIEME PARTIE : JUS POST BELLUM, ETAT DES LIEUX 67
CHAPITRE 4. L'APPROCHE DE QUELQUES THEOLOGIENS 71
   4.1 Michael Schuck 71
   4.2 Mark J. Allman et Tobias L. Winright 71
      4.2.1 Les composantes du jus post bellum selon Mark J. Allman et Tobias L. Winright 71
      4.2.2 Critique de Mark J. Allman et Tobias L. Winright 73
   4.3 L'approche du contre-amiral Louis V. Iasiello, aumônier militaire ... 73
CHAPITRE 5 : L'APPROCHE DE QUELQUES PHILOSOPHES 77
   5.1 L'approche de Gary Bass 77
   5.2 L'approche de Stahn 78
   5.3 L'approche de Orend Brian 80
   5.4 L'approche de Richard P. Dimeglio 82

TROISIEME PARTIE : CONTRIBUTION AU DEVELOPPEMENT DES CONCOURS DU JUS POST BELLUM 85
CHAPITRE 6 : LE PRINCIPE DE LA CONCLUSION JUSTE DE LA PAIX 89
   6.1 Exclusion de la reddition inconditionnelle 89
   6.2 Capitulation honorable 92
   6.3 Les accords de paix 93
      6.3.1 Du contenu des accords de paix 93
      6.3.2 Pourquoi les accords de paix échouent-ils ? 95
CHAPITRE 7 : RENDRE POSSIBLE LE VIVRE-ENSEMBLE 105
   7.1 La réconciliation entre Etats 105
   7.2 La réconciliation entre gouvernements 107
   7.3 Le rôle de la communauté internationale 108
   7.4 La réconciliation entre peuples 108
   7.5 La promotion du vivre-ensemble au niveau national 108
   7.6 Les actions de promotion de la cohésion sociale 112
CHAPITRE 8 : REDDITION DES COMPTES 115
   8.1 Le processus de justice-rétribution 116
   8.2 La justice-rétribution à travers les cours et tribunaux nationaux .. 124
   8.3 Justice pénale internationale 125

8.4 Poursuivre la réconciliation à travers la justice restauratrice........ 127
8.5 La Commission vérité et réconciliation : un exemple de justice restauratrice.. 130
8.6 La question du pardon... 146
CHAPITRE 9 : RELEVEMENT POLITIQUE 155
9 .1 La restauration de l'autorité de l'Etat 155
9.1.1 Réduction urgente de l'insécurité postconflit 157
9.1.2 Le processus DDR 159
9.1.2.1 Le processus de réintégration... 163
9.1.2.1.1 Etude des opportunités de réintégration et enquêtes sur les besoins des ex-combattants et de la communauté........................ 163
9.1.2.1.2 Identification et orientation des bénéficiaires 164
9.1.2.1.3 Les formations professionnelles 165
9.1.2.2 Le processus de réintégration socioéconomique 167
9.1.2.2.1 La réintégration sociale... 168
9.1.2.2.2 La réintégration économique 171
9.1.2.3 Réhabilitation communautaire et cohésion sociale............ 173
9.1.2.3.1 La réhabilitation d'infrastructures communautaires et les activités de cohésion sociale 173
9.1.2.3.2 La sécurité communautaire et le micro-désarmement 173
9.1.3 La réforme des forces de défense et de sécurité........................ 175
9.2 De la reconstruction des institutions 200
9.2.1 Des institutions organiques du pouvoir politique 202
9.2.2 La légitimation du pouvoir par les élections............................. 207
9.2.2.1 Critique des élections africaines 208
9.2.2.2 Les rôles des différents acteurs 213
9.2.2.3 La supervision et le contrôle des élections......................... 215
9.2.2.4 Le concept d'élection libre et transparente 216
9.3 La réforme de l'Etat et l'administration.. 219
9.3.1 L'amélioration de l'élaboration des politiques 220
9.3.2 Les ressources humaines... 220
9.3.3 La réforme de la structure administrative 221
9.3.4 La réforme du système de gestion des recettes et des dépenses publiques 222
9.4 De la diplomatie.. 222

9.4.1 Restructurer le département des Affaires étrangères 223
9.4.2 La diplomatie des sommets et les visites d'Etat 223
9.4.3 Les diplomates 224
9.4.4 La diplomatie publique 225
9.4.5 Le rôle des ressortissants 227

CHAPITRE 10 : REHABILITATION DES INSTITUTIONS ECONOMIQUES 229

10.1 Répondre à l'urgence humanitaire 229
   10.1.1 Du lien entre urgence, reconstruction et développement 229
   10.1.2 Aide au développement et assistance économique 230
   10.1.3 Les écueils de l'aide humanitaire et de l'aide au développement 238

10.2 De l'environnement macroéconomique 240
   10.2.1. Politique fiscale et institutions 241
      10.2.1.1 La politique budgétaire 241
      10.2.1.2 Mobilisation des ressources 242
      10.2.1.3 Les dépenses publiques 247
   10.2.2 Politique monétaire 249
      10.2.2.1 La politique de change 250
      10.2.2.2 Les institutions de Bretton Woods et la reconstruction postconflit 250

CONCLUSION 253

Structures éditoriales du groupe L'Harmattan

L'Harmattan Italie
Via degli Artisti, 15
10124 Torino
harmattan.italia@gmail.com

L'Harmattan Hongrie
Kossuth l. u. 14-16.
1053 Budapest
harmattan@harmattan.hu

L'Harmattan Sénégal
10 VDN en face Mermoz
BP 45034 Dakar-Fann
senharmattan@gmail.com

L'Harmattan Mali
Sirakoro-Meguetana V31
Bamako
syllaka@yahoo.fr

L'Harmattan Cameroun
TSINGA/FECAFOOT
BP 11486 Yaoundé
inkoukam@gmail.com

L'Harmattan Togo
Djidjole – Lomé
Maison Amela
face EPP BATOME
ddamela@aol.com

L'Harmattan Burkina Faso
Achille Somé – tengnule@hotmail.fr

L'Harmattan Côte d'Ivoire
Résidence Karl – Cité des Arts
Abidjan-Cocody
03 BP 1588 Abidjan
espace_harmattan.ci@hotmail.fr

L'Harmattan Guinée
Almamya, rue KA 028 OKB Agency
BP 3470 Conakry
harmattanguinee@yahoo.fr

L'Harmattan Algérie
22, rue Moulay-Mohamed
31000 Oran
info2@harmattan-algerie.com

L'Harmattan RDC
185, avenue Nyangwe
Commune de Lingwala – Kinshasa
matangilamusadila@yahoo.fr

L'Harmattan Maroc
5, rue Ferrane-Kouicha, Talaâ-Elkbira
Chrableyine, Fès-Médine
30000 Fès
harmattan.maroc@gmail.com

L'Harmattan Congo
67, boulevard Denis-Sassou-N'Guesso
BP 2874 Brazzaville
harmattan.congo@yahoo.fr

Nos librairies en France

Librairie internationale
16, rue des Écoles – 75005 Paris
librairie.internationale@harmattan.fr
01 40 46 79 11
www.librairieharmattan.com

Lib. sciences humaines & histoire
21, rue des Écoles – 75005 Paris
librairie.sh@harmattan.fr
01 46 34 13 71
www.librairieharmattansh.com

Librairie L'Espace Harmattan
21 bis, rue des Écoles – 75005 Paris
librairie.espace@harmattan.fr
01 43 29 49 42

Lib. Méditerranée & Moyen-Orient
7, rue des Carmes – 75005 Paris
librairie.mediterranee@harmattan.fr
01 43 29 71 15

Librairie Le Lucernaire
53, rue Notre-Dame-des-Champs – 75006 Paris
librairie@lucernaire.fr
01 42 22 67 13